A Guide to
Language Policy Studies

Edited by
Hidehiro Muraoka and
Keisuke Kamimura

In collaboration with
the Japan Association for Language Policy

言語政策研究への案内

村岡英裕・上村圭介［編］

はじめに

　ずいぶん昔のことになるが、ある学者が、ヨーロッパでは20世紀は1918年から始まり、21世紀は1990年から始まったと語ったことがある。もちろん1918年はハプスブルク帝国の崩壊とともに未曾有の第1次大戦が終わった年であり、前年にはロシア革命が成立している。1990年はベルリンの壁崩壊から新しいヨーロッパが始動した年にあたる。日本の21世紀はオウム・サリン事件と阪神淡路大震災が起きた1995年から始まったというのが編者の見立てだが、どうだろうか。

　本書にふさわしい話をすると、言語や言語教育の専門家たちが言語政策を強く意識するようになった分岐点は、おそらく2000年の頃だったように思う。相前後して社会言語科学会、日本言語政策学会、多言語化現象研究会、言語管理研究会などがこの時期に発足したのは、決して偶然ではない。日本国内では1990年の入国管理法の改正によって外国人の就労・定着が大幅に増え、多文化共生の政策が推進されるようになった時期でもあった。日本語以外の言語が可視化されると同時に国内での多様な言語問題が専門家たちの間で共有されるようになったのだと思われる。海外でも90年代から2000年代には言語政策・言語計画に関する重要な著作の出版が相次いでいる。

　そもそも言語政策研究とはどのような学問だろうか？　本書のなかで繰り返し引用される言葉で言えば、人為的な「**言語に対する行動**」(behavior towards language, Fishman)に焦点を当てた学問であると言えるだろう。「人為的」と言えば、国家・政府レベルの言語に対する行動が思いつくだろう。例えば、常用漢字の改訂はこのレベルの行動（政策）となる。最近では、公共空間での多言語表示や定住外国人のための日本語教室などの地域・社会レベル、さらには複数の外国語習得を目指したり、外国人との接触場面のコミュニケーションを適切に行おうとするような、個人レベルの「人為的」な言語に対する行動もまた注目されている。これらの多様な言語に対する行動は、現実世界の問題を処理するために実施されることが多い。それだけにこうした行動は、単に言語を扱うだけでは済まず、社会、文化、アイデンティティやイデオロギーとも深く関係する。言語政策研究は未来を見据えながら現在の問題の共

はじめに

有や解決を試みる実践活動にもつながっている。

　言語政策が教科書の1章として紹介されたのは、真田・陣内・渋谷・杉戸（共著）『社会言語学』（桜楓社、1992年）が初めてかと思われるが、それ以降、多くの言語政策関係の著作が出版され、重要な知見が蓄積されてきている。しかし、言語政策が扱うべき言語問題は上で述べたように多岐にわたり、そうした個別の調査研究や提案が活発な一方で、逆に言語政策の全体像、そして言語政策研究とはどのような学問であり、どのような領域がありうるのかといった基本的な問いが見えにくくなっているように思われる。

　本書は、グローバルな人の移動の増加、社会の多言語化、多様化が意識にのぼりつつある現在、言語政策、そして言語政策研究に関心をもつ人々を対象に、言語政策とその研究の分野を示し、全体像を出来る限り明らかにすることを目的に編集された。

　本書は、序論と4つの部から構成される。序論では上に述べた言語政策とは何か、言語政策にとって言語とは何か、といった言語政策をこれから考えるうえで最も大切になる基本的な枠組みを述べる。

　第1部と第2部は言語政策の基礎として8つの章を用意した。第1部では、言語政策が扱っている対象や内容について論じる。まず言語政策研究史を概観し（第1章）、言語政策の重要な課題である言語の地位の考え方とその変化を述べる（第2章）。さらに近代化に応じるために言語に対して具体的にどのような変更・修正が行われてきたかを紹介し（第3章）、さらに現在のグローバル化によって重要さが増している異言語間コミュニケーションの政策を取り上げる（第4章）。

　第2部は言語政策がどのようなプロセスで実現されているかを論じる。まず言語政策の出発点となる言語問題の考え方、とくに言語問題はだれにとっての問題かといった言語政策の正当性にかかわる諸点について考察する（第1章）。次いで、政策研究の枠組みを参考にしながら、言語問題がどのようなプロセスを経て、政策課題となり（第2章）、さらにさまざまな政策の担い手によって実施計画が作られるのかを述べる（第3章）。そして言語政策のプロセスの最後に位置づけられる、実施された政策の評価とその課題を概観する（第4章）。

はじめに

　言語政策研究は極端に学際的である。そのため研究の方法も多くの場合は研究者の背景にある学問分野によって変わってくると言える。そのため第3部では言語政策研究の研究方法をそれぞれの学問分野ごとに述べるようなことはせず、研究対象の規模や広がりをもとに、事例研究（第2章）、地域研究（第3章）、比較研究（第4章）、量的研究（第5章）に分けて紹介する。また、言語政策研究に際しての留意事項についても触れる（第1章）。

　第3部までが言語政策についての基礎編だとすると、第4部は言語政策研究のいわば実践編になる。ここでは言語政策研究の最前線として、10章にわたって各分野のこれまでの研究でわかっている知見や課題を紹介する。ある程度の分野は扱えたと思うが、残念ながらすべてを網羅することは到底叶わなかった。その点、前もってご容赦をお願いする次第である。

　また、本書では第1部、第2部、第4部に研究の具体例を示すためにコラムを置き、研究者の方々にご自身の研究論文の紹介をしていただいた。関心をもたれた読者はぜひ紹介された論文を手に入れて一読されることをお勧めする。

　本書は日本言語政策学会の企画委員会の事業として構想された。言語政策に関する教科書を出版するにあたっては2022年9月から10のテーマを掲げたオンライン・セミナーを開催した。本書の少なからぬ執筆者にはセミナー講師としてもお話しいただいている。さらに教科書の構成や章を考えて、多くの方々に声をおかけし、執筆のご協力をいただいた。執筆者の方々には編者としてどんなに感謝を表しても表しきれない。また、当時の学会会長の山川和彦先生、事務局長の今千春先生、企画委員会の西山教行委員長には力強いご支援をいただいたことに対して感謝を申し上げたい。編者自身は、もう一人の編者である上村圭介先生とともに多くの先生方にお願いした原稿を読ませていただき、多くの知見を得ることができた楽しい編集作業だった。

　読者の方々もまた楽しい学びになることを願ってやまない。

　最後になるが、本書を田中慎也先生、故J.V.ネウストプニー先生、故水谷修先生、故鈴木孝夫先生ほか、日本言語政策学会設立に奔走された先達の方々に捧げます。

村岡英裕

目　次

序論　言語政策とは何か..................................木村護郎クリストフ　1
　1. はじめに　1
　2. 言語政策の定義　2
　3. 政策対象としての言語　3
　4. 言語政策研究の発展　7
　5. 言語政策の再定義の試み　11
　6. 言語政策の課題の変遷　15
　7. まとめ　17

第1部　言語政策の基礎

第1章　「言語政策概念」の多様さ..................................西島　佑　22
　1. はじめに　22
　2. マクロ・アプローチの時代──1950年代〜　23
　3. ミクロ・アプローチの登場と現在──1990年代〜　27
　4. おわりに──「言語政策概念」の今後　31

第2章　言語の地位..................................山川和彦　34
　1. はじめに　34
　2. 国家語とその役割の変化　35
　3. 地域公用語と言語の地位　37
　4. 日本国内における地域語の位置付け──石垣市を事例として　39
　5. 観光文脈での言語の地位　41
　6. まとめ　42

　　column　沖縄県における地域言語の衰退と再生................石原昌英　44

目 次

第3章　言語の近代化と標準化をめぐる言語政策 .... 原　隆幸　46
　1.　はじめに　46
　2.　言語計画と実体計画　46
　3.　成文化、標準化、近代化、言語改良など　47
　4.　日本における実体計画　53
　5.　まとめ　55

第4章　異言語間コミュニケーション
　　　──グローバル化時代に求められる言語政策の特徴
　　　...サウクエン・ファン　56
　1.　はじめに　56
　2.　いわゆる「相互理解度」　57
　3.　国勢調査の盲点　58
　4.　言語問題の時代性　59
　5.　グローバル化時代に求められる言語政策の2つの事例　62
　6.　まとめ　65

第2部　言語問題のプロセス

第1章　出発点としての言語問題 .... 高　民定　68
　1.　はじめに　68
　2.　言語問題をめぐる議論　69
　3.　言語問題の範囲と出発点　70
　4.　言語問題処理の2つのレベル　72
　5.　言語問題における当事者　74
　6.　当事者の問題から政策課題へ──言語教育を例に　75
　7.　おわりに──言語教育施策から社会参加のための支援施策へ　76

　column　外国人住民の生活に現れた言語問題と、多文化共生施策
　　　... 金子信子　78

vii

目　次

第 2 章　政策課題から政策決定へ　　　　　　　　　上村圭介　80
1. はじめに　80
2. 政策問題における複雑性　81
3. 政策に求められる知識　82
4. 政策過程の諸段階　83
5. 政策決定の分析　86
6. まとめ　88

第 3 章　政策の設計と実施　　　　　　　　　　　　上村圭介　90
1. はじめに　90
2. 政策の階層性　91
3. 政策実施のための手段　92
4. 資源交換としての政策　94
5. 言語政策の横の広がり　97
6. まとめ　98

第 4 章　言語政策の評価　　　　　　　　　　　　　嶋津　拓　100
1. はじめに　100
2. 言語政策と評価　101
3. 企業の言語政策　103
4. 独立行政法人の言語政策　105
5. まとめ　108

第 3 部　言語政策研究の方法

第 1 章　学際研究としての言語政策研究と研究上の課題　　村岡英裕　112
1. 学際研究としての言語政策研究とは　112
2. 研究上の諸課題　113

第 2 章　質的研究法としての事例研究　　　　　　　福永由佳　116
1. はじめに　116

2. 事例研究とは　117
　　3. 事例研究の実際　120
　　4. まとめ　122

第3章　地域研究 .... 沓掛沙弥香　124
　　1. はじめに　124
　　2. 研究対象　125
　　3. 研究内容　126
　　4. 研究方法　127
　　5. 研究事例紹介 ── タンザニアの言語政策研究　128
　　6. まとめ　131

第4章　比較研究 .... 貞包和寛　132
　　1. はじめに　132
　　2. 比較研究の事例　133
　　3. 比較研究の展望 ── 席次計画分析における比較研究の可能性　136
　　4. まとめ　139

第5章　量的研究 .... 寺沢拓敬　140
　　1. はじめに　140
　　2. 大量観察ではじめてわかること　141
　　3. 一般化＝母集団推測　143
　　4. 因果推論　143
　　5. 量的研究が扱う言語政策的トピック　144
　　6. 研究手法　145
　　7. まとめ　147

第4部　言語政策研究の最前線

第1章　言語と国際標準 .... 井佐原均　神崎享子　150
　　1. はじめに　150

目　次

　　2．国際標準化　151
　　3．言語の標準化　154
　　4．おわりに　157

第 2 章　外国語教育……………………………………………下絵津子　158
　　1．はじめに　158
　　2．近代教育における外国語教育政策の形成　159
　　3．戦後教育における外国語教育政策形成におけるアクター　161
　　4．外国語教育政策に関するこれまでの研究　163
　　5．おわりに　164

　　▶ column　高校の英語教科書と国際英語………………………中川洋子　167

第 3 章　社会統合のための多言語主義・複言語主義……………西山教行　169
　　1．はじめに　169
　　2．多言語主義　169
　　3．複言語主義　172
　　4．社会統合のための多言語主義と複言語主義　175
　　5．まとめ　176

第 4 章　言語権と少数言語コミュニティ………………………杉本篤史　177
　　1．はじめに　177
　　2．日本国内における人権アレルギーの問題　178
　　3．国際人権法における言語権概念　179
　　4．言語権の日本国内法へのローカライズの問題　181
　　5．日本の少数言語の状況　182
　　6．まとめ　184

第 5 章　言語サービス………………………………………………岩田一成　185
　　1．はじめに　185
　　2．外国人住民調査の結果　186

x

3．情報発信における言語選択　186
　4．言語サービスと課題　189
　5．まとめ　194

第6章　外国人移住者と日本語教育 ....松岡洋子　195
　1．はじめに　195
　2．外国人材受入れ施策の展開とその背景　196
　3．外国人移住者を取り巻く日本語教育施策の動向　197
　4．移住者の第二言語教育の在り方　199
　5．外国人移住者受入れのための言語教育政策としての日本語教育の在り方　200
　6．まとめ　201

　◆column　地域日本語教育の制度設計 ....神吉宇一　203

第7章　継承語教育 ....落合知子　205
　1．はじめに　205
　2．母語教育、継承語教育その用語と歴史的展開　206
　3．継承語教育の意義と重要性　209
　4．今後の課題　211
　5．まとめ　212

　◆column　言語内部の多様性から考える継承語教育 ....中川康弘　214

第8章　異文化接触 ....加藤好崇　216
　1．はじめに　216
　2．観光接触場面とやさしい日本語　217
　3．やさしい日本語の習得計画　218
　4．まとめ　223

　◆column　外国人移住者の言語リソースとしての日本語の管理
　　　　　　 ....今　千春　224

目 次

第9章　コミュニティ・レベルの言語政策 ……………………… 猿橋順子　226
1. はじめに　226
2. コミュニティ・レベルの言語政策と少数派のエンパワーメント　227
3. 飲食店の言語政策的な営み　228
4. 国際的なフェスティバルの言語政策的な営み　230
5. コミュニティ・レベルの言語政策研究の意義と方法　232
6. まとめ　233

▶column　談話研究からコミュニティの言語政策や人材育成へ
………………………………………………………………… 村田和代　234

第10章　差別と言語 …………………………………………… 岡本能里子　236
1. はじめに　236
2. 問題の所在　237
3. メディアを通して配信された差別問題　237
4. 差別に関する法整備状況　240
5. 性差別や排除をなくすための言語教育の課題　240
6. まとめと今後の課題　242

▶column　「敵意の言説」を分析し、対抗言説の可能性を探る
………………………………………………………………… 山本冴里　245

おわりに ……………………………………………………………………… 247
参考文献 ……………………………………………………………………… 249
索　引 ………………………………………………………………………… 263
執筆者一覧 …………………………………………………………………… 270

序論

言語政策とは何か

木村護郎クリストフ

> **ねらい**
>
> 言語政策研究という学問領域は、どういう現象を対象としているかを述べる。言語政策の定義および政策対象としての言語の特徴を検討したうえで、言語政策研究の発展をふりかえり、現状を把握する。最後に、近代国家形成とグローバル化それぞれと言語のかかわりをふまえて、今後の課題を展望する。

> **キーワード**
>
> 言語の人為性、言語管理、公共政策、言語的近代化、グローバル化

1. はじめに

　「言語政策」というと何を思い浮かべるだろうか。「言語」についての「政策」なので、とりあえず、国などが言語についてのなんらかの取りくみをおこなうことを想定することができるだろう。とはいえ、具体的にどのようなことをするのか、ぴんとこないかもしれない。少なくとも日本では、「言語」が主要な政策課題に含まれているようにはみえない。政府では、法務、財務、経済産業、環境、外交、防衛といった主要政策分野にそれぞれ大臣が任命され、さらに、少子化対策、地方創生、水循環といった各大臣の担当分野が割り当てられているが、「言語大臣」はいないし、閣僚の担当分野をみても、「言語」は見当たらない。一方、省庁をみると、文部科学省には**外国語教育**を担当する初等中等教育局教育課程課外国語教育推進室があり、また文化庁国語課には「**国語施策・日本語教育**」を担当する国語課がある。政府、省庁でのこのような分野や部署としての位置づけをみると、「言語」は数多くの政策分野のなかでも狭い領域にすぎないように思われる。

しかし実は、言語政策は、ほかの多くの政策分野とは根本的に異なる幅広さをもっている。それが政策対象として言語を考察する面白さでもあり、難しさでもある。本章では、言語政策の広がりと深みについてみていく。

2. 言語政策の定義

「言語政策とは何か」と題している以上、まずは言語政策の定義を示すことが期待されるだろう。そこで、同じく『言語政策とは何か』と題したカルヴェ（2000）を参照してみよう。しかし、同書を通読しても、「言語政策とは何か」という明確な定義が書かれていないのである。これは、著者の不注意や怠慢というよりは、むしろ定義の困難をあらわしていると考えられる。同書でも述べられているように、言語政策が何かという理解は論者や時代によって変化してきたのである。

概念のゆれを端的にあらわすのが、「**言語政策**（language policy）」と「**言語計画**（language planning）」という2つの基本的な用語が併存してきたことである。政策を一般的な概念として用いて、そのうち実施段階を計画とする論者もいれば、計画を上位概念として、そのうち政府などがおこなうのが政策だとする区別のしかたもある。両概念は、同義として互換的にも用いられる。両概念を区別する際の混乱を避けるため、英語圏では、あえて区別せずにlanguage policy and planning をまとめて LPP と称することが多い。本書では、日本語でより一般的な「言語政策」を総称として題名にも用いている。定義を考える手がかりとして、本節では、他地域の研究にも影響を与えてきた英語圏の言語計画・政策入門書から、さまざまな定義を検討したうえで包括的な定義を試みた例を2つ紹介する。

言語計画という概念にかんする、いまや古典的ともいえる包括的な定義は、クーパーによる、「言語計画とは、言語コードの習得、構造、機能の配分にかんする他者の行動に影響を及ぼそうとする意図的な努力を指す」（Cooper 1989: 45）というものである。誰がおこなうのかという主体を限定せず、また対象についても、「言語コード（language codes）」という複数形で、いわゆる「○○語」だけでなく、方言などさまざまな変種を含みうる柔軟な定義となっている。

より近年では、言語政策について、ジョンソンが、「言語政策は言語の構

造、機能、使用、習得に影響を与える政策メカニズムである」(Johnson 2013: 9) と定義している。ここでは「言語 (language)」は単数形であるが、これは特定の言語を指すというよりは、人間の言語にかんする、という一般的な意味と理解できる。また「政策メカニズム」という表現は、決定された政策だけではなく、政策にかかわる一連の過程を広く扱うという意味を含んでいる。

　これらの定義では、主体や対象をあらかじめ限定しない工夫をしている一方で、構造、機能、使用、習得といった焦点を限定している。しかし、そもそも言語を分類して命名すること自体も言語政策の一環ではないだろうか。言語は常に変化しており、かつ多様でありつづけている。言語の境界が明確でないことも多い。たとえば、沖縄のことばは、しばしば日本語の方言とされるが、まったく意思疎通ができないことばを方言と呼ぶ根拠は何だろうか。こう考えると、言語政策は、言語を区分することからはじまると考えることもできる。このような言語政策の可能性の幅を考えると、言語政策の焦点をあらかじめ限定することは、なんらかの政策を自明の前提としてしまいかねないので、望ましくないだろう。

　そこで、本章では、主体、対象、焦点のいずれをも限定しない、より広い定義として、「言語政策とは、言語に対して何らかの意図や方針をもって介入する営みである」(木村 2015: 66) という定義から出発する。実際に研究するうえで言語政策や計画の主体や対象、課題をどのようにとらえるかをめぐる議論は、4節以下でとりあげる。

3.　政策対象としての言語
3.1　多言語国家の言語問題

　では、言語にかんする介入としての言語政策がどのようなものか、見ていこう。本章冒頭で述べたように、日本では、政策分野として言語政策はあまり目立たない。しかし、世界に目を向けると、多言語国家・地域において、言語の問題が大きな課題になっていることがわかる。そして、ほとんどの国が**多言語国家**なのである。日本では、言語の数を「何か国語」と、国単位で数えるのが一般的だが、国と言語が一対一対応するということはきわめてまれである。このことは、言語の数が 7,000 以上と言われているのに国が 200 ほどであることからも明白である。「日本語」と「日本」のように、言語名と

国名が一対一対応するのは、きわめて例外的なのである。日本の近隣を見渡しても、朝鮮半島の言語は2つの国で「韓国語」と「朝鮮語」という異なる名称のもと独自の発展をとげているし、多数の民族が住む広大なロシアや大陸中国はいうに及ばず、台湾も、「国語」と呼ばれる中国語のほか、台湾語（閩南語）、客家語、先住民の諸言語などが使われる**多言語社会**である。

より広く世界を見渡すと、東南アジアとヨーロッパでは、比較的、国の名前と一致する言語がみられることが多い。しかしこれは言語と国が一対一対応していることを意味するものではない。東南アジアでは、ベトナム語、タイ語、ラオス語のように、国に対応する言語名があるが、これらの国はいずれも多言語・多民族国家である。またインドネシア語とマレーシア語は、名称からは別の言語にみえるが、もともとマレー語という同じ言語である。マレー語はシンガポールやブルネイの国語でもある。このように、一国内で多数の言語が使われ、また言語が国をこえて分布している。

ヨーロッパでも、「ドイツ語」、「フランス語」といったように言語と国が対応しているというイメージが強いかもしれないが、ドイツ語はオーストリアやスイスなど数カ国で公用語となっているほか、中東欧諸国にドイツ系の人々が数百年にわたって居住してきた地域がある。フランス語は、ベルギーやルクセンブルクなどの公用語であるほか、西アフリカ諸国をはじめとする旧植民地などで広く使われている。ほかのヨーロッパ諸国も、国名と言語名が対応している場合も、国内に少数民族がいたり、その言語が複数の国で使われていたりする。

一方、南北アメリカやオセアニア、南西アジア、アフリカなどでは、「ペルー語」、「カナダ語」、「オーストラリア語」、「インド語」、「ガーナ語」などがないことからも明らかなように、国名と言語名がほとんど対応していない。植民地とされた多くの国で、旧宗主国の言語（英語、フランス語、スペイン語、ポルトガル語など）とそれ以前からの現地語の折り合いをどうつけるかが課題となっている。

また、グローバル化にともない、人の移動が盛んになり、新たな多言語状況も生まれている。このように世界の多くの国では、**共通語**の制定・普及、また少数民族や移民などの**多言語状況**への対応といった言語政策が国を運営するうえで大きな課題になっている。

3.2 言語紛争

　言語政策は、国や地域の安定をめざしておこなわれるが、政策がかえって不満をもたらし、紛争の種となることもある。そのことが新しい国の独立にまでつながった代表的な例がバングラデシュである。1947年にインドとパキスタンがイギリスから分離独立した後、現在のバングラデシュはパキスタンの一部であった。しかし、西パキスタン中心の政府がウルドゥー語を国語としたことに対して、ベンガル語話者が多い東パキスタン（現バングラデシュ）では反発が起き、それが1971年のバングラデシュ独立の伏線となった。1952年2月21日、ベンガル語の国語化を求めた学生たちがおこなった集会に政府側が発砲して犠牲者が出たことにちなんで、この日は1999年から、ユネスコが制定した「国際母語の日」となっている。

　ほかにも、言語問題が分離・独立問題とつながってきた例として、カナダのケベック州やスペインのカタルーニャ自治州などがあげられる。2022年には、ロシアのプーチン大統領が、ウクライナ侵攻の理由の1つとして、ウクライナにおいて少数者の立場におかれたロシア系住民の権利擁護をあげた。言語の共通性は、ロシア語を話す住民が多いウクライナ東部の一部をウクライナから切り離してロシアに併合することを宣言する際も、そのことを正当化する理由としてあげられた。

　以上、政治問題として特に際立った例をいくつかあげたが、言語が異なる人々をどのように対等に扱うかという問題は、人類社会の普遍的な課題といえる。国連憲章（1945年）第1条や世界人権宣言（1948年）第2条が、**差別**をしてはならない項目として、人種、性、宗教などと並んで言語をあげているのは、言語がたびたび問題となってきたからにほかならない。

　世界各地で「言語が問題化する場」に焦点をあてた論集として、砂野編（2012）がある。22の論考を含む分厚い本だが、まずは目次を眺めるだけでも、地域によって異なる言語問題のあり方を見通すうえで有意義だろう。

3.3 日本における言語政策

　日本に目を向けると、日本国憲法（1946年）では、法の下の平等をうたう第14条は人種、信条、性別、社会的身分又は門地をあげるが、言語は含まれていない。これらはもちろん例示であるので、日本では言語によって差別をし

てよいということにはならない。しかし、意図的に入れなかったのか思いつかなかったのかはともかく、結果的に言語が明示されていないことには変わりがない。これは、日本ではみな日本語を使うのが当たり前なので言語は問題にならないという、日本を「**単一言語国家**」とみなす発想とつながる。

　このことについて、「いや、いろいろな言語が話されているから日本も単一言語国家ではない」と指摘することができる。そのとおりである。しかし言語政策の観点から、より根本的なことは、日本が「単一言語国家」とみなされるようになったこと自体、そもそも言語政策の結果だということである。明治維新以降、近代化を急速に進めた政府が、近代化の重要な土台として取りくんだのが共通語の制定と普及であった。「国語」という概念は、その過程でヨーロッパからとり入れられたものであった（イ 2012）。現在、私たちが「**共通語**」や「**標準語**」と呼ぶ日本語の種類（変種）自体、言語政策によって形成されたのである。そして、日本では、きわめて短期間に共通語／標準語の普及が進められたことが、教育や国の運営をおこなう上で効果をあげ、近代化の進展に大きな役割を果たした。

　他方で、この著しい成功によって、言語が社会的課題として認識されにくい状況がもたらされた。実際には、共通語の普及で日本の言語問題が解決したわけではない。現在も、いわゆる方言を含む少数・地域言語の維持・再活性化や手話の教育・使用、海外からの移住増加による多言語状況への対応、移住者への日本語教育や継承語教育、英語をはじめとする外国語教育など、日本社会は多くの言語的な課題に直面している。これらの課題は、言語を名称に掲げている一部の部署にのみかかわる限られた案件ではなく、第2部第3章の表1にあげられているように、多くの省庁にまたがる横断的な課題である。すなわち、教育、労働、外交、防衛といった主要政策領域とは別に言語政策があるのではなく、それぞれの政策に言語という側面が含まれると見ることができる。このような言語政策の広がりが認識されず、それに見合った政策の位置づけがなされていないこと自体、日本の言語政策の根本問題だといえよう。

　歴史的観点をふまえた近現代日本の言語問題や政策の諸相については、安田（1997）をはじめとする安田敏朗の一連の著作に詳しく述べられている。日本の言語政策史を知ることは、歴史的観点から興味深いのみならず、現代や

4. 言語政策研究の発展

4.1 学問領域としての言語政策研究の始まり

ここまで、世界において、また日本においても、おそらく一般的に思われているのと違って、言語政策が限定的で周辺的な政策分野ではないことを見てきた。次に、言語政策の研究に目を向けよう。本書が、日本語で著されたはじめての言語政策入門書であることからもわかるように、言語政策研究は比較的新しい研究領域である。

日本では、第二次世界大戦前から、「国語国字問題」と言われる日本語の標準化、また植民地やその他の占領地域との関係で主に日本語の普及にかかわる言語政策の調査や議論がおこなわれた。しかし現在まで続く学問分野としての言語政策研究は、海外の言語政策研究にも刺激されて、20世紀の後半以降に進展した。

国際的に言語政策研究が注目されるようになった1つの契機としては、1960年代、欧米の旧植民地が次々と独立するなかで、それらの新興国における言語問題が大きな課題になったことがあげられる。この頃から、主に国が計画的に問題解決をはかるという趣旨で、「言語計画」という表現が広く使われるようになった。現在も刊行されている、言語政策に焦点をあてた最初の学術誌は *Language Problems and Language Planning*（言語問題と言語計画）という名称である。

4.2 言語政策研究の範囲の広がり

しかし、ほどなく、言語計画が意図したようには進まないことが明確になってきた。その理由は、単に計画がうまくできていなかったということではない。突き詰めれば、言語は人為的な介入のない「自然な流れ」が通常の姿であって意識されずに使われていると想定したうえでそれに介入する、という言語計画の発想自体に問題があったといえる。あたかも川の流れを人間の都合で調整する河川工事のように、計画すればそのとおりに進むかのように言

語をとらえることはできないのである。

　それはなぜだろうか。言語はたえず人間の思いや行動によって生成・変化しているからである。私たちは言語を使うとき、発音や表現などのさまざまな可能性から、他人に合わせたり合わせなかったりしながら、自分が使う言語についての判断をおこなっている。また他者が使う言語を評価して受けとめている。学校のような教育機関や企業などの組織も、それぞれが教えたり使ったりする言語にかんする判断をおこなっている。多くの人や集団、組織の思惑や行動から言語状況がたえず変化しているのである。その意味で、言語政策は、人間以外のものを対象とする河川工事のような土木工事というよりは、国や自治体、企業その他の組織や住民といったさまざまな主体によって進められる街づくりに近いと考えることができる。

　こうして、「自然な流れ」とされがちであった言語実践のなかにもさまざまな「人為的な介入」があることが広くとらえられるようになり、国家だけではないさまざまな主体が言語政策研究において重視されるようになった。現在では、言語政策は政府などの「上から」のみではなく、さまざまなレベルで起こりうるという理解が広く見られる。日本言語政策学会の『言語政策』誌掲載の論文を見ても、国際機関、国、自治体、学校や企業などの組織、さらには言語教師や学習者・言語使用者個人まで、さまざまな主体にかんする研究が掲載されている。異なる言語を話す両親がどのような言語を子どもたちに継承するか、子どもにどのような言語教育を受けさせるかといった家庭の方針や取りくみにかんする研究も増えている。国のみを主体とする言語政策観では政策の「受け手」として扱われていたところにも言語政策的な営みを見いだすようになったといえる。

　大学の言語教育を例にとると、助成施策などによって、事実上、英語による授業や課程の増加を誘導する政策をとってきたものの、国は現在ではどのような外国語科目をどれだけ提供すべきかを義務付けていない。英語や他の異言語を実際にどのように位置づけて、何語で授業をおこない、またどのような言語科目をどの程度提供するかということは大学の組織レベルの言語政策である。そして、何語で授業する課程・科目や何語を教える科目を選択するかは学生個人の言語政策ということになる。

　このような政策理解の拡大は、必ずしも言語政策に限られたことではない。

さまざまな社会問題への多様な主体の取りくみとして政策を広くとらえる「総合政策」といった潮流もみられる。また「政策」と訳される英語のpolicyには団体の方向性や個人の信条といった意味もあることから、どのような個人や組織も「ポリシー」をもちうるという発想の影響もあるだろう。

4.3　言語政策の必然性

　しかし言語政策理解が拡大してきたことには、人間社会はかなりの程度、言語を使って運営されるという、社会における言語の役割に由来する面もある。上で見たように、言語以外に国際人権法において差別禁止の項目としてあげられることが多いのは、人種（民族）、性別、宗教であるが、これらの場合、国やその他の組織は、介入するか中立を保つかという選択ができる。人種や民族については、政府は、政策において考慮しないか、不利な立場にある人種や民族に特に配慮や助成をするかという選択肢がある。性別についても、性別を考慮しないという選択肢もあるが、役職などの女性の割合を定めるなどの施策をとりうる。宗教に対しても、国は、特定の宗教になんらかの地位を与えるか特定宗教の優遇を避けるかという、中立にかんする異なる可能性がある。それに対して、いかなる組織であっても、対内的・対外的に言語選択をおこなわざるを得ない。つまり、組織を運営し、また外部とコミュニケーションをとる際に特定の言語を用いることになる。言語については、他項目と違って中立という姿勢がとれないのである（表1）。なんらかの言語を選択すること自体、その言語に肩入れすることとなり、言語事情への介入となるのである。

表1　組織による中立と介入の可能性

項目	中立	介入例
人種（民族）	考慮しない	優先待遇（「アファーマティブアクション」）
性別	考慮しない	割当制（「クォータ」）
宗教	特定宗教を優遇しない（「政教分離」）	公認（国教や宗教教育への導入など）
言語		選択（使用言語、言語教育など）

すなわち、言語政策については、何もしないという選択肢はない。明確に政策として打ち出さなくとも、実質的には、なんらかの選択をせざるを得ないのである。その意味で、言語政策は、あらゆる個人や組織にとって、避けて通れない、必然的な課題といえる。一見、明確な政策を打ち出していないようにみえるところにも、事実上、言語を選択している以上、政策を見いだすことができるのである。目立つ政策だけが言語政策なのではなく、むしろあまりにも当然視されている言語運用の方が実は重要な政策であるということもあるだろう。

　このような認識は、日本の言語政策への視点としても重要である。たとえば、アイヌ語教育にかんする政策をおこなうと、そのために予算が計上されることから、少数者を特別扱いするかのような印象が生まれ、それを少数者の「特権」として批判する意見がみられることもある。しかし、日本で日本語の共通語が統一性をもって発展するために国語教育政策などで使われている予算に比べると、それは微々たるものである。日本政府は国語の推進を強力に進めているのであるが、少数者に向けた政策が目立ちやすいのに対して、多数者に配慮した政策は一般的すぎて見えないことによって見すごされがちなのである。私たちは、歩いたり交通手段に乗ったりするときに移動を感じるが、そうでないときは自分は静止していると思っているのと似ているかもしれない。しかし実は、私たちがその上に生きている地球が自転・公転によって、はるかに高速で大きな移動をたえずおこなっていることは気づかれない。あまりにも一般化して意識されにくい言語政策に目を向けることも言語政策研究の重要な役割である。

　こうして、言語政策研究は、「自然な流れ」に介入することを国が明確にした場合にのみおこなわれるような特別な現象を扱うものではなく、人間社会における言語活動に必然的にともなう言語の改変や選択などを扱う幅広い領域として認識されるようになっている。言語政策研究は、言語にとって付加的な現象ではなく、人間の言語活動の本質的な構成要素を対象としているのである。言語政策研究にとっては、言語の社会的側面を扱う社会言語学の知見が欠かせない。同時に、さまざまな政策分野の言語的な側面に注目し、考察する際、政策研究に一般の知見を活用することも重要である。

5. 言語政策の再定義の試み
5.1 対象拡大への疑問

　上述のように、言語政策研究の範囲が広がってきたことには社会における言語のあり方からして必然性があるといえる。しかし、言語政策研究の対象が広がっていく傾向への疑問も出されている。言語を使うことは全て言語の体系や使用状況の改変にかかわるとして、人間の言語活動を全て言語政策に含めてしまうと、言語政策研究が扱う対象の範囲は、言語の多様性およびその変化や選択を扱う社会言語学とかぶってしまい、独自の研究領域としての特徴がなくなる。実際、言語政策研究と銘打っているものの、従来の社会言語学における言語態度・言語行動研究にただ言語政策というラベルを貼ったような研究もみられる。

　このように、現在は、言語政策としてとりあげうる範囲が広すぎるために、言語政策とは何かが見えなくなってしまっているという問題が生じている。これは、かつての言語政策（言語計画）研究が、国が明示的におこなう政策のみを対象とすることによって、それ以外の多くの介入をとらえそこなって、結果的に限界に突き当たっていたのとは対照的である。

5.2 言語管理の理論

　このような研究対象の拡散に対して、さまざまな観点から、言語政策を再定義する試みがなされている。ここでは、**ミクロ**（微視）と**マクロ**（巨視）からの対照的な2つのアプローチを紹介する。1つは、本書でもたびたび登場する**言語管理**の理論である。この発想は、もともと、国に焦点をあてた狭すぎる言語政策理解への代替案として提案されたものであった。すなわち、人間は言語をただ使うのではなく、言い換えたり修正したりすることからはじまって、言語使用や言語形態にさまざまな形で介入していることに注目し、そのような営みを「言語管理（language management）」と呼んだのである。ここで「管理」というのは、「管理教育」のように上から統制するという意味ではなく、むしろ、私たちが食生活や生活リズムに気をつけるといった「健康管理」に近い。

　言語管理理論の大きな特徴は、「現場にはじまり現場に終わる」視点をもつということである。すなわち、具体的な場面でうかびあがる問題がその場を

こえた次元で検討されたうえで、現場での変革につながるべきであるということになる。当然のことと思われるかもしれないが、実際には、現場の実状とかけはなれた政策や、現場の変革につながらない提言が往々にして見られる。言語管理理論は、このような傾向に疑問を呈したのであった。

言語が使われる具体的な場面での管理は「単純な管理（simple management）」と呼ばれ、個々の場面をこえた管理は「組織だった管理（organized management）」と呼ばれる。後者には、個人が仕事や趣味などのために異言語を学ぶことを決めるといったことも含まれる。組織だった管理の際立ったものが、「組織による管理（organizational/institutional management）」である。

さまざまな管理のうち、現場のミクロな管理の重要性に目を向けるというのが言語管理理論の出発点となった問題提起であり、この発想が提起された1990年代においては、言語政策研究の枠を日常の言語使用の場まで広げるのがその意義であった。しかし言語政策研究の範囲が広がった今日では、むしろ対象を限定するところに言語管理理論の特徴があるといえよう。すなわち、広がった言語政策理解では、何が言語政策で何が言語政策ではないかが明確ではなく、日常的な言語使用を含む言語にかんする活動が全て「言語政策」となりかねない。それに対して、言語管理という見方では、言語にかんする気づき（留意）にはじまり、対応のしかたを決めたりその対応をふりかえったりするメタ言語活動（言語に向けられた活動）を「管理」と呼んで、言語使用自体（言語管理の理論では「生成（generation）」と呼ぶ）とは区別する。図1はその関係をあらわしている。管理の諸段階については5.4で述べる。言語使用のうえで何か問題点などに気づいたときにはじまる管理の過程をその主体に即してとらえようとするのが言語管理理論の発想である。

図1　言語管理の理論における生成と管理

5.3 公共政策論

 他方、マクロな**公共政策**の観点から、言語政策を政府によるものに限定すべきという主張もなされている。この観点に立つガッツォラら（Gazzola 2023, Gazzola et al.（eds.）2024）によれば、自治体や地域、国家などの各レベルの政府の政策は、①対象となる事象が広い、②範囲が当該（地域や国などの）社会全体、③強制を含む強い措置がとれる、といった点で、他の主体とは異なる。よって、政府のような特別な権限をもった組織による介入こそ言語政策研究の対象としてふさわしいということになる。第2部第2章で述べられているように、私企業やその他の組織とは異なり、政府の政策は（民主主義国家においては主権者たる国民の委任にもとづいて）税金などの財源や公務員などの人力といった公的資源の投入・再配分をともなうことも、政府の政策を他の主体の取りくみと区別する根拠となりうる。

 この提起は、主体を再び政府に限定することで、以前の狭い言語政策理解（言語計画論）に逆戻りするようにもみえるが、少なくとも2つの点で以前とは異なっている。まず、政策主体に、国だけではなく、地方政府のような国より小さい単位や、EU（ヨーロッパ連合）のように国家をこえた単位をも含めている。そして、より本質的なことは、言語政策を特別な場合にのみ起こる現象とみなしていた初期の言語計画論の限界をふまえて、言語にかんして介入は不可避であるという前提に立っていることである。すなわち、政府という主体に注目しながら、その言語政策を、「言語政策」と銘打っていなくても言語にかんする介入をおこなう、いわば事実上の言語政策を含めて包括的にとらえようとするのである。たとえば、日本政府が日本語を事実上の公用語としていることは、それを法制化するなどの明示的な手段で言語政策として提示しなくても、政府の言語政策に含まれるのである。

5.4 2つのアプローチの関係

 ミクロなレベルを強調する言語管理理論とマクロなレベルを強調する公共政策アプローチは、正反対の発想にみえる。しかし、両者は決して対立するものではなく、むしろ互いに補い合うものと考えることができる。実際、公共政策論は、言語政策を、おこなわざるを得ない通底的な課題とみることにおいて、管理を通常の言語活動の一環とみなす言語管理の理論と、言語観を

共有している。組織による言語管理のうち、国家の省庁や地方自治体など、特別な権限をもつ組織としての政府機関によるものを扱うのが公共政策としての言語政策ということになる。このような関係をふまえて、単純な管理を含む言語管理を広義の言語政策、公共政策を狭義の言語政策と呼ぶこともできよう。言語管理の枠組みに沿って、広義から狭義までの言語政策をあらわしたのが図2である。

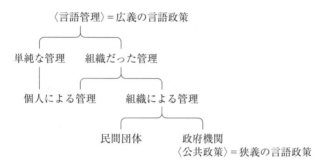

図2　広義の言語政策と狭義の言語政策

　また両アプローチは、**過程（プロセス）**の重視という点でも共通している。言語管理研究においては、図1のように、規範や期待からの逸脱などの気づき（留意）による言語問題の発生からはじまり、その評価、調整、実施に至るまでの段階の分析に重点がおかれてきた。その一連の過程こそが言語管理なのである。一方、公共政策論において用いられる政策過程は、政策課題（アジェンダ）の設定から政策案策定、決定、実施、（存続、修正や廃止につながる）評価までを扱ってきた（第2部第2章の図1参照）。

　両アプローチのこれらの各段階を合わせて考えると、出発点としての言語問題の認識から課題の設定、対応の決定、実施、事後評価（ふりかえり）に至る過程はいずれも、ミクロからマクロに至るさまざまな言語管理の段階としてとらえることができる。本書の第2部はそのような構成となっている。図1では便宜上、直線にしているが、実際には、事後評価によって言語学習や使用についての規範や期待が修正されて、新たな問題認識（留意）につながるという循環が想定できる。

なお、本論の言語管理過程(図1)と第2部第2章の政策過程(図1)を比較すると、言語管理過程では、「評価」が実施の前にあるのに対して、政策過程では、実施の後に置かれている。本論図1では、後者を「事後評価」としている。図1における「評価」と「調整」は、政策過程モデルにおける「政策案策定」と「決定」に概ね対応すると考えられる。用語の違いは、言語学と政治学という学問的な背景の違いによるものだろう。

　過程の分析において、社会言語学的な言語管理研究はミクロな部分を主に担い、政治学や経済学による学際的アプローチを重視して組織的な政策の分析に強みを発揮する公共政策論は、よりマクロな過程を主に扱うといった機能的な分業が考えられる。

6. 言語政策の課題の変遷
6.1 近代化における均質性の追究

　最後に、言語政策およびその研究の今後の課題について考えよう。本章の定義による言語政策はいつの時代もおこなわれてきたといえる。しかし、言語政策の範囲や目標、方向性は、時代によって移り変わってきた。国家などの組織がその運営のためになんらかの言語を選択する必要から、国民一般の言語生活にも広く影響が及ぶ形で明確な言語政策がおこなわれるようになったのは、概ね、近代国家成立の過程でのことである。国家的な共通語の形成は中央集権的な統治上の必要でもあり、国民としてのアイデンティティ醸成のための手段でもあり、産業社会の経済的要請でもあった。近代においては、均質化した言語社会が効率的であり、また社会の安定のために不可欠でもあると考えられたのである。書かれた言葉の印刷技術による普及が、言語の固定化と均質化を支えた。日本の場合、江戸時代においては多様なお国言葉がみられたが、3.3でみたように、明治時代以降、国内の言語の単一化・均質化が目標とされた。

　しかし第二次世界大戦前の日本において、日本語を台湾や朝鮮半島をはじめとする植民地や支配地域に普及させようとする政策がしばしば抵抗に直面したように、言語的な単一化政策はしばしば、異なる言語を話す人々の不満を生み、言語紛争にもつながった。

6.2 多様性とどう向き合うか

　言語的な問題を一国内の言語的な均質化によって解決するという発想は、いまなおそのような志向性がくりかえし現れるものの、現在ではますます現実的ではなくなっている。一方では国際語としての英語の浸透が進み、また情報技術の発達によって、国や地域をこえて伝えあうことがますます容易になっている。他方では少数言語の維持・再活性化をめざす動きや移民の母語・継承語教育の試みが世界各地で広がっている。これらの動きは、「一国家一言語」のみではもはや人々の多様な需要や要望に応えることができないことを如実に示している。

　また政策的観点からも、グローバル化社会への対応が問われるようになるとともに、少数派の言語への権利（**言語権**）を認めて保護することをめざす多言語政策が、むしろ社会統合の観点からも望ましいと指摘されている。すなわち単一言語による囲い込みが、しばしば思われるほど理想的ではないということも明らかになっている。

　このように、「国語」の自明性が二方向から相対化されつつあり、単一言語社会や単一言語主義は現実的でないばかりか、理念的な方向性としても疑問符をつきつけられている。言語の多様性とどう向き合い、どのように生かしていくかが、言語政策の中心的な課題といえよう。これは、同化と排除による社会統合ではなく、多様性と包摂による社会統合が言われるようになったことと対応している。社会の分断をもたらさないようにいかに多様性を尊重できるかが問われている。

　このような変化には、経済的、技術的な側面もある。産業社会から知識基盤社会に変わるにつれて、均質な労働力よりも、創造性の源泉としての多様性が重視されるようになり、職場でも多様性の管理（diversity management）が言われるようになった。言語の多様性もその一部である。情報技術の進展は、英語の浸透とも連動しているが、多言語対応をより容易にして、言語の多様性を下支えする余地もある。

6.3 どのような社会をめざすのか

　研究面では、現状を把握したうえで、どのような社会をめざして、言語面でもどのような方向性をめざすのかという価値観や規範の検討も求められる。

たとえば、国の運営については、1つの言語のみで統一することが望ましいとする「**単一言語主義**」から、複数の言語を認める「**多言語主義**」に移行する可能性といったような、価値判断を含む提起ができよう。平高・木村（編）(2017)では、多言語状況を肯定、尊重する社会を「**多言語主義社会**」と呼んで、国単位での共通語の整備・浸透にかんして類似する日本とヨーロッパの事例を手がかりに、そのような方向性を検討している。

　国際的な観点からは、英語がますます重視されることが他の言語の学習や使用を含む社会生活に与える影響は、今後、言語政策論の1つの焦点となるだろう。こういった影響は純粋に言語をめぐるものとは限らない。たとえば、大学入試における英語の外部試験活用の増加が、家庭の経済力や居住地域による受験可能性の格差をもたらしていることは、本書の読者の多くにとっても身近な問題だろう。このように、言語政策をより広い社会的な文脈に位置づけてとらえることも重要である。

　広く社会状況に目を向けると、言語面でみられるのと同じような課題が他の領域でも見られることにも気づく。筆者は、木村(2016)において、どんどん使えばいいという発想の問題が国際語としての「英語」にも高度なエネルギーとしての「電気」にもあてはまることから、「節電」にならって、節度をもって英語を使う「節英」を提唱した。節英は、英語以外のさまざまな異言語間コミュニケーション手段の使い分けを含む。1つの手段をいつでもどこでも使うというのは、一見効率的なようだが、実は効果的ではないのである。切るために、はさみ、カッター、ナイフ、包丁、のこぎりなどを使い分けるように、また自転車、自動車、鉄道、飛行機など交通手段を乗り分けるように、異言語間コミュニケーションも、場に応じて手段を適切に使い分けることで、よりよい結果につながることが想定される。適切な使い分けを考える前提として、諸手段の長短を、理論的整理と諸手段が使われる現地調査にもとづいて検討したのが木村(2021)である。

7.　まとめ

　以上、言語政策が、政府の一部の部署のみがおこなう周辺的な政策分野ではなく、さまざまな主体や分野に通底する広くて深い課題であるということを確認した。国を運営するうえでの言語の役割からすれば、言語政策は、他の

主要政策課題に比べて、その重要性において劣るものではない。さらに、社会生活をおこなう上で、誰もがなんらかの言語政策にかかわっているともいえる。かといって私たちが言語を使うことが全て言語政策だといってしまえばよいということではない。日常会話のなかでの言い直しから政府による国語の普及や国際機関における公用語の選定といった大きな政策まで、さまざまな気づき、いわば問題認識と、それにもとづく介入に注目することで、人間が言語とどのように向き合っているかを明らかにし、どのような方向性がどのような帰結をもたらすかを検討するのが、言語政策研究の基本的な役割だろう。

　時代的な変遷としては、マクロな国家レベルでの言語的な均質化をめざすことから出発した近代の言語計画・言語政策が、その後ミクロの問題を取りこむことで、分野全体として見れば多様性をもつようになった。さらに、マクロな言語政策も、多様性を管理することが求められるようになっているといえよう。

　研究上のアプローチとしては、ミクロに強い言語管理の理論のような潮流と、マクロに強い公共政策のような潮流がみられる。これらが、どのように互いに補い合い、協働することができるかが焦点となっている。たとえば、グローバル化にともなって新たな展開をみせている現代の多言語状況に向き合うためには、移住者や受入れ社会が具体的にどのような言語的な課題に直面しているかを現場でとらえることによって、言語教育や言語サービスの実施など、さまざまなレベルでのより有意義な政策につなげていくことができるだろう。そしてそれらの政策をマクロな観点で評価する際も、現場がどのように変化したかを検討することで、より適切な見直しが可能となるだろう。

● さらに学ぶための読書案内 ●

田中克彦（1981）『ことばと国家』岩波新書
　国の枠に収まらない言語の諸相を歴史的な変遷を含めて提示する基本書。

言語管理理論ウェブサイト
　URL　https://languagemanagement.ff.cuni.cz
　日本語を含む多言語で言語管理の理論の概要が要領よくまとめられている。

Grin, François (general editor) (2018) The MIME Vademecum. Mobility and Inclusion in Multilingual Europe.
　URL　https://www.mime-project.org/vademecum/
　公共政策の観点から言語政策の諸課題をコンパクトにまとめたQ＆A。

第1部
言語政策の基礎

　言語政策は、国家や社会における言語の働きに対して何を変えようとするのだろうか。それが第1部の大きなテーマになる。言語政策は近代国家の誕生とともに始まり、20世紀の新興国の建設において重要な役割を果たしたが、今世紀に入りその内容は大きく変わりつつある。いわば言語政策も言語政策の研究も過渡期にあると言ってよい。第1部では、言語政策が扱う内容を取り上げると同時に、現在の言語の課題にどのように対処しようとしているかを考えていく。

　第1章では、言語政策研究が本格的に始まった1950年代以降、言語政策の概念や理論がどのように変わってきたのかを概観したうえで、現代の言語政策や研究の課題をまとめる。

　第2章では、言語政策の最も重要な局面の1つである言語の地位について述べる。国内・地域にある複数の言語資源のうちどの言語に主要な役割を与えるかという従来からの枠組みが多言語化の流れのなかで揺れはじめている現在を考察する。

　第3章では、一般的に実体計画と呼ばれる、言語の内容に対する改変を扱う。言語が近代化と足並みをそろえて機能するために、どのように発音、語彙、綴り方、文法に手を加えてきたかをアジアを中心にさまざまな国の豊富な例とともに紹介する。

　第4章では、視点を変えて、グローバル化時代の異言語間コミュニケーションに必要とされる言語政策を言語問題を軸に展望する。国家を越えた共通語化の試みや国内における多言語社会への対応が取り上げられる。

　コラムでは琉球諸語について長く調査されてきた石原昌英先生に書籍の1章を紹介をしていただいた。危機言語の言語政策の難しさが思いやられる。

第1章
「言語政策概念」の多様さ

西島 佑

ねらい

本章では、「言語政策」という概念の多様さを理論史・学説史をたどりながら概観する。ひとくちに「言語政策」といっても、その理解は人によってさまざまである。細かな相違点は無数にあるが、理論のなかで「言語政策」という概念がどのように論じられてきたのかは押さえておきたい点である。さまざまな「言語政策」概念があることを知ることで、今後の学びの土台をつくることをねらいとしたい。

キーワード

言語政策、言語計画、言語管理、理論、学説史

1. はじめに

　最初に「**言語政策**(language policy, LP)」という言葉であるが、似た語として「言語計画(language planning, LP)」、「言語管理(language management, LM)」がある。「言語政策」と「言語計画」はあわせて **language policy and planning**(**LPP**)などと表記されたりもする。

　各概念は、それぞれ論者や学派によって意味が異なることが多い。本書の例では、木村による序論にて、「言語政策とは、（人が）言語に対して何らかの意図や方針をもって介入する営みである」ととらえて「主に国が計画的に問題解決をはかるという趣旨で、『言語計画』という表現が広く使われるようになった」とされている。また、原の第1部第3章では「言語政策を具体的に実施するための方法が言語計画であるとする考え方や言語政策と言語計画を区別しない考え方などがある。（中略）本章においては前者の考えに立ち言語政策と言語計画を区別する」とある。ここでは、各学派の議論をとりあげ

ていくことから、「言語計画」と「言語管理」も広義の「言語政策」として論じていくこととしたい。

今日につながる言語政策の理論は20世紀半ばにはじまるが、その歴史は、地域的にはアメリカやヨーロッパで異なっているし、言語的にも英語圏やゲルマン語圏、ロマンス諸語圏等でそれぞれ違いが見られる。ここでは主に日本語を使用する読者を想定して、日本での受容状況を念頭において述べていくこととしよう。

学術上の「言語政策」概念の歴史には、大きく3つの段階があったとされる。

① 1950年代：マクロ・アプローチの時代（国家が行う「言語計画」）
② 1990年代：ミクロ・アプローチの登場（既存理論への批判、「ミクロ視点」「権力」といった視座の導入）
③現在：（②を受けて、①の立場もふくめて修正を行っている）

これらの段階は、年代としてきれいにわかれておらず、重なるところもある。とくに②ミクロ・アプローチの登場と、③その批判を受けて既存理論が修正されていく経緯は、並行的といえる。そのため歴史的区分として十分なものとはいいがたいが、比較的理解しやすい枠組みではあるので、本章では上記の段階にそって紹介していくこととしたい。以下、2節では①のマクロ・アプローチを、3節では②ミクロ・アプローチの登場とそれを受けた③の現在について述べ、4節で本章の全体を簡単にまとめてみたい。

2. マクロ・アプローチの時代──1950年代～

アメリカを中心にはじまるマクロ・アプローチでは、「言語計画」という言葉が採用されてきた。ひとことで述べると、この立場における「言語計画」概念は、基本的には国家のようなマクロの政策を意味する傾向が強い。現代では、マクロだけではなく、個人が行うようなミクロの言語政策があることを否定する研究者は基本的にいないが、そうなるにいたった経緯の一端を見ていくこととしよう。

2.1 「言語計画」の登場

「言語計画」という言葉は、アメリカの言語学者エイナー・ハウゲン（Einar Haugen）によって普及した。「言語計画」という語そのものは、英語やフランス語、ドイツ語等で異なるものの 19 世紀から社会的に存在するし、学術の場にかぎっても 1957 年にヴァインライヒが先だって使用していたようであるが（Cooper 1989: 29）、普及させたのはやはり近代ノルウェーでの言語計画について述べた Haugen (1959) だろう。

ハウゲンの同論文は、デンマークから独立したノルウェーにおける標準語の形成を「言語計画」として述べたものである。Haugen (Ibid.: 109) によると、「言語計画」とは「…正書法・文法・辞書を作成し、非同質的な言語コミュニティにおける書き手や話者の指針とする活動」とされている。この定義は、「近代化」を念頭においたものといえる。ハウゲン自身は、「言語計画」には個人が行うものもあると言及していたようであるが（カルヴェ 2000: 16）、この語はただちに国家が行うようなマクロな計画を意味することとなる。

言語計画がマクロなものとしてとらえられた背景には、1950–60 年代の旧植民地諸国の独立がある。独立諸国は、国内に多数の言語があるとの認識が強く、どの言語を「国家語」あるいは「公用語」にするのかをきめることになる。また「近代化」するためには言語に政治、経済、科学といった各分野における関連用語を整備することや、「標準語」の形成がもとめられた。こうした課題について、ハインツ・クロス（Heinz Kloss 1969: 81）は、前者のような言語の地位を確定する計画を「**席次計画**（status planning）」、後者の標準語を形成するといった言語そのものへの介入・改変を「**実体計画**（corpus planning）」として概念化した。両概念は、その後さまざまに修正・応用されつつ、言語計画にくみいれられることとなる。言語計画の研究は、1960–70 年代にかけて、主として旧植民地諸国の独立以後の言語問題をテーマとしたマクロ・アプローチとして興隆した。

2.2 マクロ・アプローチの修正

一大潮流となった言語計画論であるが、1990 年前後から修正をせまられることとなる。その理由は、学術上では、3 節で述べる「ミクロ」もしくは「権力」の視点を重視した批判がでてきたことが大きい。社会的には、冷戦

の崩壊とグローバル化がうたわれ、また少数言語への認識が高まるという状況があった。こうした情勢変化への認識が高まることで、旧植民地諸国に集中しがちであった「言語計画」の研究対象には、それまで言語問題と結び付けて考えられてこなかったヨーロッパやアメリカもふくまれるようになった。

　言語計画論を修正した人物としては、英語ではロバート・L・クーパー（Robert L. Cooper）、ドイツ語ではハラルト・ハールマン（Harald Haarmann）、フランス語ではルイ＝ジャン・カルヴェ（Louis-Jean Calvet）などがあげられる。しかし、各人物の認知度は地域によって差がある。ハールマンは、英語で執筆することもあり、英語圏でも比較的よく知られている。カルヴェは英語圏での知名度はそれほどではないが、日本では西山教行や砂野幸稔、萩尾生らによって翻訳されている著作が多く、非常によく知られている。以下、クーパーらによる言語計画論の主な修正点を見ていこう。

■ 言語政策の担い手の多様化

　「言語政策・言語計画」概念の修正点として、第1に、国家以外にも言語政策を行う主体がありうることを認めたことである。Cooper (1989) は、著書『言語計画と社会変化』のなかで、言語計画における問いのたてかたを「だれが、だれのために、なにを、どのようにするのか」とし、マクロだけではなくミクロの言語計画をふくめることを主張した。Haarmann (1988: 1667–1668) も国家の言語計画とは、法によるものなどに顕著に見られるが、国家によらない、あるいは国家の影響があまり見られない言語計画を自身の理論のなかにくみこんでいる。カルヴェは、「**言語政策**」を「言語と社会生活とのさまざま関係に関する意識的な選択のまとまり…」(2002: 158) とし、「**言語計画**」をその具体的な実践として区別した。この区分によれば、後者の「言語計画」は国家しか持ちえないことになるが、前者の「言語政策」は国家でも個人でも持ちうることになる。

■ 言語と社会の相互関係

　第2の修正点として、社会の言語状態を記述することと、その言語への政治的な介入を概念化し、区分けしたことがあげられる。とりわけて、カルヴェ (2000: 60–62) は、前者を「**生体のなか** (in vivo)」と呼び、これは人々が社会

第 1 部　言語政策の基礎

的にコミュニケーションの問題を解決していくような現象をとらえる概念となっている。たとえば、多言語状況にあるなかで、人々のあいだでピジン語を形成・使用することなどが生体のなかでの対応である。これに対して、後者を「**試験管のなか**（in vitro）」と呼び、学問や政治による、言語と社会への意図的な介入として概念化している。ハールマン（1985）も、言語と社会の相互作用を研究する概念としてハウゲンが採用した「生態学」という言葉を再利用し、「言語生態学（Sprachökologie, linguistic ecology）」として理論化している。

　この時期の理論家によって社会の言語政策、すなわち国家だけではなく、一般の人々も日常的に言語への関与を行っていることが明示的に概念化されることとなった。これもミクロの言語政策を認めたことの一側面であったといえるだろう。

■ 言語教育

　第 3 に、「言語政策・計画」に「**言語教育**」が加えられることとなった。今日からすると、言語政策の一分野に「言語教育」があるのは当然のように思われるのだが、以前は、理論的にはあまり焦点があてられていなかったのである。こうしたなか、クーパーは、言語計画の「領域・種目（discipline）」として、従来の席次計画と実体計画に加えて、主に教育を念頭においた「**習得計画**（acquisition planning）」を提唱した。今日の言語政策論の基本概念といえる、「席次計画」「実体計画」「言語教育」がここで理論的にも確立されることとなった。

　また、ハールマン（1985: 202–208）も「**威信計画**（prestige planning）」という言葉を提示し、それを多言語状況における偏見や不寛容な言語イデオロギーがひしめきあう状況を調整・バランス、いわば共存させるものとして提唱している。威信計画には、こうしたある種の目的性がふくまれるため、より形式的といえるクーパーのモデルとは異なるところもあるのだが、ここでも言語教育が重要な役割を持つものとして認められている。

■ 静的モデルから動的モデルへ

　第 4 に、「言語政策・計画」とは、時間的に変化していくものと考えられる

ようになった。これ以前の言語計画論では、事象を説明する一般モデルや、さまざまな地域の言語状況を記述するためのモデルの形成がめざされることがあった。たとえば、ファーガソンの諸国家や諸地域の言語状況を数式として表現するモデルなどがあげられる。こうした試みが成功すれば、研究者がある地域の言語状況を容易に把握することができるようになる。しかし、言語と社会は刻一刻と変化していくものであるため、物理法則を数式で表すようにはいかず、動的なモデルがもとめられることとなった。

　前述したクーパーの著書名にある「社会変化」は端的にこうした課題とむきあったものといえるだろう。クーパーによると、そうした変化は、既存のエリートと対抗エリートとのせめぎあいにともなって生じるという。言語政策論は、社会変化・時間的変化という動的な観点を無視することができなくなった。

　このようにマクロ・アプローチは1990年前後に修正が試みられた。その背景には、次節から紹介するミクロ・アプローチが同年代に登場したことがある。

3. ミクロ・アプローチの登場と現在——1990年代～

　マクロ・アプローチは、言語政策・計画の担い手を国家以外にも認めたが、それでもマクロ視点、つまり国家の言語政策に関心がむけられる傾向が強いとはいえる。こうしたなか、よりミクロな視点を重視し、また従来の言語計画論のなかに特定の立場を擁護する「権力」や「言語イデオロギー」があることを見いだす研究が1990年代ごろからはじまっている。以下から、ミクロ・アプローチにおける「言語政策」概念や、言語管理理論を述べたうえで、各研究の違いを議論してみたい。

3.1　権力と言語イデオロギー

　1990年代からは、既存の言語政策・計画の理論に対して、批判がでてくることとなった。一例として、リチャード・B・バルダウフ（Richard B. Baldauf）、アラン・ルーク（Allan Luke）、ジェームズ・W・トレフソン（James W. Tollefson）などがあげられる。かれらは、「ネオマルクシズム」「ポスト構造主義」「批判理論」などと評されていた。

第 1 部　言語政策の基礎

　Luke and Baldauf（1990）や Tollefson（1991）の議論は、次のようなものであった。従来の言語政策・計画論は、いわゆる「公正」なものではなく、権力者やエリートの利益にくみするものである。そしてアメリカやヨーロッパの「近代化」「国民国家」のあり様がモデルとして前提とされており、それを他地域にも押しつける性格がある。そうした「権力」や「言語イデオロギー」といった視座なしの議論には大きな問題がある。こうした議論は、モダニズムに対するポストモダニズム的な視座の導入であり、20 世紀後半に人文・社会科学で広く見られた方法論的潮流の変化が、言語政策論にもちこまれた形といえる。

　こうした批判に対して、言語計画の系譜にある研究者たちがかならずしも好意的であったわけではない。言語計画論の主要人物の 1 人 Fishman（1994: 98）は、上記の批判について「批判そのものを超えるものではない」と、やや冷淡に評している。しかし、全員がそうであったわけではなく、前述したバルダウフとカプランが共著を執筆することで、マクロ・アプローチのなかにも権力や言語イデオロギーといった観点がもちこまれることとなる。

3.2　ミクロ・アプローチの形成

　バルダウフとロバート・B・カプラン（Robert B. Kaplan）の共著『言語計画』（1997）は、やや特異な性格がある。Kaplan and Baldauf（1997）は、ハウゲンやハールマン、クーパーから議論がはじめられていることから、従来の言語計画の流れを組みつつ、国際化や経済という当時の新たな領域へと「言語計画」概念を拡張したものといえる。加えて、同書は、「権力」や「言語イデオロギー」といったテーマもとりあげている。同書の第 7 章では、言語計画と権力の相互関係を、3.1 でふれてきた批判的立場の概念である「国家」「階級」「行為主体（agency）」といった観点から考察し、幅広く権力の側面が認められるとしている。

　ただし、マクロ・アプローチにくらべて、ミクロ・アプローチの理論や方法が不明確であることが問題としてあげられた。マクロの言語政策の方法は、たとえばある国家や地域の言語法や公的政策の枠組みを調査することで、比較的容易に明らかにできると主張しうる。これに対して、ミクロの方法は、後述する言語管理理論をのぞいては、なにを、どのように研究すべきなのか、

当時は確固たる方針を築けていなかった。

　こうした問題に一定の解答を提示しえた研究として、たとえばエラナ・ショハミ (Elana Shohamy) の著作『言語政策：隠れた課題と新たなアプローチ』 (2006) があげられる。Shohamy (2006) は、「言語計画」ではなく、「言語政策」という言葉のほうを多用しており、その担い手も個人をはじめとしたミクロな領域があることを強調している。

　ショハミによると、事実上 (de facto) の「言語政策」は、法や政策をはじめとした明示的な「言語政策」のみを意味するわけではない。「事実上の言語政策」には、従来の言語計画論のような議論からはみえてこない、「隠れた課題 (hidden agenda)」もあるはずなのだ。事実上の言語政策は、明示的な側面と、暗示的・隠れた側面によってなりたっており、その隠れた側面を明らかにすることが、権力や言語イデオロギーの解明につながることにもなる。

　「隠れた課題」は、人々がじっさいに言語を使用する場面の観察をとおして明らかにできるという。たとえば、「ただしい国語・標準語を使用しなさい」と述べる人々には、「ただしい国語・標準語がある」という言語イデオロギーの内面化が認められる。ミクロ的な場面での人々の言語使用を観察しつづけることで、マクロ的な言語政策の言語イデオロギーや権力をえがくことができる。ショハミは、言語景観の研究にこうした方向性があるとしている。

　ミクロ・アプローチについては、エスノグラフィーの立場もあげることができる。1980年代からはじまった立場であるが、とりわけ2000年代後半になると、ナンシー・H・ホーンバーガー (Nancy H. Hornberger) やデイヴィット・C・ジョンソン (David C. Johnson) らによってその手法が確立されることとなった (Hornberger and Johnson 2007, Johnson 2009)。ショハミやエスノグラフィー的立場は、理論や手法に違いはあるが、いずれも言語政策をミクロから明らかにしようとする点で共通している。

3.3　言語管理理論

　ショハミやエスノグラフィーとは異なる系譜として、「**言語管理理論** (language management theory, LMT)」という学派がある。この学派の文献は、英語で執筆されることも多いのだが、地理的には中央ヨーロッパや日本、韓国といった東アジアでの知名度が比較的高い。言語管理理論は、ほかの言語

第1部　言語政策の基礎

政策論の立場とくらべると、人々が言語を管理する過程を精緻に概念化し、独自の専門用語を用いて分析する性格が強い。専門用語にはたとえば、「インタレスト、関心、利害関係(interest)」、「権力(power)」、「逸脱(deviation)」、「単純管理(simple management)」、「組織(された)管理(organized management)」などがあげられる。こうした諸概念を精緻化することによって、厳密な議論が可能となるが、その反面として外部にいる人々からは少しとっつきにくい印象をあたえる。

　言語管理理論は、1960年代までは言語計画論の研究グループにいたビョルン=ホルガー・イェルヌッド(B. H. Jernudd)が、チェコ出身のイルジー・V・ネウストプニー(Jiří V. Neustupný)と研究会をとおして知りあい、1970年代からその理論や概念が構築されてきた。理論的には、マクロとミクロを交差するアプローチとして提唱されていたのだが、その後に行われた研究はミクロにかんするものが多かったためか、今日ではミクロ研究と理解されていることが多いかもしれない。

　言語管理理論の綱領的論文であるJernudd and Neustupný (1987) では、次のようにこの理論を述べている。言語管理理論では、「**インタレスト(利害関係)**」という概念が重要であり、国家やさまざまな集団・個人間での言語的な衝突はこのインタレストをめぐって起こっている。インタレストは、経済、社会、政治、文化的利益と通常は一致しており、「権力」を構成することもある。たとえば、「男性／女性」の性区分規範を強く信じている学校の教師がいるとすると、生徒たちの一人称(ぼく／わたし)の使用を否定的に評価し、調整しようとするかもしれない。このように言語管理理論では、人々の相互行為におけるもろもろの管理を、言語の使用過程をとおして解明しようとするのである。

　言語管理理論の射程は広範であるが、この理論には問題提起といった側面もある。というのは、言語管理理論の研究は、研究者が認識する言語管理ではなく、言語を使用する当事者間における言語管理であるからだ。そのため、方法としてフォローアップ・インタビューが重要とされている。研究者が観察した当事者間の相互行為に加えて、その当事者にフォローアップ・インタビューを行うことで、当事者間の言語管理をより詳細に明らかにすることができるわけである。

3.4 スポルスキーと言語管理理論の「言語管理」

　言語計画の流れにある論者として今世紀にはいってから比較的よく参照される人物にバーナード・スポルスキー（Bernard Spolsky）がいる。Spolsky（2004: 9）によると、「言語政策」とは、共同体や国家のすべての「言語実践」「信念・イデオロギー」「管理」の決定をあらわしている。そのうえで同著作は、クーパーやカプラン、バルダウフらによって範囲が大きく広まった言語政策・計画を、より細部に描くアプローチとして「言語使用領域（domain）」を提唱する。家庭や学校、職場、国家などには、さまざまな言語使用領域があり、言語政策の実践、信念、管理は各々で異なり、相互に影響をあたえあうというわけである。スポルスキーの枠組みは、カプランやバルダウフ以降の主要な理論の1つであるが、従来の言語計画の流れにある研究者らと異なり、「言語管理」という言葉を多用している（Spolsky 2009）。このスポルスキーに対して、言語管理理論の人々から批判が生じたことがある。

　批判の主要論点は、スポルスキーのいう「言語管理」は、いわば研究者や第三者視点から見た管理であり、言語管理理論における当事者間の管理ではないということである。3.3で前述したとおり言語管理理論では、当事者間での管理が主要な課題であり、そのアプローチによって人々の権力や言語イデオロギーの解明へせまるとされるが、スポルスキーの「言語管理」にはそうした含意はないという。ネクヴァピル（2014: 133）は、スポルスキーのような言語管理を「『言語管理』を『言語計画』とほぼ同義に使っている」と評している。

　こうした言語管理理論の議論から、「言語政策」あるいはその類似語には大きく2つの前提がおかれていることがうかがえる。1つは、いわゆる「客観的」あるいは第三者的な視点を前提とする言語政策である。いま1つは、当事者間で行われる言語政策だろう。これらは、かならずしもマクロ−ミクロ・アプローチと重なるわけではないものの、マクロ・アプローチは客観性と、ミクロ・アプローチは間主観性と一定の親和性がうかがえる。

4. おわりに──「言語政策概念」の今後

　最後に、本章でとりあげた「言語政策」概念をまとめておこう。本章でふれてきた論者たちをマクロ／ミクロの関係で位置づけると図1のようになる

第 1 部　言語政策の基礎

だろう。ある概念をマクロ傾向にとらえるのか、それともミクロ傾向にとらえるのか、そしてマクロとミクロの相互関係をどのようにとらえるのかは広く人文・社会科学の永遠の問いといえる。

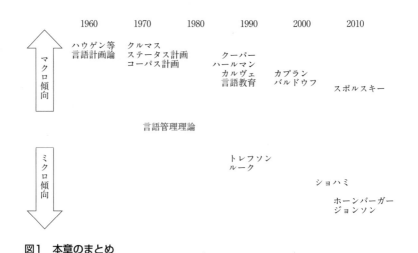

図1　本章のまとめ

　一般に言語計画論などマクロ・アプローチを取る研究では、トップダウンの言語政策がイメージされる。たとえば、国家やその委託を受けた公的機関が言語政策を制定し、その影響を個々人や諸団体などが受けるといったイメージになるだろう。反対に、ショハミの研究やエスノグラフィーなどミクロ・アプローチを取る研究では、ボトムアップの言語政策が念頭におかれる。個々人の言語への介入がつみかさなって国家もしくは社会の言語政策およびその言語イデオロギーや権力をえがけるといったイメージである。

　言語管理理論においてもマクロ－ミクロの関係はテーマでありつづけている。ネクヴァピル（2014: 11）は、マクロとミクロの関係を「弁証法的（dialectical）」とし、社会現象のマクロとミクロは相互に影響をおよぼしあうと述べている。近年では、Kimura and Fairbrother（2020: 265）は、マクロとミクロは相対的なものであることから、マクロ的なものがミクロの次元に、ミクロ的なものがマクロの次元としてあらわれる交差性をみるアプローチを提唱している。

「言語政策」概念は、じつに多様であり、同時に課題もある。マクロ／ミクロといった観点以外にも、たとえば言語政策論に規範性をもたせることや、目的の設定を行うべきかといった問いかけが2010年代ごろからあらわれている。言語政策を学ぶ次世代の学徒は、先行する人々がのこした課題と、なんらかの形でむきあうことになるのだろう。

● さらに学ぶための読書案内 ●

カルヴェ、ルイ＝ジャン（著）・西山教行（訳）（2000）『言語政策とは何か』白水社

> 手に取りやすい言語政策の入門書。アメリカだけではなく、ヨーロッパにおける言語政策論の受容・展開・形成にも言及している。

ネクヴァピル、イジー（著）・「海外主要都市における日本語人の言語行動」共同研究プロジェクト（訳）・木村護郎クリストフ（監訳）（2014）「言語計画から言語管理へ —— J.V. ネウストプニーの継承」『言語政策』10, 129–148. 日本言語政策学会

> 言語管理理論とその意義を包括的にとりあげた論文のひとつ。言語計画論との違いについても述べられている。ネットアクセス可。

García, Ofelia. 2015. 'Language Policy'. In James D. Wright eds. 2015. *International Encyclopedia of the Social & Behavioral Sciences*, Second Edition (pp. 353–359). Elsevier.

> 英語圏における言語政策の歴史がコンパクトに論じられている。英語だが、比較的平易な文体であり、インターネットからアクセスもしやすい。

第2章

言語の地位

山川和彦

> **ねらい**
>
> 国家や地域で使用される言語は、その順位付け（地位）が法的に規定されることがある。一方で、グローバル社会あるいは特定の場面では、国家や地域が定めた言語とは違う言語を使用することもある。多様な言語選択をする状況を、流動的と断片的というキーワードで考えてみる。

> **キーワード**
>
> 国家語、地域語、観光言語、流動的、断片的

1. はじめに

　「多言語」という言い方は、今日すでに一般化している。外国人移住者の増加にともなう多言語による生活案内、旅行者（インバウンド）対応としての鉄道駅や商業施設での多言語表示がその一例である。複数の言語を使用する場合、そもそもどの言語を選び、それぞれの優先順位はどうなっているのか。この章では、言語の選択や順序などに関係する「地位」という概念を考えていく。

　本題の前に、言語政策で取り上げられる言語計画についてふれておきたい。地域社会の言語を政策的に考える場合、地位計画、実体計画（本体計画とも）、普及計画という概念を用いている。地位計画とは、複数の言語が存在する国や地域において、言語にどのような順位や役割付けをしていくかということである。何語を**国家語**とするか、行政や教育で使用される言語はどれかなどである。言語の文字や使用する語彙などを決めていく本体計画（実体計画、コーパス計画）、言語教育に代表される普及計画（習得計画）がある。

第 2 章　言語の地位

　国家や地域が、その領域に通用する共通の言語を持つことは、統治という実益的な機能だけではなく、差異化、**威信**、アイデンティティ、**象徴性**といった概念と関係してくる。地位計画は、国家や地域の社会事情のなかで立案されるが、今日の社会はグローバル化が進展し、人や企業は国家や地域を越えて活動することが普通になった。言語の地位といっても多義的にとらえるほうが実態に合っていると思える。そこで本章では、**流動的**、**断片的**というキーワードを導入して言語の地位を考えてみたい。

2.　国家語とその役割の変化

　はじめに国家語の地位が流動的な状況にあることを考えてみたい。その事例としてスイスとシンガポールを取り上げてみる。

　スイスは 26 の州（カントン）からなる連邦国家で、州も憲法を有し、地方分権が進んだ国である。言語に関して、「国家語は、ドイツ語、フランス語、イタリア語、ロマンシュ語である」（連邦憲法第 4 条）と規定されている。家庭で話されている言語を調査した統計（2021 年）では、15 歳以上の居住者 724 万人のうち、67.3 ％がドイツ語、23.2 ％がフランス語、8.3 ％がイタリア語、ロマンシュ語は 0.5 ％である。

　さらに第 70 条には「言語」の規定があり、「連邦の公用語（行政語）は、ドイツ語、フランス語及びイタリア語とする。ロマンシュ語を話す者との間では、ロマンシュ語も連邦の公用語である」（第 1 項）とある。第 2 項には「州は公用語（行政語）を決定する、その際、州は共同体間の調和を維持するため、領域の伝統的な言語構成を尊重し、領域の言語構成に配慮しなければならない。また、伝統的な言語的少数民族に配慮しなければならない。」とある。国土全体が 4 言語併用になっているわけではなく、地域によって使用する言語は異なる。例えばグラウビュンデン州憲法は、その第 3 条言語の第 1 項で「ドイツ語、ロマンシュ語、イタリア語が、カントンの同等の国語および公用語」であるとしている。このようにスイスでは、連邦および州の憲法の中で、言語が規定され、結果として言語の地位が定まっている。

　ところが、ヨーロッパの統合政策やグローバル化によりスイスの人口構成と使用言語も変化しつつある。連邦統計局の統計によると、2021 年スイスの 15 歳以上人口の 25.1 ％が外国人である。そして 23.1 ％はスイスの 4 つの

国家語以外の言語を主たる言語としている。時系列的にみると、ドイツ語、イタリア語、ロマンシュ語の話者が減少し、英語、ポルトガル語、スペイン語を使用する人口が増えている。スイスでは第二言語として、自分の母語ではない別の国家語をもう一つ学習することになっているが、社会人のみならず子供たちの英語指向が強まっている。国家語、公用語が法的に規定され、使用されてはいるが、人口構成、社会事情が変化する中で、実質的な言語使用が流動的に変化しているといえる。

なお、ここではドイツ語と表記したが、日常話されるスイス・ドイツ語は、公的な領域で使用される標準ドイツ語とは相違が大きい。

次にスイスと並んで、複数の言語を憲法にうたっているシンガポールの言語事情をみる。シンガポールは、1965年8月9日マレーシア連邦から分離独立して建国された。シンガポール憲法には次のように言語に関する条文がある。

153A条
(1) マレー語、華語 (Mandarin)、タミル語、英語が、シンガポールの4つの公用語 (official languages) である。
(2) 国家語 (national language) はマレー語で、ローマ字表記とする

ここで言及したいのは、国家語と公用語の関係、そして公用語の中の実用的なヒエラルキーである。シンガポールは建国当初から多民族国家であり、多数を占める民族は中華系であったが、マレー系、インド系との融和を図りながら国家統一をしていくために、中立的な英語を事実上の共通語としてきた。マレー語を国家語としたのは、「マレー語を公用語とするマレーシアやインドネシアなどの近隣諸国との調和を保つ政策であり、実際には、マレー語は象徴的な役割を担い、国家的儀式に使われるにすぎない」（矢頭 2014: 61）。

シンガポールの言語政策に関連する施策として、1979年に始まった「スピーク・マンダリン」キャンペーン (Speak Mandarin Campaign) がある。中華系とひとまとめにいうが家庭では福建語、広東語、潮州語などを話していることから、中華系国民の共通語としての華語形成を意図した施策である。ChineseではなくMandarinという表現を用いたところが、外交上のシンガポールの独自性を表明している。さらに1999年にはSpeak Good English運動がある。シンガポール人に特有の間投詞などを控え、文法的に正しい英語を使用する施策である。

ここで英語志向を示す言語統計を示したい。シンガポール統計局の人口センサス（2020年）によれば、15歳以上の人口約346万人のうち86万人が単一言語使用者、226万人が2言語使用者、24万人が3言語使用者である。単一言語使用者全体では華語を使用する人口が50％、英語が42％、マレー語が5％、タミル語は1％である。このなかで華語の単一言語使用者は45歳以上に多く、逆に45歳未満では英語志向がはっきりしている。シンガポールは多言語社会からモノリンガル社会へ移行しつつあるとする論説が多いことが裏付けできそうである。

この節では、国家語と地位の事例としてスイスとシンガポールを見てきたが、いずれも憲法において言語の地域が規定されている。しかし、現実社会においては、実益的な英語が優先される傾向にある。

3. 地域公用語と言語の地位

国家語とは違う言語を使用する少数集団が、言語の認知、集団権の獲得を求めて闘争になる地域もある。その一例として、ドイツ語を地域公用語としているイタリア北部ボルツァーノ（伊語）／ボーツェン県（独語）を取り上げてみる。この県は南チロルとも呼ばれ、県の人口の約7割に当たる31.4万人がドイツ語を母語としている（2011年）。一方イタリア語話者は11.8万人、ラディン語（スイスのロマンシュ語と同系）が2万人、外国人人口は5.2万人である。

南チロルの言語政策は、ドイツ語とイタリア語が中心に議論され、その後ラディン語も取り上げられてきた。まず言語問題を考えるためのこの地域の歴史をごく簡単に述べておく。現在「チロル」という地方名が付いている領域は、11世紀に誕生したチロル伯領でアルプスの南北に広がっていた。1363年からはハプスブルク家、1806年からはオーストリアの領土になった。19世紀イタリアが統一されていく中で、未回収地の復帰を求める運動（イレデンティズモ）が生じ、第一次大戦後、アルプスの南側がイタリアへ割譲された。これが南チロルである。割譲後、イタリアへの同化政策とそれに反対するドイツ語集団の集団権、ドイツ語使用の法的規定を求める闘争が生じた。

イタリアへの同化政策が行われた間は、一言で言えばドイツ語のイタリア

語への置換であり、地名や人名の変更にも及ぶ。ドイツ語払拭のために、イタリア語母語話者の計画移入とドイツ語集団の国籍選択（ドイツ帝国への移住）により、地域全体のイタリア化を実施した。

　第二次大戦後にはイタリアとオーストリアの間で締結されたパリ条約（1947年）において、ドイツ語集団の権利保証がなされ、言語的には、小中学校での母語使用、公的場面でのドイツ語とイタリア語の**同等化**などが明記され、この文面ではドイツ語の復権がなされる。しかし、イタリアは1948年に特別法において、南チロルの上位に州を創設し、ドイツ語集団のマイノリティ状態は継続した。州における公的な言語はイタリア語であるが、ドイツ語による教育や、公的機関でのドイツ語使用、さらにラディン語話者の居住地でのラディン語使用が、すでにこの特別法にうたわれている。ただ、ドイツ語集団は戦前の状態への復帰を求めていたことから、後にテロ活動に発展した。

　1972年になると第二次自治法が施行される。この自治法の骨子は、州の下位にある県に対しても自治が与えられ、県議会でドイツ語集団が多数を占めるなど、ドイツ語集団に対する集団的な権利が強化されたことにある。この第二次自治法で特記しておくことは、国勢調査時の言語集団所属申告とそれに連動した公務員定数と公営住宅の配分である。公務員はイタリア語とドイツ語の2言語を使用することが求められ、言語能力試験も制度化してくる。南チロルにおいては、国全体では少数であるドイツ語集団が多数派になり、国家語であるイタリア語だけを使用する住民が少数派になる、さらに学校教育においては、第二言語教育としてドイツ語またはイタリア語を小学校から学習する。これがイタリア語集団の不満につながった。さらに裁判においてドイツ語やラディン語の使用が実質化するのは1993年になってからであり、ドイツ語の地位は時代とともに確立していった。

　2000年代になると社会的に大きな変化が生じる。イタリアにおいて地方分権的な政策が強化され、南チロルの自治権が拡張することになり、「動的な自治 Dynamische Autonomie」と呼ばれる段階である。さらにイタリアは、欧州評議会が発効した「少数民族保護枠組条約」を1998年に批准した。これにより南チロルと同じトレンティーノ＝南チロル州にあるトレント県内で孤立言語圏となっていたドイツ語系少数者が認知され、言語文化の保護、ドイツ語教育が保証されていく。

南チロルでのドイツ語集団の権利とドイツ語使用を法的に求めていく過程は、20世紀において一応決着を見たが、イタリアはEU加盟国でもあることから、南チロルにも多くの移住者が流入し、これまでの構造とは違う局面を迎えている。2021年末で145カ国からの51,600人の外国人が居住している。ほかの国同様、移民的背景のある居住者が市議会議員になるなど、いままでのようなイタリア語とドイツ語、それに地域的な少数言語ラディン語という位置付けでは処理できない状況になりつつある。

4. 日本国内における地域語の位置付け —— 石垣市を事例として

この節では、沖縄県石垣市で使用される**地域語**スマムニに関係する施策、住民の意識を言語の地位の観点から概観してみる。石垣市は、隣接する竹富町、与那国町とともに八重山地方と呼ばれることがある。そして言語的には、八重山語、与那国語と区分され、八重山語はスマムニ、しぃまむに、ヤイマムニとも呼ばれる。八重山語と与那国語は、ユネスコが2009年に発行した"Atlas of the World's Languages in Danger"(第3版)によれば「重大な危機」にあり、継承の必要が求められている。ただ、八重山語といっても市街地を含め集落によって方言が複数ある。また、石垣島北部は、戦後、沖縄本島からの開拓者が入植し、スマムニは使用していないし、1980年代には移住ブームによる本土からの移住者がいること、メディアの影響も大きく、標準日本語が普通に使われている。

石垣市の取り組みを紹介する前に、沖縄県としての言語政策について述べておくべきであるが、本書にはしまくとぅばに関するコラムがあるので、それを参照してもらいたい。石垣市政の根幹を示す第5次石垣市総合計画前期基本計画(2022年〜)では、伝統文化・芸能の継承が課題としてあげられ、「各地域の方言(スマムニ)」の子供たちへの普及啓発がうたわれている。これは以前の第4次石垣市総合計画(2012〜2021年)には記載されていないことである。沖縄県の中で八重山は郷土芸能が盛んな地域で、その一環として地域語が意識されるといえる。

芸能とスマムニに関しては、「とぅばらーま大会」の申し込み規定が好例である。とぅばらーまは八重山の代表的な民謡で、市の観光資源と認識されている。この大会では歌唱と作詞との部があり、その応募申込用紙には「八重

山方言」を使用することが書かれている。つまり伝統芸能という分野、いわゆるドメインにおいては、標準日本語ではなく、スマムニが前提とされ不可欠の手段となっている。

　教育に関しては、令和元年度第1回石垣市総合教育会議（2020年2月3日）において、教育大綱にスマムニの普及・継承を記載することが提案され、その後、教育大綱に明記された。「郷土の自然・文化を学び、地域に誇りを持てる教育の推進」の中で、スマムニの普及・継承が推進されることになった。ただし、現行の教育課程にスマムニを入れる余裕はなく、実質的に課外授業のような形を取って、「スマムニかるた」による語彙学習やスマムニによる民話の紹介などが行われている。なお、スマムニに関しては検定試験もあり、学習との連動、結果的にスマムニの普及につながるものと考えられている。ほかにも弁論を競う「スマムニ大会」も年一回開催されている。

　一方、言語景観では、スマムニを目にすることは少なくない。空港ロビーには「おーりとーり八重山へ」と書かれている。ほかの場所でも、おーりとーりを書く店舗はある。沖縄本島であれば「めんそーれ」とするところを、スマムニで表記することで、沖縄本島のことばとは異なることのアイデンティティ表明ともいえる。

　また、石垣島には台湾からのクルーズ船が到着することから、中国語対応が求められている。市内にある沖縄県立八重山商工高校の観光コースでは英語を上回る授業時間が設けられていて、検定試験やスピーチコンテストで優秀な成績を収め、中国語圏の大学に進学する生徒もいる。このような教育事情を見ると、英語の重要性を認識しつつも中国語を重視する傾向も強い。この背景には、石垣と台湾の距離感に加え、台湾出身者も生活していることがある。かつて聞き取りをした際に台湾からの旅行者は外国人という感じがしないと答えた店舗スタッフがいた。

　ここまで、文化施策と関係付けて言語事情を見てきたが、言語に対する意識は個人により異なる。移住者の中には、集落での行事や活動において年長者との会話のなかでスマムニの必要性を感じる人もいるし、石垣市での生活が長い人でも、近隣の島の出身であるために石垣市街地のスマムニ方言を話さないという人もいる。スマムニという表現さえ知らない移住者もいる。加えてスマムニの語形も流動化していて、スマムニの真正性を意識する人もい

れば、沖縄本島のウチナーグチをスマムニと勘違いする人もいる。標準日本語の影響を受けた語形の使用も多い。企業に目を向ければ、スマムニを積極的に取り入れるホテルもある。先に示したように施策や教育においてスマムニが取り上げられはじめたので、スマムニの認知がすすむに連れて、地域語としての象徴的地位を得ることになると思われる。

5. 観光文脈での言語の地位

今日の日本社会のなかで、外国語が意識される現象の一つが「インバウンド」、訪日外国人旅行者施策であろう。この節では観光文脈での言語の使用意識と地位について述べていく。

まず、日本の国際観光施策について概観しておきたい。戦後の国際観光はインバウンド中心で、外国人対応の専門性を有する通訳案内士と、外国人を迎える設備、サービスを有する国際観光ホテルに代表される。その後、1964年になって日本人の海外旅行が自由化され、高度成長と航空機の発達により、日本人の海外旅行が急増し、国際観光という点では、日本人の海外旅行が脚光を浴びる時期が続いていた。外国人旅行者の受け入れが意識され、1996年に外国人旅行者を受け入れる施策としてウエルカムプラン21が実施され、英語及びアジア言語の対応強化がうたわれた。2003年1月には、当時の小泉首相が施政方針演説で外国人の日本訪問者数が少ないことに言及し、以後、外国人受け入れ環境の整備が行われることになる。

インバウンドはこのような経緯をもって今日の状況にあるが、それを言語の地位に関連してまとめてみよう。第1点は、国際観光＝英語という志向。インバウンドにしろ、日本人の海外旅行にしろ、英語が注目されている。それはコロナ前の訪日客の4分の3が、英語を母語としない東アジアからの旅行者であっても、英語志向は見られた。公共交通機関での使用言語は、当初英語とピクトグラムの併記という施策であったが、旅行者の現状に合わせて中国語や韓国語などを併記することが好ましいという表現に変わった。地域の言語景観をみると、韓国人旅行者の多い地域では、中国語表記よりも韓国語表記が上位に書かれている。北海道でタイ人旅行者が急増した施設では、館内に一時的にタイ語表示を導入していた事例もある。つまり言語ニーズ、それに関連する言語の地位は、観光地により異なり、**流動的**であるといえる。

第 1 部　言語政策の基礎

　第 2 点目は、観光では外国語運用が限定的である。交通手段で移動する、宿泊する、飲食・買物をするというのが一般的な観光行動であるが、それぞれにおいて言語ニーズは**断片的**である。例えば旅行者が切符を買う、飲食店で注文するといった場合、何かしらの手段を用いて、旅行者の要求はその場で完結する。英語や中国語などの言語選択を自販機にいれたり、メニューに併記したりすることで、旅行者支援につながる。ホスト側の言語サービスは想定される内容だけに限ればいいことになり、言語の運用は断片的である。

　第 3 点目として、母語話者の活用がある。施策として明示された事例としてスキー指導員がある。アジア諸国からの旅行者に対するスキー指導を英語で行うための人員確保の施策である。また、文化資源の説明案内文を作成するための母語話者活用がある。これらは上述の定型化された案内では済まないことから、母語話者による支援を促している。このようなケースでは、日本人ホストは外国語運用を放棄して、言語活動を委嘱していることになる。

　この節では、観光施策に関連する事例をいくつか取り上げてみた。総じて言えば、外国人ゲストの接遇という点で、言語地位は英語が上位に位置することになる。ただ、常に英語が上位というわけではなく、顧客に応じて中国語や韓国語が上位に来る場合もあり、流動的とも言える。そして観光客とのやりとりは断片的である。例えば店先での表示は中国語が優位に書かれる、しかし店員の会話は英語であるというケースも出てくる。いわば流動的で断片的な言語活動の集合により、観光客を相手にする言語活動がなされていると言っても過言ではない。

6.　まとめ

　この章では、言語の地位について、国家語、地域公用語としての事例をはじめに見てきた。法的な規定を設けているが、実際にはその規定とは違った社会のニーズ、状況が生まれていることに言及した。とはいえ、法的に規定された言語は確固たるものとして存在し、それは象徴的なものであるし、その使用者のアイデンティティにも関連し、複数の次元で言語を使用しているとも見える。この意味で地位が流動的になりつつあると表現した。

　次に石垣島の地域語が郷土芸能場面では不可欠で、その継承のために小学校での課外教育が行われていることなどを取り上げた。さらに観光施策の中

では、言語は経済活動の手段であり、その場の解決のための言語という意識がある。これらはいずれも断片的な地域語、外国語使用と考えられる。

　最後に、言語の地位というと、国家などの行政組織による規定と考えがちである。しかし、グローバル化する社会のなかで、生活者は様々な空間で、様々な人物と交流することになる。そうなると国家が住民の言語使用を厳しく統制するような時代ではない、つまり言語の地位を決定するのは企業などの集団や個人に移行していると考えるのがいいともいえる。

● さらに学ぶための読書案内 ●

佐野直子（2015）『社会言語学のまなざし』三元社
　社会言語学の入門書であるが、4つの「まなざし」から社会言語学の研究領域をわかりやすく、かつシャープに記述している。

山川和彦（編）（2020）『観光言語を考える』くろしお出版
　観光分野における言語の扱いをまとめてあるので、5節で取り上げた事例を発展させてみたい人に勧める。

沖縄県における地域言語の衰退と再生

石原昌英

石原昌英 (2021)「琉球諸語の未来」波照間永吉・小嶋洋輔・照屋理 (編)『琉球諸語の文化と未来』岩波書店　74–89

本論文の研究のねらいと特徴

　本論文が所収されている『琉球諸語と文化の未来』はそのタイトルが示唆するように、研究者向けではなく一般の読者を対象としたものである。本論文は、新しい研究成果を提示するのではなく、筆者が数年間にわたり発表した研究成果を踏まえて琉球諸語の衰退と再生に向けた活動について一般の人々に周知することを目的としてまとめたものである。本論文は大きく分けて、言語危機の状況、言語再生に向けた活動とその課題の3つのセクションからなる。まず、消滅の危機に瀕していると言われる琉球諸語がどのような状況にあるのかを統計データに基づいて分析し、現状のままでは近い将来に琉球諸語が消滅する可能性が高いことを論じている。次に、危機的状況の中で行われている琉球諸語の再生に向けた活動を紹介し、まだ望みが途絶えたわけではないことを示し、最後に再生に向けた活動にはどのような課題があるのかを論じている。

研究の方法

　上記のように、本論文は筆者の複数の研究成果をまとめたものであるので、研究の方法も1つではない。オリジナルの研究では、1) 言語状況に関するデータについては、琉球新報社が2001年以来5年ごとに実施している『沖縄県民意識調査』のデータと沖縄県文化振興課が実施している『しまくとぅば県民意識調査』のデータを活用し、2) 言語再生に関するデータについては筆者が実施したインタビュー調査や文献調査およびインターネット検索で収集した。これらのデータをユネスコの消滅危機言語に関する専門家グループが2003年に提唱した「言語の体力測定 (language vitality and endangerment)」の基準を用いて分析した。

研究でわかったことと残された課題

　これまでの研究では、琉球諸語の衰退が進行し、話者数が急激に減少していることが明らかになっている。一方で、30歳代〜60歳代には自分たちが居住する

地域の言語を聞いて理解することはできるが、話すことはできないという受動的母語話者が多い。また、母語として地域の言語を習得しなかったが沖縄人意識を持ち、その言語の習得に努めているニュースピーカーの数も少しずつだが着実に増加している。また、琉球諸語の再生 (に向けた活動) がその活動に従事する者たちの well-being (心身の健康・幸福) に関係していることもわかった。

　琉球諸語の再生に向けた沖縄県の「しまくとぅば復興推進計画」が実現可能性の観点から必ずしも妥当とは言えない言語政策・言語計画に基づいていることが課題である。別の言い方をすると、「言語政策・言語計画の不在」が課題である。

研究で苦労した点や研究上の助言

　言語の危機的状況を把握するためのアンケート調査は、科研費等の外部資金なしでは、個人で実施することはほぼ不可能である。幸にして琉球新報社と沖縄県が全県的な大規模調査を実施しているので、そのデータを活用することにした。なお、最近になってオンライン・アンケート調査の有効性を確認した。自分が知りたいことを質問でき、ある程度まとまった数の回答者を得ることができる調査が可能となっているようである。ただし、この方法では「代表性 (representativeness)」の確保という課題がある。インタビュー調査では、収集したデータから重要と思われる部分を抽出し、世界的な傾向とどのような類似性があるのかを分析するのに苦労した。

　研究上の助言としては、消滅危機言語の再生に関わる研究については、1 つの方法だけではなく、アンケート調査、インタビュー調査、参与観察 (および文献調査) などの複数の方法で実施することが望ましい。なお、アンケート調査については、すでに実施されている調査のデータを活用することも検討すべきである。いずれの調査においても、インフォームドコンセントを含め、研究倫理を遵守することは言うまでもない。

第**3**章

言語の近代化と標準化をめぐる言語政策

原 隆幸

ねらい

言語政策・言語計画における実体計画について理解をする。まずは実体計画の概念を概観する。次に実体計画を具体的に見ていくために、標準化、言語改良、言語純化などについて各概念を押さえた上で、具体例を見ながら理解をふかめていく。

キーワード

実体計画、成文化、言語的規範、言語改良、情報保障

1. はじめに

　言語政策と言語計画の位置づけは研究者により異なる。言語政策を具体的に実施するための方法が言語計画であるとする考え方や言語政策と言語計画を区別しない考え方などがある。詳細に関しては第1部第1章を参照していただきたい。本章においては前者の考えに立ち言語政策と言語計画を区別する。言語計画には、席次計画、**実体計画**、習得計画の3つからなるが、本章では実体計画を取り上げ、その概念を概観した上で、具体的な中身として標準化、言語改良、言語純化などについて述べていく。

2. 言語計画と実体計画

　言語計画は、席次計画、実体計画、習得計画の3つに分けることができる。その中で実体計画（英語で corpus planning）は、corpus（本体）という語からもわかるように、その本体・実体を変えていくことであり、言語の内的な

面に関係する。席次計画によって選択された言語や変種における語彙の造成など言語の実体を変えていくことで、席次計画によって決定されたある特定の機能が担えるようにすることである。つまり、正書法、語彙などの言語変種の形態面の発展、標準化を取り扱う。例えば、自国の言語の語法や表記にゆれがある場合、標準形を定め、それを規範にする。また、表記を持たない言語にそれを与える。すでに表記法がある言語にはその合理化を図る。

　さらに、実体計画には、特定の語彙を排除することも含まれる。例えば、他国に支配された歴史を持つ民族や国家が、独立後に旧宗主国の言語要素を取り除き、純化を図ることもある。また、ある国の言語の中に別の言語の表現が外来語として取り入れられ過ぎている場合、それらの外来語を自国の言語表現に変えることもある。また、グローバル化による文化の伝播や技術革新などが行われている現在でも、実体計画は必要性を失っていない。

3.　成文化、標準化、近代化、言語改良など

　実体計画には、**成文化**(codification)（**文字化**(graphization)、**文法化**(grammatication)、**語彙化**(lexicalization)）、**標準化**(language standardization)、**近代化**(lexical modernization)、**言語改良**(language renovation)などの内容が含まれる。以下に1つずつ見ていく。

3.1　成文化（文字化、文法化、語彙化）

　小池他(編)(2003)によると、成文化とは言語計画の中で選択された言語コードの言語的規範を設定することで、具体的には文字化、文法化、語彙化を指す。成文化の成果は、正書法、文法書、辞書として示される。

　文字化とは席次計画によって選択された言語や変種が文字を持たない場合に、文字を与える作業のことである。言語研究所などの政府の公的機関が主導して行われる場合が多いが、宣教師などが布教の対象となった人々の使用している言語に聖書を翻訳する必要から、音素分析を含む文字化の作業を行う場合もある。または言語学者が未知言語を記述するために、文字化を行う場合もある。旧ソ連から独立した国では、「キリル文字の廃止が旧ソ連の影響からの脱却につながる」と考え、それまで使用していたキリル文字からラテン文字への回帰など使用文字の変更を行っている。真田他(1992)によると文

字化のプロセスは次の3つの問いを考える。(1) どのような文字を用いるのか。すでにある音節文字やアルファベットを採用するのか、それとも新たに作り出すのか。(2) 補助符号や句読点を用いるか。用いるとすればどのような種類のものか。(3) 表音主義に徹するか、文法情報や意味情報も組み込むか。

(1) の文字の選択に関しては、クーパー(Cooper 1989)によると普遍的基準と社会的基準の2つにまとめることができる。①普遍的基準：読み・書き・印刷・習得・多言語の表記が容易であること、②社会的基準：採用しようとする文字の背景にある社会や文化が、その文字を与えようとする言語や変種が用いられる地域の社会や文化と抵触しないこと。①に関しては読みやすさや書きやすさなどの基準が十分に確立しているとはいえず、それぞれの下位基準が互いに衝突するといった問題もある。②に関しては言語体系が非常に似ているにもかかわらず、ヒンディー語が古典サンスクリット語の表記に用いられたデヴァナガリ文字を、ウルドゥー語がアラビア文字(ペルシャ文字)を採用していることは、社会的(宗教的)な基準が文字選択に関与していることを示している。

最近では、厳(2013)に紹介されているインドネシアのチアチア族の例がある。インドネシア東部のブトン島のバウバウ市に住む、音声言語はあるが表記文字を持たなかった少数民族のチアチア族が、韓国語の固有文字であるハングルを民族語のチアチア語を表記する公式文字として選定した。この発表とほぼ同時にチアチア族にハングルが教えられるようになった。韓国語の固有文字であるハングルが、他の民族の公式表記文字として導入されたのは初めてのことであった。

文法化とは、文法性の規範を設定することである。例えば、三人称単数形現在の主語に対する動詞の形態が複数ある中で、標準形を選択することなどである(小池他(編) 2003)。

語彙化とは、選択された言語変種に対して適切な語彙を選定して公表することである。語彙化は、言語純化主義の影響を受けることもある。例えば、ヒンディー語は英語やペルシャ語からの借用語を古典サンスクリット語からの借用語に置き換えたが、これは古典サンスクリット語がヒンドゥー教と強く結びついており、それだけヒンディー語の純粋性を強めることができるからである(小池他(編) 2003)。

3.2 標準化

　標準化とは、1つの言語の中の多様な社会方言や地域方言の中から選ばれた変種を統一し、一般に広く受け入れられるような体系に作り上げる作業、または1つの標準形を確立しようとする取り組みである（小池他（編）2003：真田他 1992）。具体的な標準化の作業は、その意識が最も届きやすい書き言葉を洗練することに集中する場合が多い。標準化の背景は、ルネサンス時代の欧州において印刷機が発明され、言語の規範が必要となったことが挙げられる。その後、教育・工業化・大衆の読み書き能力が拡充されたことに伴い、教科書や公的文章の規範が求められたといわれている。20世紀後半にはアジアやアフリカ地域の多くの旧植民地が独立国として誕生したが、そこでは大衆の読み書き能力と教育に対応する言語の標準化が求められた。これらの地域では多数の土着言語や地域変種が異なる民族集団によって使用されており、土着言語・地域変種の多くは標準変種として機能できる書記体系を持っていなかった。そのための対応として、①行政や教育の場で公用語としての使用が確立している宗主国の言語（植民地語）を保持する、②複数の国ですでに使用されている拡大地域語を標準変種に格上げする、③植民地語と主要な土着語をともに国語または公用語とする、がある。確立された標準形は、一般的に文法書や辞書の中に成文化され学校などで教育される。この作業には政府に委任された言語アカデミー、教育委員会、大学などの公的機関が関与することが多い。例えば、中国語（普通話）は、清末までに公用標準語であった「北京官話」が1949年の中華人民共和国成立後、漢民族共通語「普通話」になった。普通話は国家通用言語でもある。

3.3 近代化

　真田他（1992）によると、近代化とは席次計画によって一定の機能を持たせるように決定された言語や変種が、その機能を果たすことができるように、その言語資源に手を加えることである。この計画は一般に標準変種に対して行われ、標準化の作業と並行して行う。これは先進国の言語に対して行われることがあるため、近代化という用語を避け、ほぼ同義の洗練化などの用語を用いる傾向もある。近代化の仕事は2つある。①すでに以前、その機能を果たした言語がその共同体にあった場合には、その言語で言えたことがすべ

て言えるようになるまで手を加える。②もし以前にその機能を果たす言語が存在しなかった場合には、その機能を果たしている他言語、特に先進国の言語で言えることがすべて言えるように手を加える、すなわち翻訳ができるように仕上げるところにある。具体的な作業を、開発途上国と先進国に分けて見ていく。開発途上国では、次の3つがある。(1) 科学技術など、近代文化・科学を論じるのに必要な単語をストックする。(2) テレビやラジオなど新たなメディアで用いられる言葉をストックする。(3) 論文や小説などの書き言葉の文体を確立する。先進国では、次の3つがある。(4) 知識の急速な発展に伴う新たな科学技術を論じるための用語の開発。(5) 同じく新たな製品やサービスに言及するための用語の開発。(6) 法律用語や法律文、製品の説明書や契約文の簡略化。これらの作業の中で(1) (2) (4) (5) などの用語の開発は言語資源を充実させることであるのに対し、(3) (6) などの文体上の洗練はすでに存在する言語資源の使用法を拡大する、あるいは縮小する問題である。

3.4 言語改良

　言語改良 (**言語改革** (language reform) と言うこともあるが) は言語改革の一種で、ある言語に大規模な変革を人為的に加えるものである。言語改革には、**簡素化** (stylistic simplification) と**言語純化** (language purification) がある。

　簡素化とは、語彙や文法を規則化・標準化して整理することにより、言語を覚えやすく使いやすくすることを言う。言語の簡素化は、最も一般的な言語改革の形である。例えば不規則な綴り字の簡素化 (綴り字改革) のほか、複雑な語形変化・文法・語彙・文字などのうち古いものやあまり使われないものを廃止したり、似たようなものが複数ある場合は統一したりする場合もある。綴り字改革の試みとしては、1768 年のベンジャミン・フランクリンによる『新しいアルファベット案と改良綴り字法』の発表やノア・ウェブスターの簡易綴りの推進などがある (ブライソン 1993)。また、日本では明治以降、難しい文字をあまり用いないようにする漢字節減論などが唱えられ、これが戦後の当用漢字表の公布につながっていった。中国で中華人民共和国建国後、国家の言語政策として強力に推進された文字改革の1つが「漢字簡化方案」である。共産党は建国当初、中国語の表記法としてローマ字の採用

第 3 章　言語の近代化と標準化をめぐる言語政策

を検討するも、結果的に漢字の簡略化を優先して採択した。その背景には民衆からの漢字学習要求があり、さらに近代国家の建設を急ぐ中国にとり、漢字の簡略化は漢字習得の困難さを減少させ、識字率の上昇や教育の普及にとって効果的であると考えた。そのため、人民の文字獲得は優先すべき課題であった。「漢字簡化方案（草案）」は 4 つの方法がある。①筆順の複雑な繁体字は簡体字に代える（例：聲→声）。②筆画の簡単な古字が現在でも使われているものは、元の字に代える（例：鬚→須）。③筆画は多いがそれに対する簡体字がないものは、同音字で置き換える（例：叢→丛）。④複雑な旁は同音の旁に置き換える（例：遼→辽）。

　また、それまで使っていた文字に代えてローマ字を導入するといった例も見られる。次にいくつかを具体的に見ていきたい。

　本名（編）（2002）によると、インドネシアでは英語がインドネシア語の整備に大きな役割を果たしている。インドネシア語には近代的な文化様式、社会制度、科学技術を表現する語彙が不足しており、その拡充が求められてきた。政府はこれを英語の借用によって、達成しようとした。urbanisasi（都市化）：英語の urbanization の借用。-isasi はオランダ語の -isatie（英語の -ization に相当）からの借用。akomodasi（宿泊施設）：英語の accommodation の借用。mengakomodasikan（収容する）：英語の accommodate。akomodasi を meng- と -kan で挟んで動詞にする。

　中国語（漢語）のローマ字表記法は、西洋人により布教、貿易・外交活動のために考案された。他方、中国人によるローマ字表記法考案の動機は、近代化の遅れによる国家劣勢の原因を言語に転嫁するものであった。1956 年に「漢字簡化方案」、1958 年に「漢語拼音方案」が公布された。

　モンゴル国で一般的に使われているのはキリル文字である。モンゴル文字はモンゴル帝国時代から使われてきた、ウイグル文字を由来とする文字である。モンゴル文字はモンゴル人民共和国時代に使用を禁止されていたが、民主化以降に再び脚光を浴びるようになってきており、現在、モンゴル文字を復活させようという動きが強まっている。

　その他、イスラエルでは 20 世紀に入り、死語となっていた古典ヘブライ語を基に、文法・発音の簡素化やヘブライ語の語幹を使った新語作成が行われ現代ヘブライ語が誕生した。ベトナムでは紀元前 2 世紀より中国の支配を受

けるようになって以来、公式な文字・文章、つまり文語は漢字・漢文であった。話し言葉であるベトナム語の語彙に漢語を加えて発展していく。漢語の語彙ではない固有のベトナム語を表記するために「チューノム」と呼ばれる変形漢字が考案され、次第に使われるようになった。19世紀のフランスの植民地時代に、ベトナム語をローマ字表記した「クオックグー」が広まっていく。ベトナムの南北統一後、ベトナム語における語彙、語法、スタイルの面で純粋性の保持が訴えられ、特に借用語の漢語の語彙を純ベトナム語的に言い換えることになった。

　言語純化とは、特定の語彙を排除することである。外来語を整理して固有語を使わせたり過去数世紀に起こった言葉の乱れを整理したりすることにより、その国民にとってより「純粋」と感じられるような形に言語を変えることを言う。また、他国に支配された歴史を持つ民族が、独立後、宗主国の言語要素を取り除き純化を図ることがある。独立後の韓国では、韓国語からできるだけ日本語の語彙を取り除く作業が行われた。例として、トルコ語の言語純化について見ていきたい。オスマン帝国では、民衆の言語と支配者層の言語に断絶があった。オスマン語（オスマン帝国時代の公用語、オスマントルコ語とも言う）は発音と綴りの隔たりが大きく、アラビア語やペルシャ語の混入が多いため、民衆にとって習得が困難であった。そのため、オスマン語は簡略化されていった。また、アラビア文字では、トルコ語の母音を正確に示せないため、ラテン文字化の検討もされていた。1923年のトルコ共和国成立後、専門家から出されていたラテン文字を基本にした「トルコ式アルファベット」が誕生し、アタチュルクは「トルコ文字」の採用を宣言した。このトルコ文字が教育の普及を促し、識字率の向上をもたらした。言語改革の他の重要な目的は、トルコ語からアラビア語、ペルシャ語の文法的特徴や、トルコ語の一部となっていた何千もの借用語を取り除き、純粋トルコ語を創ることであった。1932年にトルコ言語研究委員会が設立され、トルコ語の純化運動は国家的事業として始められることとなった。そこではオスマン語の語彙をトルコ語に置き換え、人々の間で使われている方言やトルコ語起源の単語を収集し、接尾辞や語根から新しい言葉を作り出しその成果を発表した（今井 1997）。

4. 日本における実体計画

これまで見てきたように、実体計画は海外の国々で実施されたものであり、日本は関係ないように思うかもしれない。しかし、明治から現在に至るまで日本でもさまざまな実体計画が実施されている。

日本の言語問題の中で、実体計画に含まれるのは、文字・表記の問題、標準化、近代化などが挙げられる。国語問題を検討する政府機関として、文部省(現在は、文部科学省)、文化庁、国立国語研究所などが挙げられる。大正期には国語調査委員会などが、昭和からは国語審議会が設置されている。国語調査委員会は、標準語の確定、文法書の編纂、表記方法の確立などの言語問題に取り組んできた。国語審議会は、漢字制限、仮名遣い、送り仮名などの文字・表記にかかわる問題に取り組んできた(渋谷 1999)。第二次世界大戦後に国語に関する科学的、総合的な研究を行う機関として、国立国語研究所が設置された。以下に具体的な、国語政策の実施を見ていきたい。

日本では 1902 年に国語問題に関する機関として国語調査委員会を設け、音韻文字、言文一致体の採用、音韻組織、方言などの調査を行い、標準語の選定などに取り組んだ。その後一時中断したが 1921 年に臨時国語調査会、1934 年にはこれに代わる文部大臣の諮問機関として国語審議会が設けられた。そこでは各種施策の立案を行ったが、実施には至らなかった。戦後になり、国語審議会の審議結果として「当用漢字表」その他が次々に政府により採択され、制定公布されることとなった(林 1995)。

戦後の言語問題としては、当用漢字表、現代仮名遣い、送り仮名のつけ方、外来語、言葉の乱れ・ゆれ(ら抜き言葉、敬語、発音・アクセント)、情報機器の発達やグローバル化による用語、ローマ字による氏名表記などが挙げられる。1980 年に常用漢字表が制定されると、当用漢字表、当用漢字字体表などが廃止された。常用漢字表は字種・字体・音訓・語例等を示した表であり、現在の国語を書き表す場合の漢字使用の目安を示すものである。以下に外来語について見ていく。

国立国語研究所は、2006 年に「『外来語』言い換え提案」を発表した。その背景は、一般の人々にとって分かりにくい外来語が、公共性の高い媒体で無造作に使われ、人々の伝え合いに障害を引き起こしていることを挙げている。この問題を解消するため国立国語研究所では、2002 年に「外来語」委

員会を設置し、分かりにくい外来語を言い換えたり説明を付けたりするなど、具体的な言葉遣いの工夫を検討して提案してきた。これまで4回に分けて発表した提案は176語になる。分かりやすくするために6つのことを意識した。①語による理解度の違いに配慮、②世代による理解度の違いに配慮、③言い換え語は外来語の原語に対するものではないことに注意、④場面や文脈により言い換え語を使い分ける工夫、⑤専門的な概念を伝える場合は説明を付け加える配慮、⑥現代社会にとって大切な概念の定着に役立つ工夫、である。本提案では、「インフォームドコンセント」の考え方を、「納得診療」という覚えやすい語で言い換えることにより、患者の納得に基づく医療行為を示す語として、一般の人々に広く普及させることができるのではないかと考えている、とのことである。

　最後に、近年注目を集めている〈やさしい日本語〉に関して触れてみたい。阪神・淡路大震災の時に、日本語を十分に理解できず、必要な情報を得られないがために適切な行動を取ることができず、在住外国人は被害を受けた。その反省に立ち、災害時における言語サービスのあるべき姿についていろいろな研究がなされてきた。その中の1つが「平易な日本語」や「やさしい日本語」である。その後の東日本大震災など日本各地で災害が起こり、被災外国人が現れるたびに、「やさしい日本語」は注目を集めている。また、平時の外国人への情報提供のあり方の検討をする研究者たちは、災害時の「やさしい日本語」と区別して〈やさしい日本語〉を使用するグループもある。〈やさしい日本語〉は在住外国人（通常は成人）への情報提供の研究、言い換えると、言語的マイノリティ（少数者）への言語保障に関するものから始まったと言える。また、〈やさしい日本語〉は日本社会のマジョリティ（多数派）である日本語母語話者にとっても重要な意味を持っている（庵 2019）。杉本（2022）は、「やさしい日本語」の考え方が知的障害や精神障害を持つ住民への情報サービスの試みや、日本語の習得が十分でない聴覚障害者への情報サービスへと応用されつつあることを挙げている。また〈やさしい日本語〉は普通の日本語より簡単で分かりやすい言葉に変換されていることから、小さな子どもや高齢者、障害のある人などにも有効な情報伝達手段だと考えられている。このようなことを考えると、〈やさしい日本語〉は言語政策の一部ととらえることができ、実体計画なども必要になってくる。平時の外国人住民や多数派

である日本語話者に向けた〈やさしい日本語〉を日本の言語政策として考える場合、文部科学省などが中心となり、使用語彙や〈やさしい日本語〉にするための規則を検討し、整えることが求められる。

このように、実体計画は時代の流れによってさまざまな言語問題が生じる際に、言語を整え、一定の機能を持たせる際に必要となってくる。

5. まとめ

言語の近代化や標準化は、近代国家になるときだけではなく、独立して新たな国家ができる際にも行われる。先進国であっても、時代の流れに伴い、新たな概念が入ってくるとそれに対応する語彙・用語の作成や普及が必要になる。実体計画は、席次計画を受け、機能し、そこで終了せずに習得計画へとつながっていく。多言語・多文化化する日本では、すでに日本で暮らしている人たちやこれからやってくる移民に目を向けた言語計画（実体計画）を検討する必要がある。また、国内の情報弱者に対する言語計画（実体計画）も重要な課題となる。

● さらに学ぶための読書案内 ●

Cooper, R. L.（1989）*Language Planning and Social Change*. Cambridge University Press.

言語計画の席次計画、実体計画、習得計画について書かれており、本章で取り上げた実体計画の具体例なども掲載されている。

河原俊昭・山本忠行（編）（2004）『多言語社会がやってきた――世界の言語政策Q＆A』くろしお出版

世界や日本の言語政策に関して、「日本編」、「世界編」、「理論・一般編」と分けて見開き2ページで解説されている。

第4章

異言語間コミュニケーション
グローバル化時代に求められる言語政策の特徴

サウクエン・ファン

ねらい
本章は、異言語間コミュニケーションをめぐる政策について考える。異言語間の「異」の捉え方は常に固定されていないという点を前提として、ここでは、特に言語政策と社会の近代化との関係に焦点を当て、そこからグローバル化時代に求められる異言語間コミュニケーションに関する特徴的な言語政策を紹介する。

キーワード
異言語間コミュニケーション、社会の近代化、アジアの英語、スカンジナビア諸語

1. はじめに

　異言語間コミュニケーションをめぐる政策は文字通りに異言語間コミュニケーションの問題を扱うことになっている。ところが、言語と言語との境界がいつも明確ではないうえ、さまざまな政治や社会の要因によって、「**異言語**」として捉えられる部分は、客観的に判断できるものばかりとは限らない。本章では、まず言語使用者、立案者、時代の3つの観点から異言語間コミュニケーションの「異」に対する見方を整理し、そこから、グローバル化時代に求められる異言語間コミュニケーションに関する特徴的な言語政策を紹介し、言語政策の現代性を示唆したい。

2. いわゆる「相互理解度」

　現在世界で実際に使われている言語の数は 7,000 を超えるという報告がある（例、Ethnologue 2023）。言語の分類法はさまざまあるのだが、言語使用者にとっては厳密な言語理論ではなく、それぞれ個人の経験や認識によって「わかる」「わからない」という感覚で言語を捉えて区別することが多いだろう。言語学・言語教育研究の分野でも、個々の言語使用者の主観的な言語の捉え方が相手とのコミュニケーションに影響をもたらすことは広く指摘されてきた。しかしいわゆる「**相互理解度**（comprehensibility）」に頼ってコミュニケーションをとると、相手の言語が自分と異なる言語だという認識はしばしば曖昧になってくる。

　たとえば、右の看板は筆者が台北の夜市で撮影したものである。ここに書かれている「胡椒餅」や「饒河夜市創始店」「商標」などの表現は何語として理解されるのだろうか。

台北の夜市（筆者撮影）

　現地の人は看板を「華語」「国語」「台湾語」「閩南語」などで理解するかもしれないが、どの「言語」かは明瞭ではないだろう。筆者のような漢字圏から来た観光客は、「日本語」や「広東語」などで理解を試みる一方で、何語なのかは特定できずにただ「中国語」と呼ぶかもしれない。また、韓国やベトナムなどの漢字圏から離れた観光客は似た食べ物の概念を持っていてもこの看板から情報を読み取ることはできないのではないだろうか。

　共通の書き言葉がなくても、相当高い相互理解度があると言われるケースもある。スカンジナビア地域の話者同士によるセミ・コミュニケーション（semi-communication, Haugen 1972, Braunmüller 2002 など）はよく知られている。北欧の主要言語を 1 つ読める人は、他の言語の 90 % を理解することができると言われるほど、自らの言語のままでスカンジナビア地域の話者同士と意思疎通できるという。Romaine（1994）で紹介された次の例からスカンジナビア諸語の使用実態の一端を知ることができる。

例1：
英語：She is sitting/sits at the window and is looking over/looks out the street.
デンマーク語：Hun sidder I vinduet og ser ud over gaden.
ノルウェー語：Hun sitter I vinduet og ser ut over gata.
スウェーデン語：Hon sitter I fonstret och ser ut over gatan.

スカンジナビア諸語の翻訳を見ると、語彙も構文も非常に類似していることがわかる。ノルウェーの言い伝えに「ノルウェー語、デンマーク語、スウェーデン語はすべて同じ言語、スウェーデン人はスペルが書けない、デンマーク人は発音できないだけ」というのがあるそうだが、相互理解度で言えば、これらの言語を異言語とすることに躊躇する人がいるかもしれない。

漢字圏諸語、スカンジナビア諸語に限らず、言語と言語の境界は、自然な発展によるものもあれば、恣意的な統制によるものもあり、非常に複雑になっている。相互理解度は必ずしも言語使用者の捉える言語の異同と一致していないことを理解しておく必要がある。

3. 国勢調査の盲点

言語政策の立案者も言語使用者と同じように、さまざまな要因によって異言語の捉え方が一貫していないことがある。諸外国では国勢調査に言語調査が含まれていることが多く、どのような質問を回答してもらい、国民の言語状況をどのように開示するかが興味深い。ここでは、オーストラリアのケースを見てみよう。周知のように、オーストラリアでは1901年に建国してから間もないころから**国勢調査**（当初はCensus of Population and Housingという）を開始した。回答者の文化的背景を測定するために「Does the person speak a language other than English at home?」（家庭で英語以外の言語を話しているか？）という質問が常に含まれている。一例だが、1986年に西オーストラリアで行った「家庭内で使用される英語以外の言語」の調査結果ではAboriginal languages（先住民諸語）、Arabic including Lebanese（レバノンの言語を含むアラビア語）、Chinese languages（中国諸語）、Filipino languages（フィリピン諸語）などの項目が使われており、その中に含まれる複数の言語

は区別されていない(表1)。

その後、オーストラリアにおける言語使用のデータ収集、集計、普及のために「オーストラリア標準言語分類法(Australian Standard Classification of Languages、ASCL)」が開発され、1997年に発表されたあと、国勢調査で実践しながら、何度か修正が行われ、言語分類に変更が生じている。

表1　家庭内で使用される英語以外の言語
(Australian Bureau of Statistics 1988: 12)

Language	Persons	Language	Persons
Aboriginal languages	7,788	Indonesian/Malay	3,825
Arabic including Lebanese	1,303	Italian	42,697
Burmese	1,903	Macedonian	4,598
Chinese languages	10,726	Polish	6,962
Croatian	2,759	Portuguese	3,228
Dutch	8,154	Spanish	3,053
Filipino languages	1,298	Vietnamese	4,532
French	5,243	Yugoslav N.E.l.	7,451
German	8,041	Other Asian languages	1,122
Greek	5,640	Other languages	15,205
Hungarian	1,209	Not stated and inadequately described	6,605
		Total	153,342

この例からわかるように、国勢調査の結果はその時々の言語政策を担う側の言語の捉え方に左右されることがあるので留意すべきである。

4.　言語問題の時代性
4.1　言語管理理論からの示唆

時代に求められる異言語間コミュニケーションに関する特徴的な言語政策という本章のねらいに一歩近づくために、ここまでは言語使用者同士に見られるいわゆる相互理解度と、政策立案者が直接に関わる国勢調査の盲点から微視的に異言語の捉え方の揺れを考察してきた。

第 1 部　言語政策の基礎

　ここからは巨視的に時代の変遷による異言語の捉え方と言語政策との関係を見てみたいと思う。検討に先立ち、あらためて言語政策とは何かを確認しておく。言語政策の定義はさまざまあるのだが、もっともよく引用される Kaplan & Baldauf (1997: ix) は次のように説明している。

> A language policy is a body of ideas, laws, regulations, rules and practices intended to achieve the planned language change in the societies, group or system.

　つまり、言語政策はある社会の集団や体系の言語使用を変更する目的で行われるさまざまな計画を遂行する具体策である。言語政策を言語に対する行動 (behavior toward language) の一種として捉えた場合、ネウストプニーやイエルヌッドらの提唱する**言語管理理論** (Language Management Theory, LMT) が参考になる (Neustupný 1985, 1994; Jernudd & Neustupný 1987; Fan 2020 など)。言語管理理論は 1980 年代に言語生成による言語問題とは別に、言語使用に対する行動（つまり、言語管理）による言語問題を研究するための理論的な枠組みとして発展してきた。

　この理論的な枠組みは、談話における個人レベルの言語管理以外に、言語計画・言語政策を含む組織レベルの言語管理も扱う。この理論によると、すべての言語管理は逸脱の留意から始まる。典型的な言語管理プロセスは、逸脱の留意、評価、調整、実施という 4 つの段階 (stage) が考えられ、それぞれの段階で言語問題が生じ、それらの言語問題を取り除くためにさまざまなストラテジーが使用される。

　言語管理理論を援用すれば、異言語間コミュニケーションの「異」の捉え方は、第 1 段階の「逸脱の留意」と深く関わることがわかる。異言語間コミュニケーションにおける異質性は多くの場合、規範からの逸脱となりうるが、すべてが留意されるのではなく、留意されない逸脱も存在することが考えられる。異言語として留意された逸脱はさらに評価、調整計画、調整実施の対象になりうるわけだが、それらの言語管理は、Kaplan & Baldauf (1997) の「さまざまな計画を遂行する具体策」と理解することができる。

4.2 時代と「異言語」の言語問題

　著者は、時代に求められる組織レベルの言語管理の観点から琉球諸語教育の教材作りのために開発の方向性を探ったことがある。本節では、ファン（2014: 306–313）の説明を用いて、4つの時代においてよく留意される言語問題の特徴、つまり時代ごとの言語管理の焦点が何であったかを紹介する。なお、社会の**近代化**と**言語問題**にまつわる議論は、Neustupný（2006）に基づいており、ヨーロッパ中心の近代以前（Pre-modern）、近代前期（Early Modern）、近代（Modern）、ポストモダン（Post-modern）の4つに分けて行われた。言うまでもなく、この時代区分は、アメリカ、または日本やほかのアジア社会に当てはまらないところがあるのだが、グローバル時代においてどのような言語問題が特徴的で、それに対してどのような言語政策が必要になるかを考えるのに示唆を与えてくれる重要な観点だと思われる。

■ **留意される言語問題の特徴：ファン（2014: 306–313 から抜粋）**

（1）近代以前：もっとも留意される言語規範からの逸脱は、日常的なことばではなく、非日常的なことばにあるという点が特徴的である。たとえば、古典や経典に使われる書きことばや文字表記、あるいは、宗教、祭り、儀式で使われる話しことばやサインなどを挙げることができる。このような古くて権威のあることばはだんだん日常的に使うことばと離れていくが、それが逸脱として人々に留意され、よく言語管理の対象になる。近代以前の社会で留意される言語問題は主に特権階級（つまりエリート）の言語問題であり、一般民衆（特に grass roots）にとっては必ずしも問題になっているわけではない。

（2）近代前期：近代前期の社会では、非日常的なことばから日常的なことばの方に注目が集まるようになった。民衆の使用することばの中に、特に「さまざまなバリエーション（変種）が存在している」、「書きことばを持たない人がいる」という問題が浮上し、留意される。このような問題は民衆（特に grass roots）の言語使用の問題ではあるのだが、問題を抱える（つまり逸脱を留意した）のは特権階級であり、この点に関しては近代以前の時代と一致している。

（3）近代：この時期の社会では「言語＝標準語」という言語規範が次第に確

立されてきて、席次に関する言語問題よりも、選ばれた言語バリエーション（標準語）の中身がもっとも逸脱として留意され、いわゆる「実体計画」のところが特に言語問題になっていると言える。
(4) ポストモダン：近代社会で理想としていた言語の標準化から一転して多様な言語使用が想像以上に進み、多言語多文化社会の出現について人々の関心を集める。同時に言語政策の枠を遙かに超えて、標準語、大言語以外の話者の言語権も注目されるようになった。言語の多様性と言語権の重視により、関心の所在は個々の言語体系から離れることになり、これまでの時代にない、ポストモダン社会特有の言語問題が浮上したと言える。

5. グローバル化時代に求められる言語政策の2つの事例

最終節の5節ではアジアと北欧の事例を取り上げて、グローバル化時代に求められる言語政策の特徴を考えてみたいと思う。

5.1 アジアの地域英語政策：リンガフランカ (*lingua franca*) を超えて

「World Englishes（世界の諸英語）」の概念を一気に世界に広めたKachru (1992) は、周知の通り、英語の規範を担ってきたイギリス、アメリカ、カナダなどの英語を円の中心（「内円」inner circle）に置きながらも、その外に複数の英語の存在を認識すべきだとして「**同心円モデル**（Three Circles model）」を提唱した。アジアに焦点を当てると、当時多くの国や地域は同心円の「外円（Outer Circle）」、または「拡大円（Expanding Circle）」に置かれていたものの、英語として認められたことには大きな意義がある。Kachruのモデルが発表されてから30年経った現在、アジアにおける英語使用の実態はかなり変わってきたが、グローバル化時代に求められる言語政策を考えていく上で、まず以下の2つの事実を頭に置いておかなければならないと思う。

1つは、アジアでは国や地域によって、英語能力のばらつきが目立つことである。ここでは、EF社のEPI英語能力指数2022版のデータを使って具体的な状況を見てみよう。アジアから24の国と地域が参加したが、そのうち、「非常に高い」が1つ、「高い」と「標準的」がそれぞれ3つ、「低い」が9つ、「非常に低い」が8つという結果であった。当時調査対象となった

世界111カ国・地域で2位にランクされたシンガポールの指数(642点)は、同じ「東南アジア諸国連合(ASEAN)」の加盟国であるミャンマー(437点)、カンボジア(434点)、タイ(423点)、ラオス(364点)と桁違いの差だった。

　2つ目は、英語能力指数の高低に関わらず、多くのアジアの国や地域は膨大な英語話者数を持つということである。アジア(そして世界)でもっとも人口の多いインドと中国を合わせて、合計7億ほどの英語話者がいると言われている。そのほか、シンガポール、パキスタン、フィリピン、マレーシアなどにおいても国内で日常的に高い割合で英語が使用されていることがさまざまな言語調査からわかる(例、Ethnologue 2023)。言うまでもなく、この膨大な英語話者の言語生活を支えるのは、Kachruの同心円の中心にある英語だけでなく、その外に位置づけられた多様なアジアの諸英語(Asian Englishes)にほかならない。

　アジア域内の連携を見れば、1967年にインドネシア、マレーシア、フィリピン、シンガポール、タイの「バンコク宣言」によって東南アジア諸国連合(ASEAN)が発足し、政治、安全保障、経済及び機能分野に関するASEAN協力のための原則を表明した。さらに1997年にはアジア通貨・経済危機をきっかけに「ASEAN+3」として日中韓の3カ国が首脳会議に加わったことなどは象徴的ではないかと思われる。つまり、上で述べた一見混沌とした英語状況ではあるものの、従来無縁だったアジアのほかの地域に住む人々との間では、異言語としての多様な英語を意識することによって、逆にコミュニケーションを図る新たな機会となったのだ。実際に、ASEANのような国際組織の会議の場だけではなく、アジア地域における高等教育の国際化や(例、文部科学省の「大学の世界展開力強化事業」、「インド太平洋地域等との大学間交流形成支援」)、急増するアジア域内の就職・転職の国際化(例、オンラインプラットフォーム CareerLink Asia, CareerCross)なども、多様な英語を介して成立するものと思われる。

　英語は名実ともにアジア人同士のコミュニケーションを図るためのリンガフランカ(共通語)となってきており、「Asian Englishes(アジアの諸英語)」はさらにアジアを結ぶことに貢献するはずだ。言語政策の優等生と言われるシンガポール政府は、2000年に有名な「Speak Good English Movement」政策を打ち出し、Kachruモデルの中心にある英語を目指すとしながらも、2年後

の 2002 年には、「Save Our Singlish Campaign」を導入し、地元の英語を犠牲にしないで、国民の国際英語能力を向上させる姿勢を見せた。アジアでの英語によるコミュニケーションの機会を飛躍的に増加させるグローバル化の勢いは同時に地域ごとのアジアの諸英語をも発達させてきたと言えよう。アジアの諸英語は、単に異言語話者との意思疎通のためのリンガフランカに留まらず、シンガポールのシングリッシュのように、地域内での必要言語として独自に発展していく可能性がある。グローバル化がさらに進むと、少なくとも近い将来、日本も含めてアジアでは、英語の多様化に対応した言語政策が求められるはずである。

5.2 スカンジナビア諸語の共通化政策：言語権と機械翻訳の矛盾

異言語の話者同士は必ずしもリンガフランカ、またはリンガフランカの変種を介してコミュニケーションをとらなければならないとは限らない。本章の冒頭で取り上げたスカンジナビア地域の話者同士によるセミ・コミュニケーション (semi-communication) は典型的な事例であろう。スカンジナビア諸語とは、同じ北ゲルマン語に属しているスウェーデン語、ノルウェー語（ブークモール語 Bokmål、ニーノシュク語 Nynorsk を含む）、デンマーク語以外にも、アイスランド語 (Icelandic)、フェロー語 (Faroese)、古ノルド語 (Old Norse) などが含まれる。スカンジナビア諸語の話者同士は言語的距離が近いためにある程度相互理解が可能である一方で、互いの言語の異質性に執着するような、相手の言語に対する態度 (linguistic attitude) を持っていることがよく指摘される（例、Haugen 1972: 227）。考えなければならないのは、スカンジナビア諸語の話者の間では異言語という接触性を抱きながら、セミ・コミュニケーションを続けていくのだろうか、それともこれまでとは異なる言語態度で新たなコミュニケーションの形態を展開させていきたいのだろうか、ということである。

スカンジナビア語圏では、国民の英語レベルは非常に高い。EF 社の EPI 英語能力指数の結果を再び確認すると、ノルウェー、デンマーク、スウェーデンはいずれも常に 10 位以内にランクされていることがわかる。人々は高い英語能力によって圏外の話者とのコミュニケーションに対応することが十分に可能である。

その一方で、スカンジナビア語圏内では、2つの傾向が目立つ。1つは言語権が重要視され、地域と言語の多様性に対する認知・保護を求める政策が進められていることである。たとえば、2009年にスウェーデンで施行された「言語法」ははじめて国内で話されている複数の言語を定める法律となり、特にマイノリティ言語に対する言語権保障の基盤となっている。

もう1つは、近年の機械翻訳の研究と実践によって、上で述べた言語権の思想とは矛盾する事態をもたらしていることだ。人工知能（AI）技術の発達により、自動翻訳の精度が著しく上がったことは昨今の話題になっている。しかし、スカンジナビア諸語のような近縁の言語の自動識別のテクノロジーはまだ初期段階にあると言われている。アイスランド語など話者の少ない言語は機械翻訳の学習データが少ないためにしばしば誤分類されることがあるという。つまり、この地域の異言語話者が異言語であると見なしている諸特徴は、機械翻訳ではまだ認識できていないわけだ。そのため、スウェーデン語のような大量の学習データを持つ言語をまずはモデルにして、次の段階でその他のスカンジナビア言語の特徴づけを行う多言語の自動音声認識モデルの開発が進められている。いずれにしても機械処理である以上、セミ・コミュニケーションを支えてきた言語のファジーな境界はもう許されないと思われる。

こうした2つの相矛盾した特徴に対して、スカンジナビア語圏では、2006年に**北欧言語政策に関する宣言**（The Declaration on a Nordic Language Policy）を行い、グローバル化に対応するために各国の言語政策の優先順位を調整する会議を継続している。宣言では、「私たちのビジョンは、北欧地域を世界でもっとも持続可能で統合された地域にすることである」と書かれており、異言語の言語権に基づく言語政策からスカンジナビア語圏に共通した言語政策へと方向修正を行っていることがわかる。

6. まとめ

以上の2つの事例はグローバル化時代に求められる言語政策の方向性にどのような示唆を与えているだろうか。多様な英語変種によるアジア圏のコミュニケーションの発展と、異質性を前提にしながらも共通の言語政策を追求しようとするスカンジナビア語圏は、言語政策的には異なる方向に動いているように見える。しかし、両者ともに言語、文化、地域の親近性に基づくつな

がりをより持続的なものにしようとする点で似ている。グローバル化時代の異言語間コミュニケーションは、異言語であることを意識することによって逆につながりを促進することが求められていると言えそうである。

● さらに学ぶための読書案内 ●

本名信行（2006）『英語はアジアを結ぶ』玉川大学出版部
アジアの人々はどのように自分らしい言葉として英語を使っているかを理解するのに非常にわかりやすい一冊である。

ファン、サウクエン（2014）「第11章　琉球諸語教育の教材を作るために：時代に求められる組織言語管理の観点から開発の方向性を探る」『琉球諸語の保持を目指して』296–330. ココ出版
時代と言語管理の関係や特徴、言語教育現場での試みが紹介されている。

第2部
言語問題のプロセス

　第2部の各章は、私たちの社会に言語問題が発生し、それに対する人為的な介入が完了するまでという、政策の「ライフサイクル」の観点で、言語政策をとらえるものである。

　第1章では、発生した言語問題をめぐる実態と認識のずれや、言語問題の範囲やレベルといった観点から政策課題の設定の問題を扱う。さらに、言語問題の「当事者」と言語政策の関わりについて述べる。

　第2章では、言語政策を、政策の内容ではなく、政策の決定の過程に注目してとらえるための、いくつかの枠組みについて述べる。

　第3章では、目的・目標・手段といった階層性のなかで、実施のための手段や、そこに投入される資源という観点から言語政策をとらえる。

　第4章では、政策のサイクルが完了したのちに、その政策の成果や効果を、所期の目的や目標と照らして検証する段階、つまり評価の段階について論じる。

　また、コラムでは、金子信子先生に外国人住民の社会参加に求められる「リテラシー」の問題についての研究を紹介していただいた。

　言語政策研究は、言語研究に固有の問題を扱うのと同時に、政策研究に共通する問題を扱うものでもある。研究によって得られた知見を、実際の言語問題の解決に役立つものにするためにも、また、他の分野の政策研究との間で相互参照可能なものにするためにも、今後の言語政策研究の範囲が広がることが期待される。

第1章
出発点としての言語問題

高 民定

ねらい

言語政策が言語問題の発生から始まることを大前提に、言語問題に関わる当事者がどのように問題を同定し、処理しているか、またどのように政策課題を設定しようとしているかについて具体的な事例を含めて、概要を述べていく。その際、言語問題の同定と管理の主体となる「当事者」について、ほかの分野の研究なども参考に、その視点や位置付けを再考し、当事者の捉える言語問題の意義を考えたい。

キーワード

言語問題の範囲、当事者、言語問題の同定、言語問題の処理、言語教育

---

1. はじめに

　問題に対する管理の行動は、人間社会が始まって以来続いてきたものだが、このような普遍的なサイクルを、「言語活動」でふりかえると、言語活動は、2つの活動のプロセスによって成り立っていると言える。1つは言語を実際に生成するための活動で、「生成」プロセスと言う。もう1つは言語の生成過程で現れる**言語問題**を取り除くための活動で、「管理プロセス」と言う。Fishman (1972) はこうした活動を「言語に対する行動」と呼んでいる。どちらも言語活動の不可欠な要素であり、我々は、言語活動を続ける限り絶えず言語に働きかける、すなわち、言語に何かしら介入をしている。

　言語政策の言語に対する活動においても、実際に発生した言語問題が言語管理の対象となり、さらにそうした言語管理の一部が政策課題の設定につながっていく。言語問題は言語政策のプロセスの出発点に位置している。本章

ではこのような認識に基づき、言語政策の出発点となる言語問題が政策課題の設定にどのようにつながっていくかを、当事者の視点から、筆者の専門の1つである接触場面、および外国人住民のよみかき問題の事例をもとに考えたい。

2. 言語問題をめぐる議論
2.1 実態と認識

　言語問題について考える際にまず前提にしていることの1つは、言語問題を取り巻く実態と認識のことであろう。つまり、言語そのものの実態について語っているか、それともその言語についてどのように認識しているかを語っているかを明確にする必要がある。歴史的にマイノリティの言語を例として考えると、そうしたマイノリティ言語の実態は以前から変わらず存在していたが、主流社会の側のマイノリティ言語に対する認識が、時代と社会の変動とともに変化し、社会の注目を集めることになるわけだ。

　移民コミュニティの言語問題も同様で、以前にも存在していたが、グローバル化により移動が頻繁になってきたことによって、移民コミュニティに対する認識に変化が現れ、問題が表面化したと言える。

　こうした言語問題をめぐる実態と認識の違いは、学会が取り上げてきた言語問題の認識や扱い方の変化からもうかがうことができる。たとえば、社会言語科学会では、1999年と2010年、2019年と10年ごとに日本社会の言語問題を学会誌で特集している。取り上げられた言語問題の中には時代によって新たに登場しているものもあるが、伝統的な言語問題（国語問題や正書法など）を始め、コミュニケーション問題、言語管理のネットワーク問題、理論問題（言語差別、言語権）などは、30年間繰り返し指摘されている。一方で、1999年に「日本の言語問題」というタイトルで取り上げられていたものが、2019年には、「日本語と日本社会をめぐる言語政策・言語計画」というタイトルに変わっており、言語問題が具体的・実践的に解決するための言語政策・言語計画の課題として認識されてきたことがわかる。変わっているのは、問題そのものより、その言語問題に対する認識の変化や扱い方だと言える。

第 2 部　言語問題のプロセス

2.2　管理のレベルとインタレスト

　言語問題を考える際にもう 1 つ前提として考えなければならないのは、管理のレベルと**インタレスト**（詳しいことは第 1 部第 1 章を参照されたい）のことであろう。これについては、日本言語政策学会が学会の重要な議論や課題として挙げてきたことを 1 つ紹介することができるだろう。日本言語政策学会は、2014 年に「言語政策研究——立案者と現場のギャップを埋めるために」というタイトルで、言語問題シンポジウムを企画し、議論を行っている。そこでは、「言語政策の立案者側が理解する言語問題と、教育機関の当事者（教師と生徒、言語サービスの受容者）が直面している言語問題が必ずしも一致しないことにより、問題が複雑化していること、そこで「ボトムアップ」の考えが重要」であることが指摘されている。つまり、言語問題をだれが管理し、政策課題とするかという**管理のレベル**と、またどのようなインタレストを優先して政策課題を設定するかが言語政策における大きな論点になっていることを示唆した議論であると言えよう。

　以上の 2 つの前提とそれらをめぐる議論をふまえた上で、次節では、言語問題の範囲と出発点について考えたい。

3.　言語問題の範囲と出発点

3.1　言語問題の範囲

　Daoust (1997) は、「言語は、社会的資源であり、言語計画は、言語問題またはコミュニケーション問題を解決しようとする意思決定のプロセス」であると述べている。**言語計画**は、一種の社会的資源またはその社会的資源という問題に対する計画であるというふうに捉えているわけだ。

　また、言語計画の働きにおいては、単にコミュニケーションの問題の解決だけではなく、社会的、民族的な問題、イデオロギーに関わる問題の解決を目指していることも指摘されている。このような指摘は本書の 1 つの前提にもなっており、言語問題はその解決のためだけではなく、社会、文化、民族などの問題を解決するためのもので、言語計画の目的はそこにあると言える。また本節において言語問題の範囲を言語以外のインターアクションの管理と問題の解決まで見ようとしているのもこの目的に尽きる。ここで**インターアクション**を言語問題の範囲に含めることについて、よみかきの言語問題を例

に考えてみたい。
　新矢・棚田（2016: 39）は**リテラシー（よみかき）問題**の捉え方について次のように述べている。

> 書き言葉問題は文字習得やよみかき能力だけではなく、個々の有する人的資源や生活環境、社会的背景や制度まで含めた文脈までを考慮しなければ説明ができない事象が生じている。

つまり、リテラシー問題は社会的文脈までを考慮した問題として捉える必要があるわけだ。では、そうした社会的文脈とは具体的にどのようなものだろうか。そこには、文字習得やよみかき行動だけではなく、文字を介したコミュニケーション行動や、当該の社会が文字表記をめぐり、どのような方針や制度、支援を行っているかを知り利用する行動も含まれる。言語問題に対するこうした3つの行動の文脈を指してインターアクションと呼ぶことができる。

3.2　出発点としてのディスコース

　一方、インターアクションを含む言語問題は、言うまでもなく、言語の実際の使用場面であるディスコース（談話）の中で生じている。言語計画の新しいパラダイムとして言語管理の枠組みを取り上げているネウストプニーは、言語計画のいかなる行為も、ディスコースに現れる言語問題を考察することから始めるべきであること、またディスコースにおいてそうした問題が除去されるまでは、その計画過程は完了したと考えるべきではないとしている（Neustupný 1994: 50）。たとえば、ある話者が、相手が理解できなかった外国語の言葉を慎重に発音したり、繰り返したりすること、その問題に対し、関連する学術団体が外国語の言葉の発音の新たな規範を作ったり、発音の標準化を実行する案を出し、それを政府が承認して政策を実施し、さらに政策の影響が実際の場面の話し手に反映されるまでの流れを辿ると考えられる。
　次節では、こうしたディスコースから出発した言語問題が留意され、評価される際の管理の主体（レベル）とインタレストが、政策課題の設定と、どのように関わりを持つかについて接触場面の例をもとに見ていく。

第 2 部　言語問題のプロセス

4. 言語問題処理の 2 つのレベル
4.1 ディスコースにおける問題処理

　接触場面研究では、ディスコースにおいて現れる言語問題がその場面の参加者により、留意され、評価され、問題の処理のために何らかの調整がとられる例がよく報告される。接触場面における外来語使用の問題をめぐる管理もその 1 つであるが、これについては、以下のファン (2003) の接触場面調査の例からも確認できる。

　日本語学習者（デンマーク語話者 DEN さん）は、外来語使用において、下線のように漢語 (e.g. 話題、行儀) から外来語 (e.g. テーマ、マナー) へと言い直したり、相手に確認するといった調整がうかがえる。

> **DEN**：はい、あーうん結構面白い［うん］、本当に面白い<u>話題</u>、<u>テーマ</u>
> 　　　　［テーマ、（笑い）そうそうそう］だと思いますね（中略）
> **DEN**：［バイキングについて説明］たぶんなんかあのそういう<u>バイキング</u>は、たくさんなんかあの、……<u>マナー</u>？［うん］、<u>マナー</u>が悪いと、あと、<u>行儀</u>、どうだ、<u>マナーが悪い</u>ようにたくさん食べてしまいました。
> 　　　　　　　　　　　　　　　　　　　　　　　　（ファン 2003: 11）

　このようなディスコースにおいて見られる調整について、ファン (2003) では、日本語学習者は外来語に対する意識が高く、日本語母語話者との会話では、できるだけ**外来語使用**を回避したり、限定的に外来語を選択する傾向があるが、日本語非母語話者同士では、次のインタビューでの報告のように外来語はできるだけ使わないようにしているという。

> **DEN**："（中略）あの外来語はあまり好きじゃないと、<u>すごく日本語じゃないと思っているから</u>、うん、それはたぶん、ちょっとおかしい。以前偏見を持っていたのか、外来語は使おうとしなかった。最近は少し納得してきて日本人と使うようになった。しかし、相手も外国人、特に英語圏の留学生の場合、<u>とても恥ずかしく感じて、</u>外来語よりも英語を使ったり、同じ意味の日本語が分からなくても似た意味の日本語を使ったりしている。"　（ファン 2003: 9–10）

特に、下線のように「すごく日本語じゃないと思っているから」「とても恥ずかしく感じて」と発言しているところは、外来語使用に対する当事者の強い意識、すなわち、個人レベルのミクロな管理がうかがえると言えよう。

4.2 専門家・組織における問題処理

一方、こうした**外来語使用**の問題について、専門家はどのように処理しているだろうか。専門家による言語問題の処理の1つとしては、外来語使用の態度や認識を調べ、問題分析を行う管理が考えられるだろう。陣内（2008）は、日本語学習者の片仮名語の学習意識の調査において、片仮名語がわからなくて困ったことがあるかという質問項目に対し、回答者の8割が困ったことがあると回答していることから、片仮名の習得に苦手意識を感じ、なおかつ生活に支障が出ることも予想されるという**問題の同定**をしている。ここで言う「**同定**（identify）」は、言語使用または言語問題処理の主体となる当事者が初めて問題の存在を自覚することを意味する。政策課題の設定には専門家がまず当事者による問題の同定を分析し、その上で、その重要性を判断し、何らかの評価を加える過程が続くと考える。

さらに、外来語使用については上位レベルの専門家集団や機関による管理もなされる。たとえば、専門家による「文化審議会国語分科会」の答申をまとめた報告書においては、日本語の問題の中に**外来語問題**も取り上げられており、外来語は「外国人の日本語理解の障害となる」という問題の認識が確認できる。またそれらの問題を解決するための取り組みとして、国立国語研究所の中にその専門委員会が設置され、2002年から2006年にかけて、「外来語言い換え提案」をまとめ、それを自治体などに提案するといった取り組みが行われた。

以上のように**問題処理**のタイプには個人や専門家集団、機関のそれぞれのレベルで、言語問題に対する同定と認識があり、その上で、処理のための手続きが実施されていることが確認できる。しかし、肝心なその問題の同定においては、だれが主体となっているか、また主体となる当事者についてはどのように捉えられているかについては十分に考慮されていない。特定の相互行為の中で、その場の参加者が現実に言語問題として何を認知したかは問題処理において重要な鍵となる。またその際、当事者のことについては、ただ

言語問題を抱える本人を指す程度でしか扱われないことが多く、掘り下げた考察はほとんどなされて来なかったように思われる。次節では、ほかの研究分野、特に当事者研究が活発化している「社会福祉学」「社会学」から問題の同定に関わる「当事者」の概念やアプローチを紹介しながら、言語問題における当事者について考える。

5. 言語問題における当事者
5.1 ほかの分野での「当事者」の捉え方
　元々**当事者**という用語は、法学の分野で「事件に直接関係を持つ人」という意味で用いられてきたが、近年は社会福祉学、社会学を中心に「当事者」の概念が広く使われている。『社会福祉辞典』(2002)によると、当事者概念は2つの意味で使われている。つまり、社会福祉政策の対象となる人間という意味の当事者と、福祉サービスの支援を利用する人間という意味の当事者である。

　また社会学では、中西・上野(2003)、上野(2008, 2011)でよく取り上げられており、そこでは、当事者は単にニーズを判定するような「問題を抱える個人」であるだけではなく、「ニーズを顕在化した個人」である、また「ニーズの帰属する主体」であると定義している。また上野(2011: 79)は、「当事者である」ことと「当事者になる」ことは同じではないこと、「当事者になる」ことは「当事者である」ことを社会に向けて表明することによって可能になるとしている。

　これらの定義を使い、**言語問題の当事者**に置き換えてみると、言語問題を抱える人がいて、その言語問題に対し解決したいというニーズがあることを社会に向けて表出する行為をすれば、その人は言語問題の「当事者である」ということになる。さらに、ある言語問題の「当事者になる」ためには、たとえば、自ら移民やある言語コミュニティに属していることを明らかにすることで、ある言語問題の当事者になれると言えるだろう。しかし、当事者が言語問題を可視化することはそう簡単なことではない。

5.2 言語問題の「当事者になる」こと
　言語問題の当事者の中には、発信する言語能力の資源そのものに困難を抱

えている場合もあるので、当事者としての可視化はさらに難しい。

　たとえば、よみかき問題を抱えている外国人住民は、単によみかきの問題を抱えていることを言うだけではよみかき問題の当事者であるが、当事者にはならない。**当事者になる**ためには、自分の属性、つまり、日本語非母語話者で、非漢字圏出身で、移民コミュニティに属していることを自ら明らかにし、それに対する何らかの支援を求めることでよみかき問題を個人の管理から自らの属性に適した組織的な管理につなげなければならない。またそのためには当事者として自ら支援を求めたり、利用するためのコミュニケーション能力が求められたりする。

　一方、何らかの理由で、当事者により語られていない問題もある。それは、「当事者になる」ことに伴う差別や偏見を恐れたり、経験したことについて語りたくない場合である。そうした問題があると、ある話題を回避したり、インターアクションそのものを回避したりすることが少なくない。菅野（2007: 23）は、「当事者の「語られたこと」と向き合うときには、同時に「語られないこと」の重みを受け止め、その体験の中身を想像していかなければならない」と指摘している。ディスコースの表面に結果として現れている言語問題だけに注目するのではなく、表面化していない、当事者により回避された言語問題についても注目する必要があると言えよう。

6. 当事者の問題から政策課題へ —— 言語教育を例に
6.1　従来の言語教育政策

　従来の言語教育政策の実践までのプロセスでは、専門家（教育機関）による問題の同定がなされてきた。それは先ほどの組織された管理で挙げた例で考えると、国語審議会が外来語の問題について「日本語の理解の障害になる」と、問題を同定することに当たる。そして、その問題の同定に基づき、専門家による教育方針が決められる。先ほど挙げた「言い換えの提案」がその例に当たる。

　次の段階として、教授者または学習者による教育の実践がなされ、その教育を受け、最終的に学習者による実際場面での実践が行われるという流れになる。しかし、実際の場面での当事者である日本語学習者は、先に述べたように外来語の使用を極力回避したり、使うとしても限定的に使用したりする

かもしれない。専門家により計画された「言い換えの提案」は、個人レベルには反映されていない、つまり個人による実践まで進んでいないように思われる。このように従来の政策実践のプロセスを見ると、専門家レベルの問題の同定や教育方針は、当事者レベルの問題の同定や実際の場面での管理とずれがあり、政策の不適合の要因となっていると思われる。

6.2 当事者の問題から出発する言語教育政策

では、当事者の問題から出発する言語教育政策の場合はどうなるだろうか。まず、問題の同定のところでは、2つの段階に分けることができる。学習者の実際使用を調べる第1段階と、専門家による問題分析の第2段階である。学習者の実際使用を調べる段階では、たとえば、上述したファン（2003）の例で言うと、当事者が**外来語使用**を回避するか、限定的に使用するかを調べることに当たる。また第2段階の専門家による分析では、専門家による（e.g. 堀切 2013）アンケート調査の分析のように、学習者が外来語を日本語として捉える場合と、英語として捉える場合とで外来語使用に違いが見られることを突き止めた例を挙げることができる。

さらに、専門家による教育方法に向けた提案としては、一律的に外来語学習をするように指導するより、代わりの言い方を教える、原語と一緒に教えるなどの方針が考えられるだろう。当事者である学習者の**言語問題**から出発することによって、提案された教育方法が教育の現場で実践され、当事者である学習者が最終的に実際に実践するという流れが生まれることになる。またそのときの実践は、一律的な使用をするようなものではなく、その場その場で使い分けることを目指す方向になると予想される。

7. おわりに —— 言語教育施策から社会参加のための支援施策へ

最後に、第3節でも述べたように**言語計画**が言語と関わる社会、文化、民族など広範囲の問題を扱うプロセスであるとするならば、単に言語教育政策に留まらずに、当事者の**問題解決**の方向性に適した、社会参加のための支援課題とも関連づけて考えることができるだろう。そこには、少なくとも村岡（2006）でいう3つの言語問題の類型からの方向性が考えられる。1つは、問題解決を目指す方向、もう1つは、問題による負担を軽くする方向、3つ目

は、問題を肯定的に利用する方向がありうる。これらの方向性を敷衍するならば、解決を目指す問題に対する支援であれば、よみかきの支援そのものが目標になるのではなく、書き言葉を使って社会参加ができるようにするための支援が必要である。問題の負担を軽くする方向性については、当事者が自分でよみかき能力を獲得することで問題の解決をはかる、いわゆる自律的リテラシーのための支援ではなく、周囲の人々を巻き込んで文章テキストの理解をはかることによって社会的活動を可能にしていく、実践的リテラシーのための支援のほうがより現実的で、当事者になることにも近づけられる。また、当事者になることをより可視化する、問題を肯定的に利用する方向性については、多言語化などの多元的な言語環境を創造していく支援で、新たな社会参加のための重要な施策となると言えよう。続けて注目していかなければならない。

● さらに学ぶための読書案内 ●

村岡英裕（2006）「接触場面における問題の類型」『千葉大学社会文化科学研究科研究プロジェクト報告書』129: 103–116. 千葉大学大学院社会文化科学研究科
　当事者の視点から捉える言語問題の類型、問題解決の方向性について詳しく解説されている。

外国人住民の生活に現れた言語問題と、多文化共生施策

金子信子

金子信子（2019）「外国人住民の書き言葉使用問題を考えるために —— 実践的リテラシー研究と言語管理理論の視点から」『社会言語科学』22 (1), 61–76.

本論文の研究のねらいと特徴

　本論文は、日本語を母語としない移住者の言語問題のうち、特に生活で文書や表示を受容する際の問題を考察するための枠組を示したものである。より現実的に問題を捉えるには、日本語が読めるかどうかだけではなく、周囲の人に聞くなどの対処法や、多言語情報やサービスの利用なども踏まえる必要がある。社会言語学の分野から参考にしたのは、読み書きを社会的実践として捉えるリテラシー研究 (Literacy Practice Studies) と、言語問題をマネジメント・プロセスによって明らかにしようとする言語管理理論 (Language Management Theory) である。聞き取り調査等を実施した結果は博士論文としてまとめたが、試行錯誤したため、より理論的に要点を示せないかという感が残った。本論文では、上記 2 つの理論の主要概念を再確認し、言語問題を考えるための枠組として次の 8 つを提示した。(1) 社会的実践として言語の使用を見ること、(2) 生活の領域、(3) 問題を調整しようとする主体、(4) イデオロギーやインタレスト、(5) 生活者の言語環境、(6) 文書や表示を使用する場面やイベント、(7) 人的ネットワークにおいて読み書きできない人を助ける仲介者、(8) 問題を管理するプロセスと調整方法。これらの観点に基づき、移住者が生活において文書や表示にどのように接し、問題を経験したか、また、多文化共生施策や取組では、どのような主体がどのような過程で取組を行っているかを論考した。それらを通して、個人の生活に施策を反映させる必要性を述べた。

研究の方法

　生活調査の開始時は直結した先行研究がなく、重要事項が特定できなかった。まず、ミクロ・レベルの事例を幅広く収集するために、インタビューで移住者に生活場面を想起してもらうという質的調査を行った。さらに、移住者の読み書きを助ける仲介者の役割を詳しく知るために、支援に関わる人や外国人相談所にも

調査を広げた。多文化共生の取組に関しては、ローカル・レベルである調査対象地域とマクロ・レベルである国の対応について、支援団体や行政などの資料を調べた。

研究でわかったことと残された課題

インタビュー調査からは、移住者の言語環境において、日本語の文書や表示の問題がどのような過程で現れたかを示した。問題の要因には本人の日本語能力の他に、文書等が使用される社会的文脈の理解、場面の特性、仲介者の態度や関係性が関わっていた。そして、当事者が理解しないまま契約や申請などが効力を発揮した場合、その対処にはより専門的で複雑な過程を要した。また、仲介者のうち、相談所は、相談を制度的手続きに橋渡しするゲートキーパーとしての役割を担っていた。

多文化共生の施策や取組については、対象となる領域と、取組の理念や実施のプロセスを示した。施策や取組に関わる主体は、地域の支援団体、専門機関、省庁など、異なるレベルで重層的に存在していた。しかし、最終的には個人レベルの言語使用に取組を反映させる必要がある。上記の移住者が理解できなかった文書や表示には施策の対象となっていないものがあり、施策の対象であっても実際には多言語等で提供されていない事例もあった。

今後の研究では、移住者の生活上のニーズをより明確にすること、施策の効果がどのように現れているかを検証することが求められるだろう。

研究で苦労した点や研究上の助言

調査に着手し、事例を蓄積していく過程では、参考文献の収集、理論や用語の理解、調査方法や分析方法の設定等、あらゆる段階で時間がかかった。さらに、生活や社会の実態を追っていくと、扱う情報が大量になった。

本論文で試みたのは、調査で知った生活上の出来事を、社会言語学の観点に基づいて理論的・体系的に表すこと、そして、研究資料として参考になるレベルにまでまとめることであった。本論文が今後の研究や取組の一助となれば幸いである。

第2章
政策課題から政策決定へ

上村圭介

> **ねらい**
>
> 政策研究では、政策がどのような理念や目的の実現を目指すか、そのためにどのような手段を講じるかといった政策の内容を対象にするものと、政策がどのような流れの中で、どのような要因の影響を受けて決定されるかといった政策のプロセスを対象にするものとがある。言語政策の研究では、政策の内容と同時に、政策が決定されるプロセスにも注目する必要がある。

> **キーワード**
>
> 政策の流れ、政策過程、政策アジェンダ、in の知識、of の知識、言語問題

1. はじめに

　「言語政策」という用語は、多義的に使われる。序章で述べられるように、言語実践の中にあるさまざまなレベルの人為的な介入を、すべて言語「政策」として扱う立場もある。しかし、これらの人為的な介入は、レベルによって異なる特徴をもち、その特徴に応じたとらえ方が必要である。

　私たちの社会は民主的に選ばれた統治のメカニズムをもつ。そして、その統治のメカニズムは、税金に代表されるさまざまな資源（第2部第3章参照）を社会から集め、蓄え、社会共通の課題を解決するために用いる。社会の構成員である私たちには、統治機構が適切にはたらき、集めた資源を有効に用いているか、その結果、課題が有効に解決されたかを見とどける権利と義務がある。

　しかし、個人や企業のレベルでの言語実践への人為的な介入を、国や自治体のレベルの言語政策と同じような関係でとらえることはできないだろう。

本章では、このような観点から、言語政策を国や自治体などの公的主体によるものに限定し、そのような言語政策を理解し、研究の対象にするための基本的な考え方について述べる。

2. 政策問題における複雑性

　政策問題をとらえる上で、外国人の言語問題と言語政策の関係を考えてみる。例えば、日本語を母語としない外国人が日本社会に参加するようになるということは、日本語をめぐる言語問題が発生するということでもある。単純化すれば、この言語問題の解決には2つのアプローチがある。1つは、外国人が日本語を学び、その日本語によって社会に参加するようになることを目指すアプローチである。日本語教育というアプローチは、この1つの形態である。もう1つは、外国人が日本語を知らないまま日本社会に参加できるようにすることを目指すアプローチである。この場合、日本に暮らす人が相互に理解できる可能性がもっとも高いと思われる言語（例えば、英語）を用いるという選択肢が考えられる。そのような方法は、現実味がないように思われるかもしれないが、企業内で英語を「公用語」にしようという試みがあることを考えれば、まったく荒唐無稽なことでもないだろう。

　どちらのアプローチも、解決しようとする言語問題は共通であっても、その解決のための方法は、ひと通りではない。課題そのものよりも、その課題に対して、どのような選択肢をどのように選ぶかというところにこそ、政策を考える意味があると言えるだろう。

　政策には、このような複雑性がある。その複雑性は、①全体性、②相反性、③主観性、④動態性という4つの特性でとらえられる（秋吉ほか 2020）。

　全体性とは、政策課題は、常に社会全体と（あるいは、社会に内在する数多くの政策課題と）相互に結び付いているということである。1つの政策課題を解決することができたとしても、別の課題が残っていれば、政策の目的は実現されない。例えば、政府が日本語教育を進めようとしても、日本語教師のなり手が不足していれば、その意図は実現されない。また、日本語教師が増えた結果、国語の教師が不足することになれば、全体として政策の効果は差し引きゼロということになる。

　相反性とは、経済発展と環境保全のように、ある政策課題の解決や改善

が、別の政策課題の悪化や、新たな問題の出現と結び付くようなトレードオフの関係にあることをいう。外国につながる子どもに対する日本語教育を充実させることが、継承語の習得への意欲を減退させるという相反的な関係が考えられる。

主観性とは、社会問題や政策課題についての認識や評価が、アクター（主体）によって異なるということである。日本に居住する外国人のコミュニケーションの問題を、外国人の日本語習得の観点でとらえるか、日本社会の構成員の言語能力の問題としてとらえるか、といった点は、政策に関わる、それぞれのアクターによって異なる。

動態性とは、政策課題を取り囲む、社会、経済、政治などの状況が常に変化するため、課題解決の手段や課題そのものの重要性がそれに応じて変化するという特性である。状況によっては、政策課題そのものが消滅することもある。

外国語教育でコミュニケーションの能力が意識されるようになったのは、20世紀後半以降、国境を越えた人やモノ、情報の動きが活発になり、文献の読解や解釈だけではなく、実際に外国語を使えるようになることが求められるようになったという社会変化と無関係ではない。反対に、自然言語処理技術が発達すれば、これまで求められてきたようなコミュニケーション能力を無意味化することも考えらえる。

3. 政策に求められる知識

政策研究の目的は、よりよい政策決定を通した社会的厚生の向上である。同様に、言語政策の研究の目的も、よりよい言語政策の実現を通じて社会に内在する言語問題を解決または軽減することにあるはずである。そのために、政策には知識が必要となる。

とはいえ、現実社会の中には、さまざまな問題があり、すべての問題を政策の対象とすることはできない。それぞれの問題の実態や、社会への影響をふまえて、政策としての優先度を決めることになる。また、問題を解決するために、どのような方法が有効であるのかを理解しておく必要がある。

しかし、現実社会の問題の実態を把握したり、解決のための理想的な手段を検討したりするだけでは、必ずしも、よりよい政策決定に結び付かない。2. で述べたように、政策とは主観性をもつものであり、どの社会問題を優先

するかは政策主体やそれ以外の関係者の考えによって異なる。そのため、専門的な見地からの重要性や必要性だけで政策が決まるわけではない。

そこで、政策研究では、2つの知識が区別される。現実社会の問題の実態、決定された政策の内容に関する知識のことを **in の知識**、現実社会の問題が政策に結び付くまでのプロセスの特徴に関する知見のことを **of の知識** と区別する。言語政策研究においても、言語政策の対象となる言語問題についての正確な理解や、その解決のための方法論の設計と同時に、言語問題が政策に結び付くまでのプロセスについての理解が必要である。

従来の言語政策の研究では、言語状況の分析や、決定された政策の内容の分析など、in の知識に相当する研究は比較的充実しているが、政策決定がどのようになされるか、言語政策における政策決定の課題は何かといった of の知識に属する研究は比較的不足している（上村 2020）。

4. 政策過程の諸段階

政策は、一種のライフサイクルでとらえられる。社会に内在する問題が、政策課題としてとらえられ、それがどのような経緯で具体的な政策に結び付き、どのような成果や効果をもたらし、政策としての役割を終えるのか、という一連の流れである。これを、**政策過程**という。政策過程は、前述した of の知識の1つである。

政策過程は、図1に示すような、アジェンダ設定→政策案策定→実施→評価→廃止という段階でとらえられる。このようなモデルは、概念的なもので、現実の個別の政策事例においては、それぞれの段階を必ずしも明確に分けることはできないこともある。しかし、それぞれの段階に分けて、政策を観察・分析することで、個別の政策事例に潜む特徴や課題を明らかにすることができる。

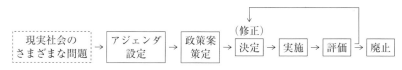

図1 政策プロセスの循環（秋吉ほか 2020 を元に作成）

第 2 部　言語問題のプロセス

4.1　現状の把握

　政策的な取り組みの対象となるかどうかに関わらず、また、解決を要する問題としてとらえられるかどうかに関わらず、現実の社会には、さまざまな特徴がある。そこで、現実の社会についての**現状の把握**は、政策を考える上での必要条件である。

　現状の把握は、in の知識を蓄積することに相当する。しかし、政策課題を設定する上で必要ではあるが、それがそのまま政策に結び付くわけではない。現実の社会の問題の構造や特徴を分析することは、政策過程プロセスで認識されてはじめて政策課題となる。

4.2　アジェンダ設定

　政策の決定における最初の段階は**アジェンダ設定**である。アジェンダ設定とは、現実の社会に広く存在する問題の中から、政策主体が、その政策的な取り組みの対象、すなわち政策課題とするものを選び出し、**政策アジェンダ**を作り出す段階である。

　私たちの社会には、言語に関連した、さまざまな課題が存在する。しかし、そのすべてが政策的な対応の対象になるわけではない。どのような課題を政策的な対応の対象にするかという、アジェンダ設定の段階から政策過程は始まるのである。

　また、どのような視点で現実の社会の問題をとらえるかということも、アジェンダ設定の一部である。民族的少数派の学業成績の問題を、子どもの学業不振の問題として認識するか、教室内で期待されることば遣いの問題としてとらえるかで、その後の政策的な対応は異なることになる。

4.3　政策案策定

　アジェンダ設定の次の段階は、**政策案策定**である。政策アジェンダで取り上げられる政策課題に対して、どのような対応を取るか検討する段階である。例えば、学校教育における英語教育の充実が、政策アジェンダに載ったとすると、次の課題は、それが対策が必要なほど重要なものであるのか、必要であるとしたら、英語教育の時間を増やすのか、英語教育の内容を改めるのか、あるいは英語教員の能力向上を進めるのかといった対策を検討することになる。

ある課題が政策アジェンダに載ったからといって、それが必ずしも政策案の策定に結び付くわけではない。その政策課題に対して、そもそも政策案を策定する必要があるか、またそれが現実的に可能であるかが検討されることもある。例えば、第8次の学習指導要領改訂をめぐる中央教育審議会の議論をみると、英語教育の拡充・早期化は、政治部門からの働きかけもあり、アジェンダには載ったものの、審議に関わった専門家は慎重な姿勢を取りつづけ、政策案の策定には至らなかった（上村 2014）。

4.4　政策の決定

政策を決定するのは、通常は公的なプロセスである。予算や立法をともなうものは、議会（国会や地方自治体の議会）によって決定される。例えば、山本（2014）や布尾（2016）は国会の本会議や委員会、あるいはその他の政策決定に関わる会議体での日本語教育関連の審議の経緯を分析している。

しかし、議会における決定と同様に重要なのが、審議会などの会議プロセスである。特に、教育分野の政策では伝統的に審議会などの会議プロセスが、政策決定に強い影響力をもつと言われている（前川 2002: 171）。また、法令に基づく会議プロセスだけでなく、行政府の裁量によって設けられるさまざまな会議プロセス（「協力者会議」や「有識者会議」などと呼ばれる）も、実質的な政策を決定する場として、強い影響力をもっている。

4.5　実施・評価・廃止の段階

政策案が策定されると、次は、その政策案を実施する段階である。そして実施した後には、その成果や効果について評価がある。評価の結果によって、政策が修正され、次のサイクルの実施に移る。あるいは、政策が役割を終えたということになれば、その政策は廃止される。

一般的に、政策の修正は、その政策が実施され、その成果についての評価が定まってから行われるが、ときに政策が実施される途中で、政策自体が見直されることがある。鈴木（2023）は、大学入試における学力評価の方法の見直しの過程で、市中の英語試験の結果を利用するという案が、一度決定されながら、断念されることになった経緯を観察している。

政策の実施の側面については第2部第3章、また、政策評価の詳細につい

ては、第2部第4章を参照してほしい。

5. 政策決定の分析

　草野（2012: 27）は、政策過程分析は、ある事例をめぐって、利害関係者が、それぞれの要求を反映させるべく、対立と妥協を繰り広げる過程の中に反復可能な一般的な法則を見いだすという点で歴史的分析と異なると述べる。実現する政策は、個別の課題によって異なるとしても、実現に至るまでの過程には、何らかの共通性が見いだせるはずである。そうすることで、同じような政策課題を抱えながら、異なる政策的な対応が取られるようになった事例や、反対に一見異なる政策課題でありながら、政策的な過程に共通性（共通の成功や、共通の失敗）を見いだすことができる。

5.1 政策決定で考慮される要素

　政策決定においては、学術的に広く認められた知見が、そのまま政策になるわけではない。そもそも、ある政策課題について、学術的に一致した正しい見解があるとも限らない。日本の外国語教育が、数十年のスパンで実用主義と教養主義の間を揺れうごくのも、学界や教育界の中に、外国語教育について、誰もが納得する定説は存在しないことと無縁ではないだろう。

　それでは、政策決定ではどのような要素が考慮されるのか。城山・鈴木（1999）は、政策決定で考慮される要素として、必要性、緊急性、過去の同種の例、代替手段の有無、外国における例を挙げる。

　必要性というのは、ある問題を政策を通じて解決することが、必要であるかという点である。問題があるとしても、その影響が限定的であれば、必要性は高くないということになるし、影響が軽微でも、広範に及ぶものであれば、政策的な対応の必要性が認められるということもあるだろう。

　緊急性というのは、その問題の解決に早期に着手することが求められているかという点である。早期に着手することで問題を早期に解決するというだけでなく、問題を放置しておくことで、不利益が拡大することを抑制するという面もある。

　代替手段の有無は、ある政策目的を達成する上で、ほかの手段が考えられないかという点である。ほかの手段としては、すでに実施されている政策で

用いられている事業や制度の活用などが考えられるだろう。

例えば、教員免許制度が教員確保の制約となり、教員の増員が進まないという問題があるとした場合に、教員免許制度を廃止するという対応を取るのではなく、すでにある特別免許状の制度を弾力的に運用することで、教員を増員するような選択肢が考えられる（山下 2016）。

また、国内や外国での**過去の事例**も、政策決定においては重要である。前例主義に陥ったり、硬直的な政策実施につながったりするおそれもあるが、政策における一貫性や公平性の観点からは、軽視することはできない。

このような要因が、複合的に働くため、政策決定には、1つの正解がないということになる。

5.2 政策決定のモデル

人びとが重大な社会問題だと認識する問題は多様である。その多様な問題の中から、政策決定に結び付くものと、そうでないものとの間にはどのような違いがあるのだろうか。また、政策決定に結び付いた問題は、どのような過程を経て政策として結実するのだろうか。

このような政策過程の分析には、いくつものモデルが提案されているが、ここでは、政策の窓モデル（Kingdon 2011）と、創発・共鳴モデル（城山・鈴木 1999）の2つを取り上げる。

政策の窓モデルでは、世の中の問題の流れ、政策案の流れ、政治の流れの3つの流れがあり、この流れが一致したとき、すなわち「政策の窓」が開くときに、政策が実現すると考える。

問題の流れとは、社会の中で、政策課題に関連する事件・事故が起きたり、事実やデータが公表されたり、あるいは社会変化が生じたりするといった動向のことをいう。政策案の流れとは、実現可能な政策案について、学界

図2　政策における3つの流れのイメージ

での研究の動向、民間シンクタンクの調査研究や政策提言、政府の審議会・研究会などの議論の動向のことである。そして、政治の流れとは、選挙や政権交代、議会での審議などの政治状況など、政策決定を推しすすめる政治レベルの動向である。

政策決定は、一部の政治家や、中央府省の担当者が一方的に行うものではない。そこには、政策対象の当事者や、政策課題に対処する現場、政策決定を担う政策主体、さらには政策決定の外部のさまざまな利害関係者が存在する。このような政策決定に関わるアクターの相互作用に注目するのが、**唱道連合フレームワーク**（advocacy coalition framework）である。個々の政策領域において、特定の利益や理念を共有する複数の唱道連合が形成され、その相互作用の結果として政策が決定されるというものである。

唱道連合の相互作用に似たものとして、日本の中央府省の政策決定のあり方をモデル化した**創発・共鳴モデル**（城山・鈴木 1999）がある。このモデルでは、政策は、創発→共鳴→承認→実施・評価というサイクルとして分析される。このサイクルは、典型的には行政府内の担当者による課題認識とイニシアティブという何らかの創発的行為によって始まる。創発された政策課題は、行政府内外の関係者などのアクターによる一定の支持・賛同（共鳴）を引き起こし、さまざまなフィードバックや、具体的な肉づけを与えられて、政策案に発展する。承認され、実施された政策は、その後、成果について評価を受けることになる。

6. まとめ

言語政策の対象となりうる言語現象について、その構造や問題性を明らかにするということは、政策過程から見れば、アジェンダ設定の前段としての現状の把握・分析のための研究として重要である。しかし、言語政策の研究が、言語に起因する社会の問題の解決や改善を目指すのだとしたら、それだけでは十分ではない。言語問題の構造を解明するだけでは、政策決定に結び付かないからである。

また、政策過程に注目するとしても、政策過程の分析は、物語やドキュメンタリーを書くこととは異なる。決定までの過程を単純に時系列で並べたり、政策決定の現場の裏事情を集めたりするだけではなく、その過程から一般化

できることが何なのか、次の政策決定の機会につながるような知見が何なのかを丹念に積み重ねることが、よりよい政策形成のためにも必要である。

● さらに学ぶための読書案内 ●

寺沢拓敬 (2019)「小学校英語の政策過程 (1)：外国語活動必修化をめぐる中教審関係部会の議論の分析」『関西学院大学社会学部紀要』132, 13–30.

小学校外国語活動の必修化をめぐる主要な論点の審議経緯やアクターの関わりについて政策過程の観点から分析する。

古石篤子・河原雅浩 (2022)「神奈川県聴覚障がい児等手話言語獲得支援事業 —— 政策決定過程の分析」『言語政策』18, 127–143.

事例の特殊性や共通性という観点から、なぜ神奈川県の聴覚障害者向けの支援事業が実現に至ったのかを分析する。

第3章
政策の設計と実施

上村圭介

> **ねらい**
>
> 言語政策について考えるとき、それがどのような理念に基づくものであるか、どのような目的の実現を目指すものであるかということに関心が集まる。しかし、政策がその実現に向けて、どのような実施の担い手がいて、それぞれの担い手が具体的にどのような手段を講じ、そのために、どのような資源を投入するか理解しておくことも必要である。

> **キーワード**
>
> 政策の階層性、政策の手段、政策資源、政策のマトリックス

1. はじめに

　政策は、最終的には具体的な手段を伴う。例えば、ある社会においてX語を公用語とすることにしたとする。しかし、その意思を示すだけで、その意思がひとりでに実現するわけではない。そこで、さまざまな手段を講じることになる。X語を公用語とするための法令を制定することもあるだろうし、学校教育における教授言語としてX語を用いることや、X語を外国語科目として教えることもあるだろう。あるいは、公共放送にX語の使用を義務づけたり、公務員の採用にあたってX語の能力を求めたりすることもあるだろう。

　このように、政策には、その目的を実現するための何らかの手段が必ず伴う。これらの手段は、それぞれ担い手が異なるだけでなく、手段を選択する上での根拠や、費用・コスト構造なども異なっている。そこで、政策が掲げる目的に適した手段を選ぶことが重要になる。

2. 政策の階層性

2.1 総称的な「政策」と方向性をもった「政策」

「環境政策」、「経済政策」、「観光政策」という場合、「政策」という語は、環境、経済、観光といった、それぞれの分野における政策的な取り組みを総称している。「言語政策」も、同じような意味で使われることがある。しかし、政策には、そのような総称的な意味とは別に、ある分野における現状を、目指すべき状態へと転換する（場合によっては、現状を維持する）という具体的な方向性をもつものとしての意味もある。ここでは、政策をそのような方向性をもったものとして考える。

2.2 政策・施策・事業

このような具体的な方向性をもつものとしての政策は、政策・施策・事業という階層でとらえることができる（秋吉ほか2020）。政策とは、ある政策課題についての「将来像や基本方針」であり、それに対して、施策は、その将来像や基本方針を実現するための「具体的方針や対策」である。さらに、事業とは、それを実現するための「具体的な手段や活動」であるとされる。言い換えれば、政策が目的を定め、施策の中で、目的実現のために達成すべき目標が設定され、その目標の達成に向けて手段が行使される、という構造をもつことになる。

例えば、市街地の渋滞を解消するという目的を実現することを考える。その目的のもとに高速道路を建設するという目標が設定され、そのための手段として、資金を投じて、資材や作業員を動員するという事業を実施することになる。手段が伴わなければ、政策は机上の空論になってしまうし、目的や目標のない手段の行使は、単なる社会現象や事件とかわらない。

2.3 言語政策の階層性

言語に関する政策も、同じような階層性でとらえることができる。例えば、言語的な多様性の高い新興独立国であれば、公用語によるコミュニケーションの実現という目的の下、公用語による情報流通の拡大という目標を設定した上で、具体的には、公共放送での公用語使用の時間枠を割りあてたり、公用語での出版に対して費用を助成したりといった手段を取ることが考えられる。

第 2 部　言語問題のプロセス

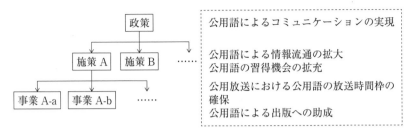

図1　政策の階層構造

　ここでいう目的・目標・手段の関係は固定的ではない。ある目的を達成することが、さらに上位の目的を実現するための手段として位置づけられることもある。例えば、公用語による学校教育の実施は、公用語によるコミュニケーションという目的実現のための手段であり、公用語によるコミュニケーションの実現は、国民意識の醸成というさらに上位の目的の実現の手段になるという連続性が考えられる。

　このように、階層性をもつものとして政策をとらえることは、政策にどのような構造があるかを理解するためだけでなく、第 2 部第 4 章で述べるように、政策がもたらした成果や、その効果を評価する上でも不可欠である。

　なお、「言語政策」と「言語計画」という用語は、明確に区別されずに使われることもあるが、両者を区別する場合、本書第 1 部第 3 章のように、「言語政策」を目的レベルのものとして位置づけ、「言語計画」を目標や手段のレベルのものとして位置づけるために使われることがある。

3.　政策実施のための手段

　政策は、さまざまな手段を通じて実施される。目的を掲げても、その目的を実現する手立てがなければ、机上の空論になってしまう。公共政策の実施の手段として、秋吉ほか (2020) では①直接規制、②直接供給、③経済的インセンティブ、④啓発を挙げるが、これを言語政策に当てはめて考えてみよう。

3.1　直接規制

　直接規制は、政策主体である政府が、政策目的の実現のために、個人や法人に対して、特定の行為を禁止したり、義務づけたりすることである。

言語政策に当てはめるなら、**直接規制**は、法令によって特定の言語や変種の使用のみを許可したり、それ以外の言語・変種の使用を禁止したりすることが相当する。法令により公用語や国語を定めることは、この例である。日本の裁判所法第74条は、「裁判所では、日本語を用いる」と定めている。こうすることで、裁判所での日本語の使用を義務づけるとともに、日本語以外の言語の使用を禁止するか、使用を認めるとしても特別な許可の下に限定することになる。

カナダ・ケベック州のフランス語化政策では、一定規模の事業所に対して従業員のフランス語使用を保証するよう義務づけられ、州政府機関であるケベック州フランス語事務局（Office québécois de la langue française）が立ち入り調査などの権限をもつ（上村 2005）。日本語についても、19世紀後半からの日本の近代化の過程においては、方言の使用を学校の中で明示的に禁止し、方言を使用した場合に罰を科すということが行われた（真田 2018: 66）。これらは、直接規制を手段とした例であると言えるだろう。

3.2 直接供給

直接供給は、政策主体が直接行動して、政策目標を実現するものである。例えば、韓国、ドイツ、オーストラリアなどの国で行われている移住者向けの現地語教育プログラム（春原（編）2009: 71–146）や、日本の各地で設けられている外国人住民のための**地域日本語教室**は、これに該当するだろう。

政策主体が直接行動するといっても、政府や自治体が事業主体として、国公立の教育機関において、教職員を雇用して、教育プログラムを提供する場合だけではない。政策主体が、その責任と権限において、外部組織にその供給を委託する場合も、条件によっては直接供給とみなすことができる。

3.3 経済的インセンティブ

政策目的に適う行為に対して一種の報酬を与える、あるいは、政策目的に反する行為に対して制裁を加えることで、政策実現が図られることがある。このような**経済的インセンティブ**も、政策実現の手段の1つであると考えられる。

言語政策におけるこのようなインセンティブの例として、東京都が2022

年に実施した「外国人従業員研修等支援助成金」がある。これは東京都が経費の一部を助成することで、中小企業が外国人従業員に対して実施する日本語教育やその他の取り組みを促そうとするものである。

3.4 啓発

啓発は、政策主体が、政策実現の意義を訴えることで、政策対象となる個人や組織が自発的に政策目的の実現に向けた行動をとるように促すものである。

2019年に施行された日本語教育の推進に関する法律では、外国人を従業員として雇用する事業主に対して、外国人従業員やその家族に対する日本語学習の機会の提供などの支援に努めることが定められている。これは、いわゆる努力義務である。3.3の東京都のように、独自に事業主に対して経済的インセンティブを設けるところもあるが、そのような対応のない自治体にとって、この努力義務は、事業主の自発的な取り組みを期待する啓発の一種ととらえることができる。

4. 資源交換としての政策

3.に挙げたような手段は、さらに具体的に考えてみれば、資金を投じて人を動かしたり、情報を発信したり、違反を取り締まるために特定の人物に権限を与えたり、といった具体的な行動にたどり着く。しかし、政策推進のための手段は、自由に選択できるというものではない。規制にはコストがかかるだけでなく、市民や企業に規制を課す以上は、それに応じた利益や保護が伴わなければならない。反対に、金銭的な助成や公的な資格や認定といった利益や保護を得るということは、政策主体の規制や取り締まりの対象となるということでもある。

第2部第2章で、私たちの社会は、さまざまな資源を持ちよって、このような具体的な行動を実現するために用いると述べた。砂原・手塚（2022）は、政策主体と社会との間で情報、金銭、人間、法的権限という資源の交換によって政策が実現するものととらえる。政策主体は、それ自体では何かをなすための手立てをもたず、政策を実施するためには、社会から必要な資源を獲得する、言い換えれば、そのような資源を私たちが持ちよる必要があるということである。

4.1　政策資源としての情報

政策には、**情報**が必要である。何を政策課題として設定し、その課題についてどのような手段を通じて、どのような目的を実現するべきであるか、ということを、情報なしに決めることはできない。政策主体にその情報がなければ、政策主体は社会から情報を得て、政策の決定・実施に活用することになる。そのような情報は、学問的に妥当な知見であることが期待されることは当然だが、それと同じぐらい（時にはそれ以上）に、社会として許容されることも重要である。政策主体が設ける公的な位置づけをもった審議会などの会議や、それ以外の研究会・懇談会は、政策主体が情報を得るための機会である。

4.2　政策資源としての金銭

政策を実施するのに、**金銭**、つまり「予算」が必要であることは言うまでもない。ここでの予算には、ある事業を実施するために措置される経費以外にも、政策を実施するための事務を司る政策主体の職員の人件費や、政策主体の維持費などの恒常的な費用も含まれる。

例えば、日本語以外の言語によって、住民サービスに関する情報発信を行おうとするなら、対価を支払って、その言語を理解する職員を雇い入れたり、外部の事業者に発注したりする必要がある。政府や、自治体による日本語以外の情報発信では、自動翻訳機能を組み合わせるケースが見られる（臼山・芹川 2020）が、金銭的な資源の制約から、そのような手段を取らざるをえないという側面もあるだろう。

4.3　政策資源としての人材

政策の実施には、そのための専門性をもった**人材**が必要である。分野を問わないジェネラリストとしての専門性が求められる場合もあるが、医師や弁護士、教師など、ある特定の分野におけるスペシャリストとしての専門性が政策の実施には、とくに重要である。過疎地において医師が不足し、医療を受けられないケースが多発すれば、国民全員を強制的に健康保険に加入させることを前提にした医療政策の妥当性が問われることになる。

文化庁では、「生活者としての外国人」のための日本語教室空白地域解消推

進事業を進めているが、2021年3月の時点でも全国の40％を超える市区町村では、日本語教室が開催されていない。その原因は複合的であるが、その1つには、日本語教育を行う人材が不足していることが挙げられている。

4.4 政策資源としての法的権限

法的権限も、政策の実施に必要である。そもそも、政策主体が独占的に政策を実施する権限を与えられるのは、民主制社会にあって正当に選ばれた代表が政府を構成するからである。このような大上段に構えた権限でなくても、個別の政策を実施する上では、法的権限によって、ある行為を禁止したり、ある条件を満たした者だけに特定の行為を認めたりすることがある。教師としての専門的なトレーニングを受けた者だけが免許を受け、教壇に立つことを認められるという教員免許の制度も法的権限に基づくものである。

2023年5月に日本語教育の適正かつ確実な実施を図るための日本語教育機関の認定等に関する法律が成立した。これにより、文部科学大臣は、適格性をもつと判断した日本語教育機関（日本語学校）に認定を与えることができるようになった。さらに、認定を受けた日本語学校の日本語教師に対して文部科学大臣の登録を受けることを義務づけた。従来、法的な権限の及ばなかった日本語学校や日本語教師に対して、文部科学大臣の権限が、はじめて及ぶようになったものである。

4.5 その他の政策資源

政策過程に使うことのできる時間は有限である。政策課題の深刻さや社会情勢などによって、政策課題を設定し、その課題に対する政策を決定し、実施するまでにかけられる時間は決まっている。そういう意味では、時間も政策資源の1つである。

時間という資源が限られるなか、最善とは言えない政策決定がなされることがある。例えば、文化審議会国語分科会は、2020年3月に日本語教師に関する公的資格の創設に関する報告をとりまとめたが、その内容は、実現に移る前に撤回された。時間という資源が限られるなか、結論を得たものの、不十分な検討により、見なおさざるをえなくなったのである。会議の記録からは、意思決定に携わった関係者の不満が透けて見え、政策過程を考える点

からは大変興味深いが、時間が政策にとって不可欠な資源であることを示す事例だと言えるだろう。

また、言語に関する政策は、着手して、それが完了するまでに、年単位、十年単位の時間がかかることも珍しくない。継承語教育に関する政策では、少なくとも1世代分の時間がなければ、本当の意味での検証を行うことはできないだろう。しかも、一度実施してしまえば、そのために投入した時間を、あとから取り戻して、別の政策に使うことはできない。

5. 言語政策の横の広がり

このように、政策には手段が必ず伴い、手段を用いるためには資源が必要になる。しかし、政策が掲げる目的を実現するには、1つの手段だけではなく、複数の手段が組み合わされることが一般的である。共通の言語を用いたコミュニケーションという目的を実現するには、法令によって言語の席次を定め、その言語の文法・語彙を整備し、その言語を教える教員を養成し、教材を開発し、教育制度を整えるといったさまざまな活動が必要になる。

さらに、総称としての言語政策について考えれば、そこには、さまざまな主体がさまざまな活動を伴って関わることになる。実際の政策は、国レベルであれば中央府省の所掌事務と結びつく。行政府以外でも、立法府である国会や、裁判所も言語政策との関わりをもつし、国全体のレベルでも言語政策は関わりをもつ。このような観点から、日本における言語政策を、中央府省や国全体の機能と対応付けると、表1のように整理することができる。

このように、言語に関する政策的な課題は、複数の府省の所掌事務に散らばっている。都道府県や市区町村が関係する事務分野を含めれば、さらに表は複雑になるだろう。

国をまたいだ国際間の取り組みの中にも、言語に関係するものがある。国際連合に代表される国家間機関では、特定の言語をその機関の「公用語」として、通訳・翻訳上の特権を与えることが一般的である。また、旧ユーゴスラビアの地域紛争を受けた欧州安全保障協力機構（OSCE）の取り組みに見られるように、地域的安全保障の枠組みと言語的・民族的少数派の言語使用や言語権の擁護は不可分な関係にある（渋谷（編）2005: 59）。

第 2 部　言語問題のプロセス

表 1　国家の機能と言語政策との関わり

	関係する業務・施策
内閣・内閣府	文字・表記、多文化共生、アイヌ文化振興
文部科学	国語教育、外国語教育、日本語教育、言語・文化継承
法務	検察、戸籍、出入国在留管理
厚生労働	労働環境、職業訓練、外国人就労者への日本語教育
外務	外交、対外文化政策、日本語普及
経済産業	海外向け製品・コンテンツ、文字コード
総務	放送・通信、地方行政・自治、選挙、多言語情報発信
国家公安	警察・法執行、捜査の言語
国土交通	交通、観光、道路標識・案内表示
安全保障	指揮命令、人材募集・養成、対外情報発信
デジタル政策	政府情報システム
裁判所	裁判所の言語、法廷・司法通訳
国会	議事進行・議事録の言語、参政の言語
国全体	憲法の言語、憲法上の公用語、言語的権利

　もちろん、このような「縦割り」によって、言語政策が統合的に推進されないという弊害が生じることもあるだろう。しかし、言語政策は、他の分野の政策と同様に、そのような統治のメカニズムを通して実施されるという側面をもつことも事実である。

　言語政策のこのような広がりについて、平高（2003）は、フィールド（国、地方自治体などの政策の担い手）、内容（選択・使用、規範化、普及・制限といった言語政策の内容）および政策過程（開始から終了までの段階）からなる立体的な「言語政策のマトリックス」を提示する。表1では、フィールドと内容による平面的なとらえ方をしているが、このような立体的なマトリックスとして言語政策をとらえることもできるだろう。

6. まとめ

　政策とは、ある具体的な手段を通して、目標を達成し、それによって、あ

る理念や理想の下に定められた具体的な目的の実現に向かって現状に働きかけることである。そのために、私たちは、さまざまな資源を政策主体に預け、政策主体はその資源をもとに、政策手段を用いることになる。政策手段とは、本章でみたように、直接規制や直接供給といった政策主体の一方的な行為で完結するものばかりではない。今日的な文脈では、それ以外の手段が重視されることも多いだろう。

　政策を考えるということは、言い換えれば、政策資源をどのように配分するかを考えることにほかならない。本章で取り上げたような考え方は、政策の内容や設計を分析する上で必要であるだけでなく、政策研究の結果を、政策提言のような形で応用するためにも必要となるものである。

● さらに学ぶための読書案内 ●

伊藤修一郎（2011）『政策リサーチ入門　仮説検証による問題解決の技法』東京大学出版会
　政策研究の初学者向けに書かれた入門書。第6章では、政策研究を政策提言にまとめる際の流れについて示されている。

第4章

言語政策の評価

嶋津 拓

ねらい
言語政策も、「政策」の1つである以上、その過程には「政策評価」の段階が存在する。しかし、言語政策においては、多くの場合、この「政策評価」が充分に機能しているとは言いがたいのが現状である。本章においては、言語政策の事例をいくつか概観しつつ、その理由について考えるとともに、言語政策を評価に焦点を合わせて研究する際の留意点について触れたい。

キーワード
政策評価、政策目的、評価指標、企業、独立行政法人

1. はじめに

　言語政策も、「政策」の1つである以上、そこには何らかの「政策目的」が存在する。ただし、その「政策目的」は、多くの場合、言語あるいは言語教育以外の領域に存在する。たとえば、20世紀に多くの国で行われた文字改革は、人々の識字率や社会生活の能率性の向上を目的としていたのだが、なかにはナショナリズムの高揚を「政策目的」としたものもあった。したがって、後者（ナショナリズムの高揚）を「政策目的」とした文字改革を仮に「政策評価」という観点から云々するのであれば、その文字改革によって人々のナショナリズムはどの程度まで高まったのかということを評価指標に設定した上で「政策評価」が行われる必要があるだろう。また、海外諸国の中には、日本との経済的な交流の推進あるいは経済的な国益の確保を「政策目的」として、学校教育のカリキュラムに日本語教育を導入することもあるが、そのような場合には、その日本語教育の導入によって、日本との経済交

流がどのくらい促進されたのか、あるいは、どの程度の経済的な国益が得られたのかということを評価指標に設定した上で「政策評価」が行われるべきだろう。

このように、言語政策においては、それが発動される前提であるはずの「政策目的」が言語あるいは言語教育以外の領域に存在することが多い。

また、言語政策の場合は、「政策目的」が抽象的あるいは曖昧であることも少なくない。上記の例で言えば、文字改革が目的としている「ナショナリズムの高揚」とは、どのような内容あるいは程度を意味しているのか、また、海外諸国が日本語教育を導入するときに目的としている「経済的な国益の確保」における「経済的な国益」とは何なのかということが、きちんと定義されていないような場合である。

これらのことを踏まえた上で、次節からは言語政策における評価の位置づけについて述べた上で、その評価に関わる事例をいくつか概観しつつ、言語政策を評価に焦点を合わせて研究する際の留意点について考えたい。

2. 言語政策と評価

本書の他章でも触れられているように、「言語政策」の範囲あるいは領域はどこまでなのかという問題に関しては、さまざまな見解がある。また、その立案・実施主体についても、国家やそれに準じる機構（国家連合・地方自治体）のみを考える場合と、もっと広く、学会・教育団体・経済団体・企業・NGO/NPOなどを含めて考える場合とがある。これらの点に関し、本章においては、まず言語政策の立案・実施主体について、国家やそれに準じる機構のみに限定しないで考えることにしたい。また、言語政策の範囲・領域を下記のとおり設定する。

すなわち、実際に言語政策が発動されるためには、はじめに何らかの「政策目的」が設定される。この「政策目的」は、前述のように、言語あるいは言語教育以外の領域に存在することが多いが、その「政策目的」を達成するために、言語または言語教育に関する政策を立案・実施することが適切であると判断された場合には、いわゆる「言語政策」が立案・実施されることになる。そして、その過程は、下記の4段階に分けることが可能だろう（第2部第2章の図1も参照のこと）。

第 2 部　言語問題のプロセス

① 「政策目的」を実現するための言語・言語教育に関する「政策課題の発見または設定」
② その政策課題に対応する「計画や方針の策定」
③ かかる「計画や方針の実行」
④ それらの「政策評価」

　本章では、これら①から④までの全過程またはその一部を言いあらわすのに、「言語政策」という表現を用いる。したがって、上記④の「政策評価」も言語政策の一部に位置づけられるが、この「政策評価」の対象が上記①から③までの領域(すなわち言語政策の範囲内)にとどまるものであれば、評価はそれほど難しくない。
　たとえば、ある国が日本語教育を学校教育の一環に導入するという言語政策を採用したとしよう。そのときに、仮に②の「計画や方針の策定」や③の「計画や方針の実行」を評価対象とするのであれば、学生や生徒たち(日本語学習者)の日本語能力を評価指標に設定し、それに基づいて評価すればよい。すなわち、彼らの日本語能力が目標値として設定したレベルまで実際に高まったか否かということを、たとえばテストやインタビュー等の方法で把握すれば事足りる。また、彼らの日本語能力がその目標値に達するのに必要とされた費用や時間(すなわち、教育活動の効率性)についても、それを算出することは可能である。
　しかし、海外諸国がその学校教育に日本語教育を導入するという言語政策を発動する背景には、日本との経済交流の促進や、それによる経済的な国益の確保という(言語あるいは言語教育以外の領域に存在する)「政策目的」が存在することが多い。すなわち、言語政策は「手段」(あるいは「手段」の1つ)にすぎないのである。したがって、その「手段」であるところの言語政策は「経済的な国益の確保」という「目的」にどの程度まで貢献したのかということを評価指標に設定した上で評価される必要があるだろう。また、その観点から評価を行うときには、「経済的な国益」という表現の内容も、事前に定義されている必要がある。

3. 企業の言語政策

　この種の問題を考える上で、事例として最も考察しやすいのは企業における言語政策だろう。なぜなら企業の「政策目的」あるいは存在意義は基本的に「利潤の追求」にあるからである。むろん、なかには「社会貢献」を目的の1つとして設立される企業も存在するが、それはあくまでも副次的な目的であって、企業の基本的な存在意義は「利潤の追求」にあるはずだ。なぜなら、もし「社会貢献」を第一義的に考えるのであれば、税制の上からも、企業という形態ではなく、公益財団法人・一般財団法人等の形態で設立されるはずだからである。したがって、ある企業が何らかの言語政策を採用した場合、その言語政策の評価は、それが当該企業の「利潤の追求」という「政策目的」にどの程度まで貢献したのかということを評価指標に設定した上で行われるべきということになる。

3.1 楽天グループ株式会社の場合

　楽天株式会社 (同社は2021年4月に「楽天グループ株式会社」へと商号を変更した) の三木谷浩史会長兼社長は、2010年の年頭スピーチで、社内の公用語を英語にすると宣言し、その「**社内公用語英語化 (Englishnization)**」を同社は2012年から実行に移した。「社内公用語英語化」が実行に移された2012年からその10年後の2022年までの同社の売上収益 (連結) は、4,435億円から1兆9,279億円へと約4.3倍に拡大している。

　それでは、この売上収益の拡大に「社内公用語英語化」という言語政策はどのくらい寄与したのであろうか。同社のウェブサイトには、その「社内公用語英語化」の成果について、下記のように記されている。

　　英語は、グローバルビジネスの共通言語です。Englishnization (社内公用語英語化) は、日本国内外のグループ社員間の円滑な情報共有、世界の最新情報をスピーディに掴むこと、そして世界中から優秀な人材が集まり、一体感をもった競争力のある組織にしていくことを目指してスタート。移行開始宣言から5年後の2015年には、全社目標としていたTOEIC平均スコア800点をクリアしました。

　　この取り組みは、人材が多国籍化する社内の議論の深化はもとより、社

外のトップエンジニア、ビジネスパーソンとの交流強化においても効果を発揮し、真のグローバル企業を目指す楽天の大きな成功事例となりました。(https://corp.rakuten.co.jp/careers/culture/)　　［2023年1月24日閲覧］

　ここでは、「社内公用語英語化」の成果として、社員の英語能力が向上したこと、および人材の多様化と社外関係者との交流強化が図られたことが触れられている。しかし、たとえ社員の英語能力が向上したとしても、それは「利潤の追求」のための手段であって、目的ではないはずだ。なぜなら、楽天グループはあくまでも「企業」であり、「教育機関」ではないからである。また、楽天グループのウェブサイトによると、同社社員の出身国・地域は70を超えており、同社は自社が「多様性のある職場」であることを誇っているが、この「多様性」という（それ自体は前向きに評価されるべき）事柄も、企業の政策評価という面では、「利潤の追求」という目的にどの程度まで貢献したのかという観点から云々されるべきだろう。しかし、管見の限り、同社の各種公開文書やウェブサイトには、「社内公用語英語化」という「政策課題の設定」が企業の一義的な存在理由である「利潤の追求」という「政策目的」に照らして、どの程度まで貢献したのかという点についての記載が全く見られない。

　むろん、楽天グループの売上収益が2012年からの10年間に約4.3倍に増加したことを「社内公用語英語化」の成果ととらえることは可能である。しかし、そう言い切るためには、「社内公用語」（ただし、同社は2012年以前の「社内公用語」を日本語であると明確に規定していたわけではなかったので、ここでは、むしろ自然発生的な共通語である「リンガ・フランカ」と言うべきかもしれない）が日本語のままだった場合には売上収益が約4.3倍には増加しなかったであろうことを証明する必要がある。

　前述のように、企業にとっての言語政策の「政策目的」は、あくまでも「利潤の追求」にあるはずだ。したがって、楽天グループが採用した「社内公用語英語化」という「政策課題の設定」も、あるいは、それに基づいてたとえば社員に「TOEIC平均スコア800点」を取得させるために各種の支援や助成を行ったという「計画や方針の実行」も、「利潤の追求」という「政策目的」にどのくらい寄与したのかということを評価指標に設定した上で「政策評価」

が行われるべきだろう。しかし、楽天グループは「社内公用語英語化」という言語政策に対する「評価」を「政策目的」ではなく、主に言語政策の範囲内（たとえば社員の英語能力が向上したこと）で行っている。

3.2　伊藤忠商事株式会社の場合

　企業の言語政策に関して、もう1つの事例を紹介したい。それは総合商社の一角を占める伊藤忠商事株式会社の事例である。2015年に同社は中国語能力を備えた社員を1,000人にする計画（**中国語人材1000人育成プロジェクト**）を掲げ、2018年にはそれを達成した。その1,000人の中国語能力は必ずしも全員が上級レベルというわけではないのだが、この1,000人という数字は伊藤忠商事の総合職の3分の1にあたる数字だという。

　伊藤忠商事は5大総合商社の中では、対中国事業の比率が高く、各期の『会社四季報』でも「中国に強い」と評価されているので、同社が「中国語人材1000人育成プロジェクト」という「政策課題」を「設定」したことも、あるいは、それに基づいて中国語能力を高めるための支援を社員に対して行うという「計画や方針」を「実行」に移したことも、それ自体としては理解できるのであるが、この「中国語人材1000人育成プロジェクト」という言語政策が「利潤の追求」という伊藤忠商事の「政策目的」にどのくらい貢献したのかという点に関しては、管見の限り、同社の各種公開文書やウェブサイトのどこにも記載がない。

4.　独立行政法人の言語政策

　前節では企業の言語政策についてとりあげたが、この節では行政機関の言語政策について考えてみたい。

　日本では2002年に「行政機関が行う政策の評価に関する法律」（2001年法律第86号）が施行され、言語政策の分野においても、この20年ほどの間に、行政機関から各種の評価報告書が公表されるようになった。また、独立行政法人や地方自治体も、同様の報告書を公刊するようになった。

4.1　海外に対する「日本語の普及」事業の「政策目的」

　行政機関が行う言語政策の1つに、海外に対する「**日本語の普及**」があ

る。この「日本語の普及」は「国際文化交流事業」の一環として行われているのだが、その「国際文化交流事業」の行政上の位置づけについては、「独立行政法人国際交流基金法」（2002年法律第137号）の第3条に下記のとおり規定されている。

> 第3条　独立行政法人国際交流基金（以下「基金」という。）は、国際文化交流事業を総合的かつ効率的に行うことにより、我が国に対する諸外国の理解を深め、国際相互理解を増進し、及び文化その他の分野において世界に貢献し、もって良好な国際環境の整備並びに我が国の調和ある対外関係の維持及び発展に寄与することを目的とする。

　ここでは、独立行政法人国際交流基金のミッションについて、「国際文化交流事業を総合的かつ効率的に行うこと」によって、「我が国に対する諸外国の理解を深め、国際相互理解を増進し、及び文化その他の分野において世界に貢献すること」とされている。しかし、この「我が国に対する諸外国の理解を深め、国際相互理解を増進」することや、「文化その他の分野において世界に貢献すること」は、同基金が行う「国際文化交流事業」の最終的な目的ではなく、その究極の目的は、「良好な国際環境の整備並びに我が国の調和ある対外関係の維持及び発展に寄与すること」に置かれている。この「良好な国際環境の整備並びに我が国の調和ある対外関係の維持及び発展に寄与すること」という表現を簡潔に言うならば、「外交政策への貢献」ということになるだろう。すなわち、外交政策への貢献が国際交流基金の行う国際文化交流事業には求められているということができる。そして、この外交政策への貢献という目的を実現するために、同基金はその国際文化交流事業の一環として、海外に対する「日本語の普及」（独立行政法人国際交流基金法第12条）事業を実施することが求められている。なぜなら、「日本語は対日関心の入り口として重要」であり、「日本語学習を通じて、より広範な日本の文化や政治、経済、社会等への理解を促進し、より多数の親日家・知日家、日本との交流の担い手、日本研究者等日本の専門家の育成を図る」ことが、「国際交流基金による日本語普及事業の意義と目的」であると、外務省は認識しているからである（外務省2015: 1）。

いわば、国際交流基金が行う「日本語の普及」という言語政策は、外交政策への貢献という「政策目的」を掲げて実施されているのであり、この言語政策の評価を行うとしたら、それは日本の外交政策にどの程度まで貢献したのかということを評価指標に設定した上で行われる必要がある。すなわち、国際交流基金の「日本語の普及」事業によって、仮に海外で日本語を学ぶ人の数が増加したとしても、あるいは彼らの日本語能力が向上したとしても、その人数や日本語能力レベルだけでは評価指標として不充分であり、「親日家・知日家、日本との交流の担い手、日本研究者等日本の専門家」がどのくらい養成されたのか等の外交政策上の評価指標から「政策評価」が行われなければならないということになる。

4.2　海外に対する「日本語の普及」事業の「政策評価」

　それでは、この外交政策への貢献という「政策目的」に照らしあわせての「日本語の普及」という言語政策の評価は、どのように行われるのか。国際交流基金のウェブサイトには、国際文化交流事業の評価について、「次のような問題」が存在すると記されている。

> 　外交上の効果も、文化的・精神的な効果も、数量化が困難である。
> 　文化交流事業の真の効果は長期的に現れるものであり、年度毎の評価では捉えきれない部分が多い。
> 　基金の事業評価では、定量的評価と定性的評価との組み合わせ、また、中長期的な効果・影響が確認できた事例を収集するなどの手法を用いていますが、文化交流事業の事業評価手法は国際的にも未確立の分野です。
> （https://www.jpf.go.jp/j/about/admin/evaluation/torikumi.html）
> 　　　　　　　　　　　　　　　　　　　　［2023年1月24日閲覧］

　このように国際交流基金は、国際文化交流事業について、その「外交上の効果」の「数量化」は「困難」であるとしている。また、「文化交流事業の事業評価手法は国際的にも未確立の分野」であるとしている。したがって、国際文化交流事業の一環として実施されている「日本語の普及」という言語政策についても、その評価に際して「外交上の効果」を数字によって評価する

ことは「困難」であるということになる。

　この「困難」であるということを明確に宣言しているという点で言えば、国際交流基金の「政策評価」に対する姿勢は、ある意味で真摯であるということができるかもしれない。また、同基金は上記の現状に鑑み、「文化交流の事業評価手法開発のための調査研究」を行っているとしており、その研究がいずれ結実することを筆者は期待しているが、「数量化」が「困難」というだけでは社会の理解が得られないためか、外務省や国際交流基金は、その公開文書やウェブサイトにおいて、「日本語の普及」事業に関する「数量化」された「成果」として、海外で日本語学習者数が増加していること（あるいは、少なくとも急減していないこと）に繰り返し触れている。たしかに「数量化」という観点では、日本語学習者数が最も客観的な指標かもしれないが、海外における日本語学習者数の増減は、国際交流基金による「日本語の普及」事業によってというよりも、むしろ海外諸国の教育行政や言語政策の在り方によって大きく左右されるものであるから、国際交流基金による「日本語の普及」事業への「政策評価」の指標としては適切でない。また、仮に海外で日本語学習者数が増加したとしても、彼らの多くが「親日家・知日家、日本との交流の担い手、日本研究者等日本の専門家」になるとは限らないので、「外交政策への貢献」という「政策目的」に照らしあわせての「政策評価」の指標にもなりえない。

　行政機関の政策評価を困難にしている理由は、この「数量化」の問題だけではない。その政策評価の指標となるべき概念が抽象的または曖昧模糊としている場合が多いことが、もう1つの理由としてあげられる。上記の「日本語の普及」という言語政策に関して言えば、それが養成を目指しているはずの「親日家・知日家」という表現がそれにあたる。「親日家・知日家」とは、いったいどのような人物なのか。この表現の定義については、管見の限り、外務省の各種文書やウェブサイトのどこにも見あたらない。

5. まとめ

　本章では、言語政策に関する「政策評価」に関して、企業と独立行政法人の言語政策を事例として観察した。このうち、前者の政策目的は「利潤の追求」に、後者の政策目的は「外交政策への貢献」という、いずれも言語ある

いは言語教育以外の領域に存在するのだが、そのことが言語政策において政策目的に照らしあわせての「政策評価」を難しくしているということができる。すなわち、言語政策の「政策評価」を難しくしている要因の1つは、その言語政策が発動される前提であるはずの「政策目的」が言語あるいは言語教育以外の領域に存在することにある。

しかし、「言語政策」なるものの「政策目的」が言語あるいは言語教育以外の領域に存在するということは、ある意味では当然のことであって、このことは「評価」以外の観点から言語政策を研究する際にも留意しておくべき事柄であろう。すなわち、「言語政策」なるものを、それ自体で完結したものとはとらえないこと、常に他の分野・領域と照らしあわせながら考察していくことが重要であると認識しておくことは、言語政策研究者にとって必須の姿勢あるいは態度ではないかと思われる。実のところ、これは「言語政策」の研究に限られることではなく、「文化政策」や「教育政策」の研究にも共通する事柄である。

言語政策の評価を難しくしているもう1つの理由は、とくに行政機関(独立行政法人を含む)が政策主体となる場合に見られることであるが、その「政策目的」に抽象的あるいは曖昧模糊とした表現が用いられていることである。前述の例であげれば、「日本語の普及」という言語政策の政策目的に見られる「親日家・知日家」という表現がそれにあたる。

言語政策研究に限らず、どのような分野の政策研究であれ、その社会的意義として、政策批判(むろん単なる非難ではない)をすることが求められている。そして、かかる政策批判の対象には、政策目的の曖昧性をあぶりだすことも含まれている。筆者は、この政策目的の曖昧性をあぶりだすことこそが、言語政策を評価の観点から研究する上での最大の意義ではないかと考えている。

● さらに学ぶための読書案内 ●

嶋津拓（2010）『言語政策として「日本語の普及」はどうあったか──国際文化交流の周縁』ひつじ書房

本書は今から10年以上前に出版されたものだが、海外に対する「日本語の普及」を言語政策研究の観点から分析した、現在でも唯一の単行本。

嶋津拓（2023）『戦前戦中期の国際文化事業と、その戦後期への影響──国際文化交流・日本語教育・留学生教育』現代図書

国際文化交流事業の揺籃期（1930〜1940年代）における「日本語の普及」とその戦後期への影響を言語政策研究の観点から分析した章を含む単行本。

第3部
言語政策研究の方法

　第3部では、事例研究、地域研究、比較研究、量的研究という枠組みによって研究方法を分類し、それぞれの特徴を紹介する。言語政策研究がもつ学際性な性格を重視して、個々の研究手法よりも、研究しようとする対象の規模や深さによる分類を重視したものである。

　第1章では研究対象となった言語問題と研究方法の変遷や、現在の言語政策研究の課題について述べ、第2章以降の序論とする。

　質的研究の解釈的アプローチに親和性のある事例研究は、さまざまな研究分野で適用されている。第2章ではそうした事例研究で一定の水準を確保するために留意しておきたい点を紹介する。

　第3章の地域研究では、フィールドワークにもとづくデータ収集の方法やデータの種類、ミクロ・レベルからマクロ・レベルまでを行き来する研究のすがたを紹介する。「地域研究」は長い間批判にさらされてきたが、多様性を重視するこれからの言語政策研究には地域研究の総合的な理解の姿勢が重要になってくると思われる。

　第4章では比較研究を取り上げる。学問の細分化は狭い領域の専門家を量産してきたが、社会変革を言語問題とともに視野に入れるためには積極的に比較の視点が取り入れられるべきだと思われる。

　第5章ではある規模のデータを必要とする研究の考え方を紹介する。数値に変換することについての基本的な見方や誤解についても指摘し、エビデンスに基づく言語政策の展望を示す。

第1章

学際研究としての言語政策研究と研究上の課題

村岡英裕

ねらい

第3部では言語政策の研究方法について紹介する。学際的な言語政策の研究は、学問的な基盤の上に研究を進めるよりも、研究者が重要と思う言語問題に焦点を当て、その特徴に適した方法で柔軟に問題の理解と解決のための手がかりを追求するものである。本章では研究方法を時代との関わりから紹介していき、言語政策研究が各時代の社会変革と密接に関わりながら発展してきたことを示す。次いで現在の研究上の留意すべき点を取り上げる。

キーワード

東西センター、批判的ディスコース研究、インタレスト、研究者の位置、研究倫理

1. 学際研究としての言語政策研究とは

　第1部第1章でもふれた、フィッシュマン、ファーガソン、ダス・グプタたちのグループは1960年代後半、ハワイ大学東西センターで主として発展途上国を対象にした言語政策研究（当時は言語計画と呼ばれ、本章でも場合によって「言語計画」を採用する）のプロジェクトを始めていた。
　若手研究者がこぞって参加したこのプロジェクトで特筆すべきことは、始めから学際研究かつ比較研究の観点を採用したことであった。国家建設を急ぐ発展途上国をフィールドに定めるとき、言語計画は国家建設の諸計画の1つであって、社会変革の文脈や諸計画と関連させずに考えることには意味がない。そのため、そこでの学際的な研究とは、社会言語学、言語教育はもち

ろんのこと、社会学、社会心理学、政治科学、経済学、歴史学に至る幅広い知見をもちいて言語計画を総合的に検討することを意味した。また、比較研究の観点は、各国で実施されてきた言語計画のプロセスを政策主体であった官僚や専門家の役割や社会的、政治的状況と重ね合わせながら比較することによって、より成功につながる条件を見いだすことが出来ると考えたからであった。

当時の発展途上国の言語計画というテーマは、今日ではさすがに色褪せてしまっているが、かわりにグローバリゼーションにともなう社会変化が新たな言語問題(第2部第1章を参照のこと)を引き起こしており、言語政策研究もまた新たな段階に進んでいる。言語政策研究はどのような分野の研究者にも開かれるべきだし、学際的な協働と対話が求められていると言える。

2. 研究上の諸課題

発展途上国の言語計画がいったん落ち着いた1970年代後半から80年代、先進国では社会変革が起こっていた。欧米では、ポストモダン社会へと移行するにつれて、近代国家の1国家＝1民族＝1言語の枠組が「想像の共同体」と呼ばれるようになり、多文化主義、多言語主義の社会変革が進んだ。他方ではフーコーやブルデューなどのポスト構造主義に端を発する**批判的ディスコース研究**が進められ、学問的なパラダイム・シフトが始まっていた。それにより、言語問題と政策主体の範囲、言語政策の主体間の多元的なインタレスト(利害関心)、研究者の立ち位置と研究アプローチなど、現在にまでつづく研究上の諸課題が立ち現れている。本節では手短にそうした研究上の諸課題について考えていく。

2.1 さまざまな言語問題と政策主体

現在につながる社会変革のうねりは、グローバル化の浸透と同時並行的に生じた、階層、人種、ジェンダー、障害者、移民、先住民、少数言語集団、などの多様性とマイノリティの権利に関するものでもあった。

そうした社会変革の視線は、一方で、社会のさまざまな言語の使い方に**言語問題**を見いだすことになる。例えば、ジェンダーによる肩書きや障害者に対する呼び名の一部は、それまで日常的に気づかれてこなかった権力にもと

づく言語問題として人々の意識にのぼり、修正されはじめる。社会のさまざまな領域や場面で言語問題が見いだされ、さまざまな政策主体による「**言語政策的な営み**」が顕在化することになったわけだ。広範な「営み」を網羅するために、Hult and Johnson (eds.) (2015) の言語政策に関する教科書ではエスノグラフィー、コーパス言語学、経済学、新しいメディア、歴史構造分析などじつに 12 章を費やして研究方法の紹介をしている。

　他方で、言語政策的な営みの圧倒的な広がりは、政府や審議会等による言語政策に対する研究の意義を相対的に弱めてしまう恐れも出てきている。しかし、第 2 部第 2 章で論じられたように、公的な言語政策についての研究は、これからも言語政策研究の中核を担う意義を持っている。言語問題と政策主体については、こうした政府や学術団体が政策主体となっている**マクロ・レベル**、社会組織や草の根の集団などが主体となる**メソ・レベル**、そして家族や個人といった当事者が主体となる**ミクロ・レベル**があることを意識しつつ、それぞれのレベルがどのように関与しあっているのかを考えていくことが重要になる。

2.2　言語政策とインタレスト

　社会変革においては経済的資源、権力的資源の再配分の議論が起こったが、言語政策においても支配的な言語資源に対する疑問と少数言語に対する地位向上が研究の俎上に載る。従来の言語計画のイデオロギー性が研究においても顕在化していった。

　こうしたイデオロギー批判は、批判的ディスコースの研究者が中心になって行われたように見えるが、60 年代から言語計画の研究に携わってきた研究者もまた声を上げていたことは注意してよいと思われる。例えば、イェルヌッドとネウストプニーは、政府や学術団体などの言語政策の主体がその政策立案において彼らの**インタレスト**から離れることが出来ないことを主張し、さらには研究者自身にも、多言語主義政策への傾倒など、研究の方向性やアプローチについてのインタレストを持っていることに十分に自覚的であるべきことを指摘している (Jernudd and Neustupný 1987)。

　言語政策、そして言語政策研究は、だれに利益をもたらし、だれに不利益をもたらすものなのか、研究者は調査にあたってどのような立場を意図的・

非意図的に取っているかを考慮し、場合によっては進んで公にする必要がある。とくに研究の妥当性に関わったり、被調査者に不利益をもたらす恐れがある場合には研究者の立場を明確に示すことが不可欠である。

2.3 研究者の基本的な4つの立ち位置

　研究者は扱うテーマによってさまざまな方法を採用するが、その立ち位置（例えば、研究の姿勢、認識論）もまた無意識のうちに選び取っていると思われる。研究者自身の立ち位置は、しばしば**実証的アプローチ**、**解釈的アプローチ**、**批判的アプローチ**、**エンパワーメント・アプローチ**の4つに区別される。実証的アプローチに関してはある範囲の中では事実または真実が必ず1つあると考えてそのための仮説構築と実証のためのデータ収集を行うものを指す。解釈的アプローチとは、質的研究の前提になっているもので、言語政策的な営みがどのような価値や象徴によって構築されているかを明らかにしようとする。批判的アプローチでは、言語政策的な営みに必ず見つけられる権力作用を明らかにして、民主的な諸価値の実現を求める。エンパワーメント・アプローチは、少数言語話者や移民などのマイノリティを対象にして、研究するだけではなく彼ら・彼女らのエンパワーメント（自己決定力）を支援していく。

　もちろんこの4つの立ち位置は類型であって、研究者によって在り様は異なる。そうした異なりこそが、自律した研究者をつくりあげ、誠実な支援のありかたを支える基盤にもなるはずである。極端な自己分析は弊害が多いが、研究を始めてしばらく経ったある時期に、自分の立ち位置をときに内省することは、日々、業績主義にのまれがちな自分を取り戻すためにも大切になるだろう。

● さらに学ぶための読書案内 ●

末田清子・抱井尚子・田崎勝也・猿橋順子（2011）『コミュニケーション研究法』ナカニシヤ出版
　　言語政策研究ではないが、各種の研究方法が比較的詳細に紹介されている。

第2章
質的研究法としての事例研究

福永由佳

ねらい
事例研究は、国や地域レベルの大規模調査のための予備調査とみなされることが多いが、実際には幅広い取り組みがある。言語政策研究においても事例研究は積極的に取り組まれており、インタビューやフィールドワークなど、さまざまな調査方法を駆使しデータが集められている。本章では、質的研究法としての事例研究の特性や種類に加え、留意点についても、筆者の体験とともに紹介する。

キーワード
質的研究、分析単位、選択基準、フィールドワーク、成果還元、立場性

1. はじめに

　社会科学や人文科学分野の研究や実践に携わる者であれば、「事例研究（ケース・スタディ）」という用語を目にすることは少なくないだろう。しかし、事例研究は研究者（研究活動を行う者）によって、さまざまな考え方があるため、異なったことが異なったやり方で行われていると言われている。ここでは、質的研究法としての事例研究を理解するための基本的な事項について考察する。

　はじめに、事例研究イコール質的研究とみなされる傾向について考えてみたい。日本に移住した移民の日本語習得が進まないという事例の場合、その人の習得に関する記録（データ）は質的なものもあれば量的なものもある。その人のテストの得点は数字で表された量的なデータだが、日本語教師がその人の教室での学習の様子を観察した記録はことばで記録された質的なデータである。このように事例研究が扱うデータは量的・質的の両方があるため、

すべての事例研究が質的研究であるとみなすことはできない。

　事例研究を論じる際には、その目的にも留意する。事例という用語は、分野によって、事案、凡例、症例、事件などと呼ばれ、教育目的で事例を活用する場合がある。例えば、ビジネススクールでは、事例を使って学ぶ「ケース・スタディ」を導入している。また、臨床心理学やカウンセリングの現場では、クライアントや患者を理解するために事例が活用されている。このように事例研究の目的には、教育と研究があるが、本章が扱うのは後者の研究法としての事例研究である。

2. 事例研究とは

　事例研究は多くの研究者を引きつけるリサーチ・デザインである。その一方で、事例研究の対象は限られた少数の対象であるため、そこから得られた知見は学術的な価値が低く、実験や大規模な社会調査に求められる厳密な手続きや方法が必要とされないという誤解や先入観がある。少ない事例から得た知見を有益に活用するためには、事例研究の特性、方法などについて理解を深める必要がある。

2.1　事例研究の特性

　研究法としての事例研究にはコンセンサスがないと言われているが、共通するのは、少数の事例から学ぼうという姿勢である。したがって、事例研究には、限定された範囲の研究対象＝事例（ケース）を扱うという特性がある。

　そして、質的研究法としての事例研究には、特定のデータ収集や分析方法がなく、**インタビューやフィールドワーク**などの質的な研究法で用いられるデータ収集法や分析法が使われる。それは、量的研究法が目指す仮説検証よりも、質的研究法である事例研究の関心は、ある文脈における事象の記述と理解にあるからである。そのために、事例研究の研究者は現場に広い網をかけてデータを収集すると比喩される。

2.2　事例の単位としての分析単位

　事例研究では、事前に事例の範囲を同定し、その範囲内で研究を進めることになるのだが、事例とはどのようなまとまり（範囲）なのだろうか。事例研

究の先駆的な研究者であるイン (1996) は、事例の範囲を「**分析単位**」と呼び、どのようなサイズの分析単位で調査をするのかは、研究者が事前に慎重に検討する必要があると述べている。例えば、日本に暮らす移民の言語使用・選択を研究しようとする場合、事例は一人の移民であることもあるし、ある特定の移民コミュニティの集団であったり、日本に暮らす移民全体へも範囲を広げることが可能である。研究を進めていくうちに、関心が広がることはよくあることである。しかし、日本に暮らす移民全体までに分析単位が広がると、事例の境界は曖昧になってしまう。

　つまり、事例とは、境界を持つ単位なのである。境界づけられているかどうかを判断するには、データ収集にかける時間が１つの手がかりとなる。例えば、先ほどの例で考えると、日常生活における言語使用・言語選択について調査する場合、日本に暮らす移民全員に対してインタビューすることは際限がなく現実的ではない。このことから、日本に暮らす移民全体には境界がなく、１つの事例とみなすことはできないということができる。

　さらに、事例は固有であることも求められる。言い換えると、事例とは自立的で、境界のあるシステムなのである。

2.3　事例の選び方 —— 単一事例の場合を中心に

　事例研究では、事例選択の基準が重要となる。たった１つの事例を対象とした研究に意義があるのか、といった批判も少なくないが、実際には成果を上げている研究は多く、適切な事例を選択することがなによりも重要だと言われている。**事例の選択基準**については、さまざまな議論があるが、ここではシンプルな基準の１つを紹介する（野村 2018）。

①極端な事例：極端で珍しい事例を調べることで、他の要因の影響が小さくなり、少数の事例や単一の事例研究でも成果を挙げることが可能となる。
②典型的な事例：事例に含まれている極端な要因の影響は把握されやすいと言われている。それに対して、典型的な要因の影響力や相互関係は見えにくく時間と労力をかける必要があるため、典型的な事例を対象とした研究は容易ではない。
③後続的な事例：後続的な事例とは、先行研究との関係で後続的となる事例

を指す。一般的に社会科学では経年研究は難しいと言われているが、子どもの頃に移民した人たちを成年になってから再び追跡調査をする研究などは、後続的な事例研究に含まれる。

　このように、ある事例を極端な事例、典型的な事例、後続的な事例であると判断するには、まずは事例を選ぶ際に先行研究から学び、背景知識を持っておく必要がある。
　研究テーマによっては、複数の事例を扱う場合ももちろんあるだろう。複数の事例を取り上げる場合は2つの立場がありうる。1つは、単一の事例を複数回行う場合で、もう1つは複数の単一事例を比較する場合である。前者の単一の事例を複数回行う場合は、上記で述べた事例選択の基準を当てはめて行うことになる。それに対して、複数の単一事例を比較する場合はあらかじめどのようなロジックで比較をするのかを検討し、事例を選ぶ必要がある。

2.4　事例研究の種類

　事例研究をめぐるステレオタイプの1つに、事例研究は国や地域レベルでの大規模調査を行う際の予備調査として役立つという見方がある。この見方は、研究は階層的に計画されるものであるという研究観に基づく。階層的な研究観では、事例研究は探索的な段階、調査は記述の段階にあり、実験は因果関係を説明するために行われるとみなされる。
　しかし、探索、記述、説明という3つの研究目的は、リサーチタイプに固定されないという議論も研究者の間ではなされている。探索的実験、記述的実験、説明的実験がありうるように、事例研究も探索的事例研究、記述的事例研究、説明的事例研究があるという主張がある。
　このような事例研究の多様性を理解するためには、ロバート・E・ステイクが提案する**事例研究の3類型**が手がかりになるだろう(ステイク 2006)。

①個性探求的な事例研究：特殊な事例をより深く理解することを目的とした事例研究。この種類の事例研究の目的は、抽象的な事柄や現象の包括的な理解でもなく、理論の構築を目指すものでもない。
②手段的な事例研究：特殊な事例が一般化を目的として研究される場合、手

段的な事例研究と呼ばれる。事例そのものは補足的で、別の関心事についての理解を深めることが目的である。
③集合的な事例研究：多くの事例を扱い、その集合の一般的な状況を研究することを目的とした事例研究。これは複数事例に拡大された手段的事例研究である。

　事例研究は、従来シンプルなものとみなされているが、実際には事例に対する関心は多様である。自分の設計する事例研究がどのようなタイプなのかを理解することは、研究を計画する上で役に立つだろう。

3. 事例研究の実際

本節では、言語政策研究と事例研究の関わり、そして、事例研究の実際について、筆者の体験をもとにした事例を交えながら解説する。

3.1 言語政策研究と事例研究の関わり

社会科学の一分野である言語政策研究においても、事例研究は積極的に取り組まれている。質的研究法である事例研究とは、ある文脈における事象の記述と理解に関心があるため、言語政策研究が対象とする移民、言語的少数派、多言語話者といった特殊な事例をより深く理解するには役に立つ研究法の1つだと言えるだろう。また、事例研究は単一の事例だけを取り上げるわけではない。各国の言語政策を事例として研究し、それぞれを比較することにも有益な研究法である。

3.2 事例研究のデータ収集の実際――現場（フィールド）を理解する

ほかの質的研究法と同じように、事例研究は、人との関係を中心に展開し、人びとが生活をしたり、働いたり、活動をしたりする現場を内側から理解しようとする調査・研究方法である。したがって、研究者は、ある事柄が起きている現場に入り込み、データを収集する**フィールドワーク**（**現場調査**）を行う。ここでは、筆者の体験をもとに現場で留意すべきことをいくつか解説する。

(1) 現場の人びとから理解を得るために

研究者は、現場という名の生活空間に入り込む「よそ者」なのである。無害なよそ者ではなく、現場の人びとに害をもたらす存在ではないかと危険視されることはままある。

■ **事例1　こんなプライベートのことまで聞くなんて**
　筆者が質問紙調査への協力を依頼するために、外国出身の人たちを対象とした説明会を開催したときのことである。筆者は調査の目的やプライバシーの保護について説明した書面を準備し、説明会に臨んだのだが、質問用紙を見た途端に「プライベートな質問ばかりだ。何を本当に知りたいのか！」と怒りをあらわにした人も少なくなかった。
　筆者の調査目的は言語やコミュニケーションを理解することだったが、質問用紙には性別、年齢、婚姻状況、職業、来日年代、居住地域等のデモグラフィックな特性に関する質問群が並んでいたため、まるでプライベートな情報の収集であるかのような印象を強くしてしまった。こうしたデモグラフィック項目は、独立変数として用いられ分析には欠かせないために、質問紙調査やインタビューでは聞かれることが一般的なのだが、留学生と異なり、外国出身の人たち（特に成人の人たち）は学術目的の調査に不慣れな人が多い。そして、彼らは個人情報の扱いには特段気を使っているため、調査によって、生活や友人関係を探られ、答えようによっては、今後の生活に支障を生じる危険性を警戒したのだろう。プライベートなことを調べようとするよそ者である筆者を警戒し調査を拒否するのは当然の反応である。昨今研究協力者のプライバシー保護については、大学や研究機関では倫理審査を行い、書面を取り交わすなどの手続きを求めるようになったが、重要なのは表面的な手続きではなく、調査をされる側の立場や気持ちを理解し、できる限りそれに応えようとする態度である。

■ **事例2　これまでも大学の先生たちがやって来て、いろんなことを聞いていって去っていった。あなたも先生たちと同じなのか**
　研究助成を得ているから、大学や研究機関に属しているからといった理由で研究者が絶対的な「知る権利」を持つわけではなく、むしろ現場の人びとの理解のもとデータをいただくことによって、研究者は論文発表や学位など

の利益（成果）を得ている。その利益に対して、どのような還元ができるだろうか。成果の還元を考えずに、研究者が一方的に知識を「搾取する」ことに対する現場の人たちの不満は、分野を超えてあちこちから聞こえてくる。

例えば、研究論文を調査協力者に送っても専門的であるため役に立たないだろうか。しかし、ひょっとするとそれも研究者側の思い込みという可能性もある。現場を理解しようとする研究であれば、相手の立場にたった**成果還元**について、より真摯に考えることが求められる。

(2) 現場で生み出される多様な自己── **立場性**（ポジショナリティ）

なんとか現場の人びとの理解を得て調査が開始されると、当初単純なよそ者であった観察者は現場におけるさまざまな経験を通し、気がつかないうちに変容していく。

■ 事例3　現場で多様に変容する自己

筆者が調査開始以降、外国人調査協力者や日本人調査協力者とは大きなトラブルもなく、良好な関係にあったと信じていた。しかし、突然自分が外国人住民と日本人住民の関係に悪影響を与える存在として警戒されていることを知ることになる。自分自身を無垢な「調査者」とみなしていても、現場の人びとはそう見てくれていないことを知った瞬間であった。

現場の人びとと調査者との相互作用（誤解、衝突も含む）によって、気がつかないうちに多様な自己が調査者に生まれている。1年間のフィールドワークで、およそ20もの異なる自己が現れたという報告もなされている。実は、フィールドワークにおいては、研究のためのデータを手に入れるという観察者の遂行すべき役割よりも、その現場で生まれた多様な自己（現場における立場性（ポジショナリティ））が大きな役割を持ち、データやデータの解釈を規定しているのである。

4. まとめ

質的研究法としての事例研究への関心は高まっているが、その一方で、研究の手続きなどの事例研究自体の理解については研究者によってさまざまである。なかでも、現場との関係性については、**ラポールの形成**の重要性が指

摘されているが、言語政策研究のテーマとしてよく挙げられる言語問題、言語的小数派や移民コミュニティに関する研究では、対象となる人びとの理解を得るための試行錯誤をより重ねることが求められる。その過程において、自分が何者で、何を明らかにしようとし、それは現場にどのように還元されるのかを繰り返し問われることにより、自らの考えをより深めていくことになる。紙幅の関係により、限定的な観点についての解説に留まったが、事例研究に関する議論がさらに高まることを期待したい。

● さらに学ぶための読書案内 ●

ロバート・K・イン（1996）『ケース・スタディの方法』近藤公彦（訳）千倉書房
　事例研究の先駆的な研究者であるロバート・K・インの著書で、事例研究について広く学ぶことができる書籍。

野村康（2017）『社会科学の考え方——認識論、リサーチ・デザイン、手法』名古屋大学出版会
　事例研究をはじめとする個別の研究法に関する技術な解説だけではなく、その背景にあるロジックについて理解を深めることができる書籍。

第3章

地域研究

沓掛沙弥香

ねらい

地域研究は、研究対象とする地域の社会的生活を、その内側から経験的に記述・分析することにより、既存の理論や先行する枠組みの外に新たな知を創出する可能性をもつ研究分野である。本章では、地域研究として言語政策研究を行うためのアプローチや、その意義及び留意点について説明する。また、具体例として、筆者の研究事例などを紹介する。

キーワード

地域知、エスノグラフィー、タンザニア

1. はじめに

　はじめに、「地域研究×言語政策研究」という研究領域が日本のアカデミアでおかれている厄介な状況について、簡単に説明しておきたい。

　地域研究は、特定の「地域」について理解を深める学問である。対象となる「地域」は人間の想像物であるため、その想像が及ぶ範囲で数限りなく設定できる。また、基本的に、テーマの制限も、分析や考察方法への制限もない。このような要因から、地域研究は、便宜的似非科学のようにみなされることがあり、「ディシプリンの欠如への危惧」が連綿と議論されてきた。「地域研究」が学問分野としてある程度確立した現在も、「厳しい目」を向けられることが多い。

　同時に、言語政策研究は、プロパー言語学からは「眉唾物」とみられることがある。「自然物」としての「言語」を中立的に記述することを目的とする言語学は、「ことばのあり方に対する意図的介入」をタブーとしてきたが、言

語政策研究はまさにそれを研究対象とするためである。しかも、言語政策研究を含む社会言語学は、比較的新しい学問領域であり、「ディシプリンがない」とか、「独自の理論はどこにあるのか」という批判を受けやすい。さらに、言語政策研究は、言語を「固定化された実体」のようにつくりあげる過程やその影響を調査するため、「所与のものとしての言語」的な観点を含まざるをえない。このため、「言語」のとらえ方が大きく変化している最近の社会言語学の中では、「古い研究」のようにみられ、居心地の悪さを感じることがある。

　つまり、「地域研究×言語政策研究」は、確固とした「拠り所」がなく、風当たりの強い研究領域なのである。そのため、この領域の研究に踏み出そうとする人は、この先予想外の批判や冷ややかな反応、時には非建設的な完全否定に遭遇するかもしれないことに、ある程度心づもりしておいた方がよいかもしれない。特に、言語政策研究があまり進んでいない「地域」を対象にしようとする人には、この点を強調したい。

　しかし、その心構えさえあれば、「地域研究×言語政策研究」は、魅力にあふれる領域である。地域研究は、「地域の現実をもとに伝統的な学問分野の理論を柔軟に改造・改変して、伝統的な学問分野の理論と地域を合わせた形で研究する学問分野であり、伝統的な学問分野が対象外とした事例を積極的に拾い上げ」（山本 2012: 24）ることができる。そして、言語政策研究も、「言語」という枠組みが問われている今なお、あるいは、今だからこそ一層、あらゆる「地域」で答えのない現実の課題であり続けている。さまざまなアクターによる言語への意図的介入のありようと、その影響や実践について、対象とする「地域」で現実に生起する問題に導かれながら考え、既存の学問枠組みを超えたところに新しい知を生む。「地域研究×言語政策研究」は、そういう可能性を多分に秘めた研究領域である。

2. 研究対象

2.1 研究対象としての「地域」

　言語政策について「地域研究」を行う際、その研究対象は、言語に関するなんらかの政策や方針が問題となる場としての「地域」である。現場レベルの言語問題や言語実践と、地域・国家といったマクロなレベルの言語政策の関係を、特定の地域に限定して考察する。「地域研究」と「事例研究」の違い

は、「地域」を変数として対象化するのではなく、各「地域」の特性やそこから立ち上がる主体に目を向ける点にある (cf. 砂野 2007)。

　研究対象となる「地域」をどう切り分けるかは、研究者の裁量による。例えば、筆者のこれまでの研究では、「タンザニア」、「東アフリカ」、「アフリカ」という地理上の国や地域を対象としたり、「マシャミ語圏」、「ベナ語圏」、「ンゴニ語圏」のように、タンザニア国内で特定の民族語が有力ないくつかの地域を対象としたりしてきた。

2.2　求められる「地域知」

　地域研究において重要なのは、自分が切り取った一種類の地域についての「点」としての専門性を深めることではなく、その地域に関連する重層的な広がりをとらえ、さまざまな層からその地域をみるための知識を養うことである。例えば、タンザニアという国に関する情報を網羅的に知っていること自体に、学術的重要性はあまりない。そうではなく、「タンザニア」を、「サブサハラ以南アフリカ」、「スワヒリ語圏」、「コモンウェルス」、「ドイツによる植民地支配を経験した地域」、「植民地支配を経験したアジア・アフリカ諸国のうち『国語』的言語の擁立に成功した地域」、「アフリカ諸国の独立闘争を支えた地域」のような、さまざまな広がりをもつ「地域」の重なりあう場として多面的にとらえることで、地域研究において意味のある「地域知」が養われる。

3.　研究内容

　研究内容は、もちろん当該地域の言語に関する政策や方針についてであるが、具体的な切り口としては、(ⅰ)言語政策や言語問題に関し、マクロな視点に、地域研究としてのミクロな視点を合わせて(または加えて)アプローチする研究、(ⅱ)「地域の威信言語／それ以外の諸言語」、「グローバルな要素を持つ言語／ローカルな言語」などの対立関係や相互作用を考察する研究、(ⅲ)「地域」の内部世界の言語多様性や言語状況の実態と外部世界の政治的・社会的・文化的影響の相互作用を考察する研究などが考えられる。

　(ⅰ)〜(ⅲ)に該当するものとして、近年行われた日本語での研究にしぼって、以下にいくつかの例を挙げておく。

（ⅰ）タンザニアの言語政策を政策文書から詳述するとともに、同国大統領の政治ディスコースを批判的に分析し、そこにある意図を考察する研究（沓掛 2021）
（ⅱ）近年スペインでみられる地域言語回復政策へのバックラッシュの背景を、国家ナショナリズムと地域ナショナリズムの対立関係から考察する研究（柿原 2021）
　ベラルーシの言語政策について言語の席次計画の観点から考察し、ロシア語との関係性からベラルーシ語の法的地位と実質的状況の乖離を明らかにする研究（清沢 2017）
（ⅲ）中国で開催された言語の多様性保護に係る国際会議の成果文章の分析から、言語政策領域における中国の国際的プレゼンスの高まりを明らかにする研究（小田 2020）

　ただし、「はじめに」で触れたとおり、地域研究にはテーマに関する制限がないため、上記以外の多様な研究内容があり得る。

4.　研究方法

　「地域研究×言語政策研究」においては、**エスノグラフィー（ethnography）**の手法が有効かつ不可欠である。エスノグラフィーは、人類学や社会学で広く用いられる研究手法で、調査者自身が**現場（フィールド）**に身をおき、調査対象とする社会をその内側から記述しようとする方法である。言語政策研究では、特に言語維持や教授用言語の問題を扱う言語政策研究において、この手法が活発に用いられている。ただし、特定の調査地に長期滞在して参与観察を行うような、人類学などで行われてきた伝統的なエスノグラフィーとは異なり、言語政策研究におけるエスノグラフィーは、公的機関から私的団体、市場や家庭まで、多様な文脈やコミュニティでのデータ収集を必要とする。
　ジョンソンは、言語政策研究のデータ収集におけるエスノグラフィーを導く方法論的ヒューリスティックとして、（1）政策に関わるさまざまな主体（agents）、（2）政策の目的や意図、（3）政策の作成・解釈・流用を含む過程、（4）政策内外の言説、（5）実際の政策の作成・解釈・流用が起こるダイナ

ミックな社会的、歴史的、物理的コンテクストの検討を出発点とすることを提案している (Johnson 2009: 144)。実際のフィールドでは、さまざまなレベルの社会空間を縦横両軸で横断しながら、政策文書の収集、言語実践の観察・収録、フィールドノートの作成、インタビューなどを実施することになる。

もちろん、言語政策のエスノグラフィーは、地域研究の専売特許ではない。しかし、地域研究において言語政策のエスノグラフィーの手法を用いることで、その手法の効果は一層確かなものとなる。その理由は、当該地域で話される言語を使ったアプローチが行われること、先述の多面的な地域知による照射が可能であることの2点にある。

地域研究において、研究対象とする地域で話されている言語を身につけることは非常に重要である。特に重層的多言語状況をかかえる地域においては、どの言語を用いて調査するかによって、対象として包摂できる範囲に重要な違いが生じる。例えば、アフリカ地域研究においては、「公用語」である英語、フランス語、ポルトガル語などの言語で十分研究可能であるとする研究者もいる。しかし、実際にそれらの言語で得られているのは、「それらの言語が理解できる者に向けられた情報」である。言語による「国家と国民の乖離状況」(砂野 2009: 34) が指摘される多くのアフリカ諸国において、「公用語」のみで研究することは、その地域に暮らす人々を包摂できていない可能性が高い。加えて、そこにある研究者としての「言語に関する方針」が、当該地域の言語政策に与える影響に無自覚だという批判も免れない。少なくとも言語政策研究において、そのような関わり方が望ましくないことは明白である。

5. 研究事例紹介 ── タンザニアの言語政策研究

本節では、地域研究としての調査研究事例として、筆者の研究を一部紹介する。筆者の主な調査地であるタンザニアでは、スワヒリ語という言語が「国語」として擁立されている。スワヒリ語は、主に東アフリカ諸国を中心に話される言語だが、タンザニアでは国民のほぼ100％がスワヒリ語を理解するといわれる。アフリカ諸国のほとんどは多言語国家であり、いくつかの地域共通語を持っている国や、有力な現地語を持っている国はあっても、国民のほぼ全員が1つの言語に「自分たちの言語だ」と情緒的結びつきを感じてい

るような国は、タンザニアくらいである。そのような稀有な状況から、タンザニアにおける言語政策研究は海外では数多くなされている。

5.1 政策分析におけるマクロ×ミクロなアプローチ

近年、タンザニアにおける政策文書において、スワヒリ語を推進する方針が明確に打ち出された。例えば、2014年に新憲法制定が議論された際に出された草案には、スワヒリ語が唯一の「国語」であり、英語よりも優先される言語であることが明記された。また、2015年に採択された教育政策では、あらゆるレベルの教育においてスワヒリ語を教授用言語とすることが計画され、現状中学校以上では英語が教授用言語となっている状況がついに変更されるのかと期待が寄せられた。しかし、実際には、運用レベルでの変更は現在までなされていない。

筆者の研究では、政策文書の分析において、注目が集まりやすいスワヒリ語への言及箇所よりもむしろ、英語への言及箇所に着目した。そして、タンザニアの言語政策におけるスワヒリ語推進の方針が、一般的な解釈として最も可能性が高い「『人々が理解できる言語で教育を行う』という人々の利益を追求した結果として示された」ものというよりも、既得権益の強化の方向に働くものである可能性が高いことを指摘した（沓掛 2018）。

この指摘は、政策文書の分析だけでたどり着けるものではない。タンザニア南部の4地域（中心部及び農村地域）及び首座都市ダルエスサラームにおいて、言語使用（359人）と言語態度（70人）に関するインタビュー調査及びドキュメンテーション（3つの会話及び32の発話）、小学校（公立小学校7校、私立小学校3校）、中学・高等学校（公立学校3校）における参与観察、教師（小学校22人及び中学・高校6人）への聞き取り調査から得られた、社会の内側での経験やデータに基づく着眼と考察の結果である。マクロな政策文書の研究だけではとらえられない社会の実相を、ミクロな調査・分析から研究に包摂することは、重要な地域研究的アプローチである。

5.2 ドキュメンテーション的アプローチ

また、筆者の現地調査では、データの客観性を高めることを目的に、定点撮影された会話のテキストデータ化によるドキュメンテーション的アプロー

チも採用した。社会言語学的研究における言語態度や言語使用に関する調査は、基本的に調査協力者の自己認識に基づく申告に依存しており、それらの重要性は明確であるものの、どうしても「客観性」の不足という批判がつきまとってしまう。そこで、言語実践の実態を視覚的に見る手段として、ドキュメンテーション的アプローチを採用した。「書き出す」という行為によって、「行為としての言語」、すなわち「**ランゲージング（languaging）**」の実態が歪められてしまう危険性に留意が必要ではあるが、これによって、言語の使用に関する人々の認識と実践の乖離が浮き彫りとなり、それに基づく具体的な分析が可能となった（Kutsukake 2021）。

　例えば、図1は、筆者がタンザニアのベナ語話者が多い地域で収集した会話データの一部である。この会話は、「ベナ語で話した」と申告されたが、発話はスワヒリ語アクセントで行われた部分が多く、単語だけをみても、スワヒリ語（ボールド）が多用されている。

A: Yuveve wali uli **mkolofi mbona**. Wali **mtundu mno**.

B: Ka, ka. **Mbona** sindali dili **mtundu hamna. Katika Ndifanye ishi** uhunitova udigitede na hunyilika.

図1　ベナ語で話していると申告された会話（一部）

　このような言語実践を民族語の運用能力が低いために起こっているとする消極的な見方は、モノリンガル・イデオロギーからの脱却を阻害するものであり、マクロなレベルでの分析にもネガティブな影響が大きい。妥当な解釈のためには、新しい議論の枠組みが必要となる。指摘されてみれば至極当然のこのような視点も、この会話を単なる事例として扱い社会的背景や文脈が十分に考慮されない場合には、既存の枠組みの中に埋もれてしまう可能性が高い。地域研究の価値は、当該地域において、個人も含めた社会的生活全体の経験的記述・分析を目指すことにより、理論や先行する枠組みありきの考察では得られない視点に着眼できることにある。

6. まとめ

本章では、地域研究として言語政策研究を行うためのアプローチやその有効性と留意点を概説した。最後に、まとめとして、改めてこれらの要点を以下に整理しておく。

・研究方法としては、エスノグラフィーの手法を用い、多様な文脈やコミュニティでデータ収集を行うのが効果的である。
・当該地域で話される言語を使ったアプローチ、及び、多面的な地域知による多角的照射が行われることにより、エスノグラフィーの手法の効果を最大限に高めることができる。
・「地域」を単なる変数として扱うのではなく、各「地域」の特性やそこから立ち上がる主体に目を向けるのが地域研究である。
・研究対象となる地域を、さまざまな広がりをもつ諸「地域」の重なりあう場として多面的にとらえ、地域知を養うことが重要である。
・社会の内側での経験に基づく着眼と考察は、マクロ・レベルの分析においても有用な視点をもたらす。
・地域研究の価値は、当該地域の社会的生活全体の経験的記述・分析によって、既存の理論や先行する枠組みの外に新たな知を創出する可能性を高められることにある。

● さらに学ぶための読書案内 ●

小川敦（2015）『多言語社会ルクセンブルクの国民意識と言語』大阪大学出版会
　「国語」としてのルクセンブルク語と国民意識の関係を分析し、ルクセンブルクの3言語併存状況の実態に迫っている。

砂野幸稔（2007）『ポストコロニアル国家と言語　フランス語公用語国セネガルの言語と社会』三元社
　現地での詳細な調査データの裏付けにより、言語の面からセネガル国家の政治・社会の諸相が描き出されている。

第4章

比較研究

貞包和寛

> **ねらい**
>
> 言語政策研究の分野では、ひとつの政策主体（1国、1自治体など）のみを対象とする研究がある一方で、複数の政策主体の取り組みを射程に含む研究も少なからず存在する。本章では後者のタイプを「比較研究」と称し、これまでどのような比較研究が行われてきたかをまとめ、今後期待できる比較研究の青写真を示す。

> **キーワード**
>
> 政策主体、CEFR、多言語主義、言語権、席次計画

1. はじめに

本書の他の章でも示されているとおり、言語政策研究では様々なアプローチがなされている。本章では、研究対象の数（単一の政策主体か、複数の政策主体か）の観点から、便宜的に以下のような区分を採用する。

単一研究：基本的にひとつの政策主体の取り組みを明らかにする。
比較研究：いくつかの政策主体の取り組みを比べ、それらの異同を明らかにする。

単一研究のアプローチについては、タンザニアを対象とする第3部第3章（地域研究）や、カナダを対象とする第4部第7章（継承語教育）などが参考になるだろう。

本節で着目したいのは比較研究、すなわち複数の国・地域を射程に含むタイプの研究である。本節ではそうした諸々の研究成果を概観したうえで、比

較研究の持つ可能性について考察していきたい。

2. 比較研究の事例

これまでに言語政策研究の分野では、比較研究やそれに類するスタンスの研究から多くの成果が上げられてきた。本章ではとりわけ、以下の3分野に注目し、各項にて簡潔に紹介していきたい。

(1) 言語能力の評価基準の共通化・国際化に関する研究
(2) 多言語主義に関する研究
(3) 言語権に関する研究

ただし、比較そのものを初めから念頭に置いている研究もあれば、共通のテーマを複数の研究者が独自の観点から論じる研究もある。ひとことに「比較研究」とは言っても、その内実は多様なものであることはあらかじめ強調しておきたい。

2.1 言語能力の評価基準の共通化・国際化に関する研究

学習者の言語運用能力をいかに評価するかは、教育において重要な問題であることは言うまでもない。近年はグローバル化の影響もあり、言語能力の評価基準にも、国際的なレベルでの客観性が強く求められている。こうした状況下において最も頻繁に使用される評価基準の1つに、**CEFR（ヨーロッパ言語共通参照枠）** がある。CEFR の枠組とその背後にある複言語主義の理念については、第4部第3章（社会統合のための多言語主義・複言語主義）に詳しい。CEFR は言語能力の評価基準として実践的に活用されているだけではなく、CEFR それ自体も広く研究の対象となっている。もちろん、CEFR そのものに対する評価や着眼点は研究者により異なる点が多いのも事実であるが、CEFR をキーワードとする比較研究が国際的に行われている事実は認められるであろう。

CEFR 研究の近年の大きな成果のひとつとして『CEFR の理念と現実』（西山・大木（編）2021a, 2021b）が挙げられるだろう。この著作は CEFR の理念や発展史、教育現場での実践などを研究する国内外の専門家が集った論集で

あり、「理念編 言語政策からの考察」と「現実編 教育現場へのインパクト」から成る。こうした比較研究が成立する背景として、CEFR の影響度の拡大が指摘できる。CEFR は策定当初の想定を超えて、現在ではヨーロッパ圏以外の国家・地域でも広く参照される枠組となっている。日本もその例外ではない。令和 3 年 10 月に文化庁は「日本語教育の参照枠」を発表したが、この「参照枠」策定において CEFR が参考にされた旨が報告書に明記されている（文化庁 2021: 4）。

こうした各国ごとの CEFR の文脈化が、必ずしも CEFR の十分な理解にもとづいていないケースも多々見られる。しかしいずれにせよ、多数の政策主体が CEFR という枠組（あるいはその背後にある複言語・複文化主義）を共有しており、それに伴い、CEFR の理念的・実践的レベルでの比較研究もますます盛んになっている。

2.2 多言語主義に関する研究

比較研究の第 2 の事例として、多言語主義をめぐる研究が挙げられる。「**多言語主義**（multilingualism）」という用語は、特定の社会内において複数の言語が使われている状況を指す。そこから派生して、そうした多言語状況に対する肯定的価値付けや、多言語状況を保護・促進するための具体的政策といった意味を持つようになった（佐野 2012: 52）。

先ほどの CEFR の例とは対照的に、多言語主義は何らかの機関が一元的に定めたものではなく、政策の方向性や概念を指すことが多い。例えば、ある政策主体が「多言語主義的な政策」を取っているならば、その政策は公用語以外の言語（少数言語、移民言語、場合によっては方言）を保護する方針を持っていると予想が立てられる。

多言語主義をキーワードとする比較研究の代表的なものとして、先述の佐野（2012）を含む 23 本の論文が収録された『多言語主義再考』（砂野（編）2012）が挙げられる。同書の特徴としては、記述される国家・地域が非常に広範で手厚い点が挙げられるであろう。多言語主義の概念は「ヨーロッパにおいて成立した「言語」観」（砂野（編）2012: 17）にもとづくものであり、欧州連合（EU）なども自身の方針として多言語主義を打ち出している。しかしそうかといって、多言語主義がヨーロッパの「専売特許」ということはな

い。むしろ世界的に見れば、ヨーロッパの言語状況は比較的シンプルなものである。

アフリカやアジアなどの様々な事例を見ることにより、多言語状況のあり方そのものが多元的であることを知ることができる。同様の長所を持つ資料として、カルヴェ（2010）と三浦（編）（1997）がある。

2.3 言語権に関する研究

比較研究の第3の事例として挙げたいのが、**言語権**（linguistic rights）をめぐる諸研究である。言語権は、その別名である**言語的人権**（linguistic human rights）が指すように、社会生活において使用する言語の選択を人権の一部と捉える。言語権の概念は、19世紀のカナダ法におけるフランス語の地位規定などにその萌芽を見ることができるものの（鈴木 2000: 3）、学界で広く論じられるようになったのは1990年代に入ってからのことである。その背景には、欧州評議会における2つの国際条約の締結（「ナショナル・マイノリティ保護枠組条約」「ヨーロッパ地域言語・少数言語憲章」、ともに1998年発効）や、1996年に採択された「世界言語権宣言」などの存在がある。後者は国際ペンクラブ、複数のNGO団体、専門家有志によって採択された文書であり、具体的な拘束力を持つものではないものの、90年代において言語権の思想が拡大し始めたことの証左の1つとして重要であろう。

日本の学界に関していえば、『ことばへの権利 言語権とはなにか』（言語権研究会（編）1999）をまずは挙げておきたい。同書第1部では、ヨーロッパの諸言語、アイヌ語、在日朝鮮・韓国人の言語状況、エスペラントに関するシンポジウム報告が掲載されており、言語権研究が最初期より比較研究の性質を持っていたことがうかがえる。また同書第3部は、1996年の「世界言語権宣言」の日本語訳をはじめ、言語権に関する重要な資料を採録している。

この翌年に出版された『言語権の構造 英米法圏を中心として』（鈴木 2000）は、日本の言語権研究における先駆的著作の1つである。著者の鈴木はすでに1970年代から言語権を軸に英米法を研究しており、同書はその集大成と呼ぶべきものである。鈴木（2000）は特にカナダ法における言語権やカナダ史における言語問題を詳細に記述しているが、その他にもアイルランド、ウェールズ、ニュージーランドなど、多彩な事例を扱っている。

第3部　言語政策研究の方法

　また、『言語権の理論と実践』(渋谷・小嶋(編)2007)の重要性はとりわけ強調されるべきであろう。同書は2名の研究者と2名の弁護士による共著であり、同書「序文」にもあるように、研究者と実務家が言語権研究で共同した初の業績である。加えて、2007年の時点ですでに手話使用者の言語権についても言及されており、日本の言語権研究の独自性・先進性を証明する著作であると言える。

　言語権ならびにこれと関連する研究は、日本における手話やアイヌ語使用者の言語権、継承語との関連、憲法学との関連など、実に多岐に亘っている。確かに、日本における言語的少数者・手話使用者の権利の軽視(第4部第4章(言語権と少数言語コミュニティ)を参照)を考えれば、言語権論における議論は十分ではないとも言えるかもしれない。しかし、「言語権」という概念を軸に多様な比較研究が行われている事実はここで確認しておきたい。

3. 比較研究の展望 —— 席次計画分析における比較研究の可能性

　ここまで、言語政策研究における比較研究の3つの事例(CEFR、多言語主義、言語権)を概観した。続いて本節では、これから期待できる比較研究のひとつとして、「**席次計画の比較**」を提案したい。

3.1　席次計画とは何か

　言語政策が策定される目的のひとつに、政策による言語の地位(席次、あるいはステータス)の確定がある。日本の状況下では俎上に載せられることは少ないが、世界的に見れば(特に多言語地域では)、言語のステータスは国家の威信やマイノリティ集団の言語権と関係しうる深刻な政治課題である。例えば、ウクライナ国家内におけるロシア語の存在などはその典型と言えるものであろう。周知のとおり、2022年2月にロシアによるウクライナ侵攻がはじまった。しかしこの侵攻以前から、ウクライナの2言語状況は同国の「分断」の象徴として、頻繁に議論の対象となってきた。むろん、2言語状況がこの侵攻の直接的な要因とは言えないであろうが、言語のステータスが持つ象徴的な影響力は決して軽視することはできない。

　いずれにせよ、言語政策のなかには「X語を国家／州の公用語とする」、「Y語をマイノリティ言語とする」といった形式で言語のステータスを法的に定

めるものも少なくない。先述のウクライナの言語状況を例とすると、同国は憲法 10 条においてウクライナ語に「国家語（Ukr. Derzhavna mova/Державна мова; Eng. State language）」というステータスを与えている。ウクライナの 2 言語状況は社会言語学的には興味深いテーマであるが、少なくとも言語政策のレベルにおいては、ウクライナの公用語は 1 つだけ（ウクライナ語）である。このように、政策を通じた言語のステータスの確定・操作は、総じて「席次計画（status planning）」と呼ばれている。

3.2 比較研究の対象としての席次計画

　言語の席次（ステータス）の比較というと、各国あるいは州の法律（言語法）の比較がまっさきに思い浮かぶかもしれない。確かに、席次計画を調査・分析するうえで法律の存在は極めて重要である。とはいえ、法律を比べればただちに席次計画の比較研究になるというわけではない。特にマイノリティ問題が関連する場合には、「法律のなかで言及しない」という方法で言語のステータスを事実上決定している場合も見受けられるからである。すなわち、マイノリティの無視や黙殺が一種のステータス付与になっている場合が存在するのだが、こうした「無視／黙殺」は法律文のみの分析では明らかにならず、対象地域に対する社会言語学的知見が必要とされる。

　本章の筆者が専門とする**ポーランド**の事例（貞包 2020）からこの事実を検証してみたい。ポーランドと日本は地理的に大きく隔たっているが、席次計画の観点から見ると、両国の言語観は非常に似ていることが分かってくる。しかも、ポーランドと日本の間のこの類似点は、法律の比較によって明らかになるものではないのである。

3.3 ポーランドと日本　席次計画の観点からの比較

　はじめに、ポーランド共和国のステータス計画から見ていきたい。同国の言語法は、主要なもので以下の 3 本が存在する。

(1) ポーランド共和国憲法（1997 年成立、2009 年最終改正）
(2) ポーランド語に関する法律（1999 年成立、2023 年最終改正）
(3) ナショナル・マイノリティとエスニック・マイノリティおよび地域言語に

関する法律（2005 年成立、2016 年最終改正）

　これら 3 本の法律のうち、(1) と (2) はポーランド語のステータスに関わるものであり、(3) はマイノリティ言語（少数言語）に関わるものである。こうして見ると、ポーランドはバランスの取れた席次計画を実施しているように見えるが、実際にはそうではない。というのもポーランドは、全人口の約 1.5 ％から 2 ％を占める自国内最大のマイノリティ「シロンスク人」とその言語の存在について、いかなる法律のなかでも触れていないからである。「シロンスク問題」と呼ばれるこの事例については、貞包（2020: 158–167）にて解説している。言語政策研究の観点から重要なのは、「ポーランド当局がシロンスク人の存在を認知していないということはあり得ない」ということである。この事実は、これまで行われてきたシロンスク人の市民団体の活動や過去の判例が物語っている。シロンスク人の政治的主張は大規模であるうえに、部分的にはポーランドに敵対的な面もあり、当局側からは一種の「脅威」とすら見なされている。ポーランドが言語法などでシロンスクの存在に触れることは、シロンスク人の存在に自らお墨付きを与えることに他ならない。言い換えれば、法律上言及しないという行為によって、「存在しない」というステータスを与えているということができる。

　席次計画を通じてみるポーランド共和国の状況は、日本と非常に似た面がある。周知のとおり、日本国内にはアイヌ語、朝鮮語はもとより、一般には「方言」と見なされながらも顕著な言語的特異性を備えた体系が存在する。琉球諸語の例はよく知られており、場合によってはケセン語の事例をここに加えることもできるだろう。この事実にもかかわらず、日本では言語のステータスについて定める法律はない。一見すると日本は明確な席次計画を持たないように見えるのだが、実際には社会生活のあらゆる部分で日本語を使用することが暗黙のうちに定められており、日本語が事実上の公用語であると言えよう。言い換えれば、法律で席次計画をわざわざ明示するまでもなく、日本語で社会生活を営むことが既成事実とされている。「日本語＝事実上の公用語」という現状は、国内の多言語性の無視により成り立つ部分は否定しがたい。

　ポーランドと日本の 2 国は、一見すると、言語政策的な観点から共通点が

ないようにも思える。しかし席次計画という観点を導入すると、両国の間の意外な共通点が明らかになる。どちらの国においても、言語的少数者の権利や存在は社会的に十分に議論されているとは言えず、部分的には無視されている場合すら見受けられるからである。この共通点は、法律の比較のみでは明らかにはならない。ポーランドの法律にはシロンスク人（語）の名前は載せられておらず、日本にはそもそも、言語のステータスを明示した法律がないためである。

4. まとめ

　言語政策のあり方は、政策主体である国・自治体の行動に大きく左右されるが、政策主体をとりまく言語外の要素（社会・政治情勢、法律など）は様々に異なっている。よって、ひとりの研究者が複数の政策主体を対等に比較することは難しい。そのため比較研究においては、多くの研究者の協働を集合知的に活用する、研究対象を絞り込むなどの工夫が必要となってくる。しかしながら、複数の政策主体を比べることで、「言語政策において何が普遍的で、何が特殊か」という点もより明確になる。比較研究の魅力はここにあると言えるだろう。

● さらに学ぶための読書案内 ●

渋谷謙次郎（編）（2005）『欧州諸国の言語法　欧州統合と多言語主義』三元社
　欧州の各国ならびに国際機関の言語に関する条約・法律を日本語に翻訳した資料集。

平高史也・木村護郎クリストフ（編）（2017）『多言語主義社会に向けて』くろしお出版
　日本国内外の多言語状況を網羅的にまとめた書籍。

第5章

量的研究

寺沢拓敬

> **ねらい**
>
> 量的研究の特徴を、他のアプローチ（とくに質的研究）と対比させながら説明する。具体的手法には深入りせず、量的研究の根本概念、すなわち、大量観察・一般化・相関と因果などに焦点を当てる。そのうえで、どういった問いが量的研究によりよくフィットするのか／しないのかを見ていく。

> **キーワード**
>
> 現象の要約、大量観察、一般化、因果推論、相関関係

1. はじめに

とある地域でとある施策を行ったので、利用者の満足度が知りたい。利用者は3人のみである。このとき、「満足度は星何個ですか？」などと抽象的な指標で問おうとする人は少ないだろう。具体的に、どう満足あるいは不満だったか、どの点は満足（不満）で、それはどういう理由なのかを深掘りすればよいからである。

この調査結果を、他の人——たとえば、上司、議員、あるいは市民——に見せるためにレポートを作成することになった。この場合、利用者の声は、可能な限りそのまま載せたほうがよいという判断になるはずだ。もちろん、そのままといっても、満足度とは無関係な世間話や脱線話などは一字一句愚直に再現する必要はなく、むしろ読みやすさを考慮してバッサリ削除すべきである。また、プライバシーへの配慮の点からも、実際の発話をかなりの程度刈り込む必要がある。とはいえ、実際の声を過度に加工するようなことは不要であるばかりか不適切に感じられると思う。ましてや、「10点満点中の

何点」のように数値に置き換えるのはリアルな声の歪曲とさえ映るだろう。

　この調査協力者が 10 人だったらどうだろうか。まだ、リアルな声の重視に分がありそうだ。では、30 人だったら。100 人だったら。1,000 人だったら……。この問いは、質的研究と量的研究の重要な分岐点を示している。現実（例、リアルな声）を描写するうえで、言葉の意味を拠り所にする質的研究と、何らかの加工作業によって得られた数値（例、満足度スコア）を拠り所にする量的研究である。言い換えるなら、現実を、質的研究は意味ベースで要約し、量的研究は数値的に要約しているのである。

　以上の特徴づけが、量的研究と質的研究を分かつ最も本質的かつ無難なポイントだと思う。しばしば、量的研究の特徴は、結果を一般化できることだと言われるが、実は正しくない。後述するとおり、一般化可能性を担保するのはサンプリング等の別の原理であり、数値に置き換えただけで一般化につながるわけではない。逆に、質的研究の特徴は、現実をありのままに記述することであるとも言われるが、これも正しくない。私たちの眼前にある現実は途方もなく複雑かつ豊かな情報を備えているが、それを論文や報告書や学会発表スピーチの文字列に置き換えた時点で、大半の情報は捨てられてしまっている。それは、量的（数値的）に要約しようが質的（意味的）に要約しようが同じことである。私たちは現実をありのままに記述することなどできず、特定の方法で切り取ることができるのみである。

　量的研究を考えるうえで、以上の区別を出発点にすると見通しが良くなるはずである。つまり、量的研究を現象の数値的な要約と定義したうえで、それとイコールではないが関連は大きい重要概念——大量観察、一般化、相関と因果——を合わせて理解することが重要である。

2. 大量観察ではじめてわかること

　数値的に現象を要約することの最大の強みのひとつが大量観察である。我々が研究対象とする知識には、大量に観察することではじめて理解できるものがある。言語政策の例で言えば、ある言語の話者の数や、特定の言語的ニーズがある人の数の把握がこれにあたる。もっとも、これが数十人規模であれば、個々の人々に丁寧に聞き取りするなど、意味ベースで理解したほうがよい場合も多いだろう。そうしたほうが、「○○語話者」や「××のニーズ」の

リアリティを一元的な数値に押し込めることなく、多様性・複雑性をある程度維持して理解できるはずである。

　しかし、意味的な要約で対応できないほど大量の人口を相手にする場合には、何らかの固定的な基準を採用したうえで、数値で要約することになる。この基準は、ある程度は恣意的にならざるを得ない。第 2 言語英語話者の数の推定を例にとろう。質問紙調査の「あなたはどれくらい英語が話せますか？」という設問に関して、「よくできる」「少しできる」と答えた人を「英語話者」と定義すると、一応の話者数は計算できる。ただし、この基準には多くの留保がつく。たとえば、「この定義は回答者の主観を見ているだけなので、客観的に見ても英語話者と言えるかわからない」「『少しできる』を英語話者に含めるのは不自然だ」「英語力を話す力だけで代表するのはおかしい」など。いずれももっともな指摘である。したがって、具体的な数値を目の前にしても、その数値は特定の測定方法に依存している事実を常に念頭に置かなければならない。分析者が気をつけることはもちろんだが、読者側にも、調査や測定の手続きを注意深く読み解くデータ・リテラシーが必要になる（なお、英語話者数推定の実例として、Bolton & Bacon-Shone（2020）が参考になる。さらに、その批判的継承として、Terasawa（2023）も参照のこと）。

　多くの留保の一方、具体的な数字が手に入ることのメリットは大きい。第一に、具体的な数値はしばしば規範的判断（政策的判断もここに含まれる）のための重要な情報になる。たとえば、同じ「××のニーズを持つ人が多い」であっても、その割合が 30 ％の場合と 95 ％の場合とでは、取るべき施策が大きく変わるはずである（後者は、速やかな対応を示唆する数値である。また、実施に向けた合意形成は、前者ほどむずかしくないだろう）。

　第二に、具体的な数値は、社会間比較を可能にするというメリットもある。事例分析的な研究では、たとえば「X 国と Y 国は英語話者が多い」は言えても、どちらがより多いかを明らかにするのは通常かなりむずかしい。しかし、数値化することで比較的容易になる。この例が示すように、私たちの直感や意味解釈は、「多い／少ない」は判別できたとしても、「ものすごく多い／多い／まあ多い」を区別することはしばしば困難である。この種の区別が重要な研究にとって、数値的な要約は強力なツールになる。もっとも、これには多大な恣意性が伴う。その恣意性を考慮に入れてもなおメリットが大きいと

判断した場合にのみ、このアプローチは採用されるべきである。

3. 一般化＝母集団推測

多数のケースを調査すると母集団に一般化ができると言われることがあるが、実はよくある誤解であり、注意が必要である。手元にある限られたデータから母集団が推測できるかどうかは、対象者の抽出法（選び方）に依存するものであり、量的研究であるかどうかや集めた数とは直接関係ない。

母集団推測にとって最も理想的な抽出法は、ランダム抽出である。方法の詳細は、サンプリング論の教科書等（例、廣瀬・稲垣・深谷 2018）を参照されたいが、手続きとして必須の点は、(1) 名簿などをもとに、母集団を具体的に確定すること、(2) その母集団から調査対象者をランダムに（＝乱数などを利用して）選び出すことである。

ただし、ランダム抽出はきわめて調査コストが大きく、言語政策研究で行われることは稀である。多くの研究者は、次善の策として、非ランダム抽出（有意抽出と呼ばれる）を用いているが、この場合、結果を母集団に一般化することはできないため、きわめて慎重に結果を解釈する必要がある。具体的にどうすべきかは状況次第ではあるものの、最低限なすべきことは、読者に対して「一般化できない以上、この結果は実態と乖離しているかもしれない」と明示することである。他方、その限界を断ったうえで、あくまで参考情報のひとつとして提示することは、多くの研究で慣例的に行われている（具体例は Palviainen & Huhta（2015）に詳しい）。とはいえ、「あくまで参考情報だから」と言うだけでは、データを非正統的に扱う免罪符にならない。有意抽出の手続き・条件を具体的に説明したうえで、どういった根拠でどの程度ならば一般化の参考になるかを詳説すべきである。

4. 因果推論

データを数値化するもうひとつの利点が、適切な手法を用いれば、統計的因果推論が可能になることである。統計的因果推論とは、文字通り、統計的に因果関係を推論することである。ここでのポイントは、あくまで因果の推測であって観測や証明ではない点である。つまり、因果関係は触れたり眼で直接観測したりできないので、データに含まれる変数間の相関情報を利用し

て、背後に潜む因果関係を推測するしかない。この推論の優劣は、調査デザインおよび統計手法に依存する。適切な調査デザイン・統計手法を使っていれば、その因果推論も信頼できる一方、条件を満たしていないほど信頼度は下がる。最も代表的かつ強力な因果推論手法が、ランダム化比較実験である（デュフロほか 2019）。しかし、言語政策研究において実験は一般的ではないため、通常は、観察調査データ（＝非実験データ）を用いることになる。

観察調査データが厄介なのは、とくに工夫がないと見かけ上の因果と真の因果を区別できない点である。現に、政策の中には、実際には効果がなかったのに、統計のマジックで表面上は有効だったかのように見えてしまうものがよくある。こうした見かけ上の因果の可能性を排除して、より実態に肉薄した因果関係を探りあてるのが、統計的因果推論の諸手法である。その詳細を論じる余裕はないので概略だけ述べると、事前の綿密な調査デザイン（＝因果推論に必要な仕掛けを調査に組み込む）、および、高度な統計分析手法（＝調査から得られた相関データを統計処理することで、因果関係を見出す）が重要である（中室・津川 2017, パール・マッケンジー 2022）。

言語政策研究はこれまで、歴史研究・事例研究・質的研究が中心だったこともあり、統計的因果推論は必ずしも盛んではない。しかしながら、以下のトピックには関係が深いだろう。第一に、政策評価である（第2部第4章）。政策評価は、ある政策・施策が成果（あるいは副作用）を生んだか否かという問いを扱う。これは因果関係を前提にしており、因果推論と相性が良い。第二に、近年勢いを増している EBPM (evidence-based policy making；根拠に基づく政策決定) も因果推論を前提にしている。言語政策研究者自身が量的データを駆使して EBPM に取り組む可能性ももちろんあるが、それ以上に重要だと思われるのが、隆盛しつつある EBPM の語り方の特性を理解して、その限界をきちんと把握しておくことである（亘理ほか 2021, Terasawa 2019）。というのも、EBPM には、政策ツールとしての有能さだけでなく、問題点がすでに多数指摘されているからである（杉谷 2022）。批判的に EBPM を理解するには、因果推論の基礎的な知識が不可欠である。

5. 量的研究が扱う言語政策的トピック

本節では、どのようなテーマで量的研究が使われるかを見ていこう。もっ

とも、適不適はさておき、あらゆる現象は数値的に要約可能であり、理論上は量的研究の射程内にある。しかしながら、実際には特定のトピックとの相性はある。なかでも、(a) 政策評価、(b) 言語計画への言語(学)的知識の提供、(c) 政策立案・政策批判への知識の提供という3つのトピックがとくに重要と考えられる。

(a) 政策評価は、前述のとおり、統計的因果推論に基づくことが多く、量的研究と相性が良い。また、情報伝達上のストラテジーとしても量的研究は重宝される場合がある。たとえば、政策評価レポートの読者には、研究者だけでなく、専門知識を持たない人々（市民、行政関係者、政治家、ジャーナリスト）も含まれる。この場合、研究者を相手にする時よりもいっそうわかりやすく情報を要約することが求められる。その場合、数値的な要約は、しばしばナラティブによる要約よりも好まれることがある。

(b) 言語計画、とりわけ実体計画（第1部第3章参照）では、実際の言語資料が必要になる場合がある。その場合、コーパス言語学（実際の言語使用を言語資料＝コーパスに基づき分析するアプローチの総称）の知見は重要になる。コーパス言語学は量的手法が支配的な分野である。

(c) 特定の言語計画施策を立案、実施、あるいは批判する際には、当該社会の言語政策に関する情報（いわゆる「inの知識」、第2部第2章参照）が重要である。たとえば、当該社会に関する社会言語学的調査は不可欠である（例、話者数調査、家庭や職場内での言語使用調査）。また、特定の政策に対する人々の行動や態度に関心がある場合、世論調査・意識調査、あるいは、メディア上の意見の集計・分析も必要だろう。

6. 研究手法

最後に、言語政策研究でよく使われる量的研究手法について簡潔に紹介する。以下、直接の調査対象が人間であるものとそうでないものに分けて説明する。まず、人を対象にしたもの、つまり、言語や言語政策に関する人間の行動・態度・信念を研究する手法としては以下のものが一般的である。

国勢調査や**官庁統計**などの政府統計は、当該社会の状況を知るうえで最も信頼できる情報のひとつである。最も一般的なのは、ウェブサイトや政策文書に掲載されている集計済み数値の利用である（Zhou 2015）。他方、すべて

の政府統計でこれができるわけではないが、調査の個票データを政府等に請求申請し、集計前の個票データを研究者が独自の視点で分析する2次分析も可能である。たとえば、米国やカナダの国勢調査には言語関係の設問が含まれており、その個票データをもとに実証分析を行っている研究者もいる（e.g. Chiswick & Miller 2007）。

社会調査の2次分析は、他の研究者や研究機関が行った大規模社会調査（多くはランダム抽出調査）の個票をデータアーカイブ経由で入手し、研究者が独自の視点で分析するものである（佐藤・石田・池田（編）2000）。また、日本の社会言語学的状況や日本人の言語学習観を分析した寺沢（2015）の研究は、すべて2次分析で行われており、分析事例の参考になるだろう。

上記以外の**質問紙調査**（**アンケート調査**）では、研究者が独自の視点で調査（対象者、サンプリング、質問紙配布方法等）を設計し、質問項目を作成し、調査を実施する。ランダム抽出による大規模調査として、ユーロ・バロメーターの言語調査（Europeans and their Languages, https://europa.eu/eurobarometer/surveys/detail/1049）、国立国語研究所の鶴岡調査（https://mmsrv.ninjal.ac.jp/tsuruoka/）、NHK放送文化研究所の言語意識関係の調査（https://www.nhk.or.jp/bunken/research/kotoba/index.html）などが参考になる。他方、小規模のもの（研究者が自分の調査地で質問紙を配布する調査）であればすでに数多くなされている。ただし、こちらはランダム抽出が行われていないことが多いため、母集団への一般化はできない。

他方、人以外（とくに文書）を対象にした手法のうち、言語政策研究でよく使われるもののひとつが、**計量的内容分析**である。これは、メディア（新聞、雑誌、ソーシャルメディア等）に表出した人々の意見・態度・感情を、何らかのコーディングをすることで数値に置き換えて分析する手法である（有馬2021）。母集団の確定や因果推論は非常に困難であるため、本章で提示した量的研究のメリットはあてはまりにくいが、研究課題にうまく適合すれば強力なツールとなり得る。とくに、歴史的な問いと相性が良い。過去の人々の声を量的に把握するのは、本手法以外ではほぼ不可能だからである。

最後に、**コーパス分析**は、特定の言語が実際にどう使われているかをコーパスに基づいて検討する分析の総称である。コーパス分析から得られた言語学的情報は、特定の言語への介入的政策を考えるうえで重要となる。

7. まとめ

　量的研究、つまり、現象を数値的に要約することの強みを、各手法との対応関係を軸にまとめたものが以下の表である。大量観察は、あらゆる量的手法が兼ね備える本質的強みであることがわかる。一方、母集団推測（一般化）や因果推論は、特定の条件でのみ可能であるか、そもそも不可能である。つまり、数値データを使うからと言って、自動的に一般化や因果推論が可能になるわけではないのである。

	大量観察	母集団へ一般化	因果推論
政府調査（集計値）の利用	○	○	×
社会調査・政府調査の 2 次分析	○	○	△ or ×
独自の質問紙調査	○	△ or ×	△ or ×
計量的内容分析	○	×	×
コーパス分析	○	△ or ×	×

○：多くの場合可能　　△：特定の対処をした場合のみ可能　　×：不可能

　このように、量的研究は非常に強力な強みを持っているが、その強みは特定の条件でのみ発揮されることは常に念頭に置くべきである。さらに、こうした強みは、数値化に伴う種々のデメリットとも表裏一体である。言語政策研究が対象にする現象には、数値化になじまないものも多い（第 3 部　第 2 章、第 3 章、第 4 章参照）。手法の選択には慎重な判断が求められる。

● さらに学ぶための読書案内 ●

筒井淳也（2023）『数字のセンスを磨く―データの読み方・活かし方―』光文社
　　言語政策論ではないが、本章で紹介した概念のほとんどは本書で詳述されている。

第4部
言語政策研究の最前線

　第1部から第3部までは、総論や研究の枠組み、あるいは方法論という、俯瞰的な視点から、言語政策や言語政策研究について述べてきた。それに対して、第4部では、言語状況や言語問題の事例を扱う研究が、実際にどのような形をまとうのか、最前線の研究動向をもとに紹介する。

　本章で扱うテーマは多様である。言語関連の技術標準化、外国語教育の制度、多言語主義・複言語主義、言語権と少数言語、言語サービス、外国人移住者に対する日本語教育、継承語教育、異言語間接触、コミュニティレベルの言語政策、差別と言語といった、幅広い事例を取り上げる。

　さらに、6つのコラムで個別の研究事例について紹介する。中川洋子先生には高校の英語教科書に取り上げられる題材について、今千春先生には外国人移住者の帰国後の日本語使用について、神吉宇一先生には日本語教育をめぐる法整備の問題について、中川康弘先生には継承語教育における標準変種と非標準変種の関係について、村田和代先生には外国人がいる職場のコミュニケーションと人材育成について、そして、山本冴里先生にはサイバー空間での排外的言説の生成について、それぞれ自著紹介の形でコラムを書いていただいた。

　読者のなかには、自身が関わりをもつ職場、地域、あるいは家庭での言語状況や言語問題が、言語政策研究のテーマになりうるのではないかという漠然とした問題意識から本書を手に取った方も少なくないことと思う。そのような問題意識が、第4部のさまざまな研究事例を参考として、新しい形の言語政策研究に結びつくことを期待する。

第1章
言語と国際標準

井佐原均　神崎享子

> **ねらい**
>
> 言語はコミュニケーションのツールであり、人と人、あるいは人とコンピュータが情報伝達する場合には共通の約束事が必要である。ここではグローバル社会における共通の約束事である国際標準について、必要性、組織、具体例について概観する。

> **キーワード**
>
> 国際標準化、ISO、自然言語処理、テキストへの情報付与、翻訳サービス

1. はじめに

　言葉を標準化するあるいは何らかの形で規格化し制限するといった場合、ひとつには正しい文法や辞書を定め、ある用法は正しい、あるいは正しくないと判定することが考えられる。このように言葉の成否を定めることは創造性を制限することにつながるという意見もあろう。とはいえ、限定されたコミュニティの中での言葉の使用や特定の目的を指向しての言葉の使用の場合には、言葉の使い方を制限することが有効となる場合がある。たとえば日常会話においては「昼前」という語が示す時間帯を厳密に規定して使うわけではないが、天気予報では9時から12時を示すといったことがある。この場合、話し手と聞き手がそれぞれの自由な判断で時間帯を決定しては情報伝達が正しく行われない。また最近では人間がコンピュータに語りかけたり、文をタイプ入力したりすることが行われるが、現状の言語解析システムは完璧ではなく、短く曖昧性のない文を入力した方が誤りが少ない。これらの例の場合は用いる文法や辞書を制限することが有効となる。

第 1 章 言語と国際標準

　もうひとつの標準化の観点は、言葉を分析したり、蓄積したり、加工したりする場合である。現代では多くのテキストがコンピュータ上に蓄積されているが、文字をどのようにコンピュータの中で表現するかといった**文字コード**の標準化が必要である。また、コンピュータによる情報検索や機械翻訳においては、テキストを分析し、文に品詞情報や構文情報を付与するが、その表記法や品詞体系の標準化も必要である。

　本章では、これらの標準化の考えのうちで、標準化機関による言語に関する**国際標準化**として、コンピュータへの入力としての言語の標準化と、コンピュータで表現される対象としての言語の標準化について述べる。

2. 国際標準化

　製品やサービスの計量・試験方法、互換性・相互接続性、品質・安全、マネジメントシステムなどに関して国際的に認められた規格を国際標準 (global standard) という。文明の発展に伴い、多くの製品やサービスが生み出され、それらが国境を越えて流通することになり、共通の約束事として、国際標準が生み出された。標準化によって、市場の拡大、低コスト化、技術の普及、品質向上、安全確保などの効果が期待される。

2.1 国際標準化の重要性

　近年、産業界を中心に**国際標準化**の重要性が注目されている。新しい製品やサービスができた初期には参入するそれぞれの企業が独自の規格で製品やサービスを投入するが、市場競争を経て、ある規格に沿った製品が生き残る。このような規格をデファクト・スタンダード (de facto standard、「事実上の標準」) と呼ぶ。一方、公的な標準化機関によって作成された規格をデジュール・スタンダード (de jure standard) と呼ぶ。標準化機関での議論によって規格を定めなくても、技術力によってデファクト・スタンダードを得ることができれば良いという考え方もある。たとえばコンピュータのオペレーティングシステムである Windows はデファクト・スタンダードの例である。技術革新の速度が加速し、速やかな合意構成が必要となっており、公的な標準化機関が定めた規格ではなく、企業間の合意による規格形成も行われる。Bluetooth の規格がその例である。

第 4 部　言語政策研究の最前線

　近年、各種の製品やサービスが国際的な経済環境やネットワークと密接に関わるようになってきている。たとえば、我々の生活に必須のものとなりつつあるスマートフォンの場合、その通信方式の規格は必須である。様々なサービスがスマートフォンのサービスとして実装されており、それらの規格に沿うことも必須である。多くのサービスが存在することから、ひとたび規格が確立してしまうと、たとえ単体としての技術的優位性があるとしても、市場を手に入れることは困難である。デファクトであれデジュールであれ、規格作成の初期から議論に加わり、自らに有利な国際標準を策定する、あるいは不利な国際標準を作らせないことが必要である。これについては次節で触れる。また製品やサービスのコストや供給力など、その規格が受け入れられるための環境づくりも重要である。

2.2　国際標準化組織

　WTO（世界貿易機関）は TBT 協定（貿易の技術的障害に関する協定）の下で 8 つの**国際標準化**機関を公式オブザーバーとしている。それらのうちで産業やサービスに関する標準を扱うものとして、ISO、IEC、ITU がある。

　IEC（International Electrotechnical Commission、国際電気標準会議）は電気・電子技術に関する国際規格を開発している。ITU（International Telecommunication Union、国際電気通信連合）は通信分野の標準を開発している。**ISO**（International Organization for Standardization、**国際標準化機構**）は電気・電子、通信を除く全分野に関する国際規格を開発しており、それぞれの標準化作業は担当する専門委員会（TC：Technical Committee）で行われる。ISO は元々は「モノ」を対象に規格を開発していたが、現在は組織の品質活動や環境活動を管理するための仕組み（マネジメントシステム）についても ISO 規格が開発されている。ISO と IEC は情報技術や再生可能エネルギーなどの分野においては共同で規格を開発している。ISO も IEC も我が国からは、**日本産業標準調査会**（JISC、Japanese Industrial Standards Committee）が参加している。ISO には 20 の理事国があり、我が国は米国、ドイツ、フランス、英国、中国とともに常任理事国である。IEC には 15 の評議国があり、我が国は ISO と同じメンバーとともに常任評議国である。

　また日本国内の規格として、**JIS 規格**（Japanese Industrial Standards、日本

産業規格）がある。JIS 規格は長らく日本工業規格と呼ばれてきたが、我が国の国内総生産の 7 割がサービス業によって生み出されるといった社会の変化により、2019 年に法改正を行い、日本産業規格と改称された。この時、日本工業標準調査会も前出の日本産業標準調査会へと改称された。

　規制や規格が各国で異なると国際貿易が必要以上に妨げられることがある。そのため、WTO/TBT 協定の加盟国は国内規格を作成する場合は関連する国際標準に基づいて作成しなくてはならない。国際標準の優位性と呼ばれる。JIS 規格も例外ではなく、対応する ISO の標準等に準拠して作成される。

2.3　言語に関する国際標準化活動

　ISO で言語を主たる対象として扱う専門委員会（TC）としては、**TC37**（Language and terminology）があげられる。TC37 は用語やコンテンツ資源全般、翻訳・通訳など、言葉に関する標準化を広く取り扱う専門委員会である。TC は設置順に番号を付ける。TC37 は TC1（Screw threads、ネジの標準化）などとともに 1947 年に設置されたもっとも古い TC の 1 つである。

　現在、TC37 には投票権のある P-member（Participating member）が 37 か国、投票権のない O-member（Observing member）が 27 か国あり、以下の 5 つの分科委員会（SC：Sub Committee）から構成されている。各 SC には作業グループ部会（WG：Working Group）が設置されている。WG は SC 内だけではなく、TC の直下に置くこともできる。

SC1 Principles and methods（一般原則と手法）
SC2 Terminology workflow and language coding（用語ワークフローと言語コード）
SC3 Management of terminology resources（用語資源の管理）
SC4 Language resource management（言語資源管理）
SC5 Translation, interpreting and related technology（翻訳、通訳及び関連技術）

　TC37 はこれまで 80 を超える国際標準を発行し、30 を超える国際標準を作成中である。SC2 から SC4 は主としてコンピュータで利用する言語資源（テ

キストや辞書など)を対象としている。SC5 は 2012 年に SC2 から独立し、社会の国際化に伴い重要性が増した翻訳・通訳に関する標準化を行っている。

3. 言語の標準化

　本節ではコンピュータに言葉を処理させようとした場合に国際的な標準が必要となることをいくつかの標準を例に述べる。言語やそれを取り巻く環境は言語や国によって異なる。このため標準を作成する段階での議論や交渉が必要となることにも触れる。

　情報検索、機械翻訳、音声認識、対話など、精度向上が著しい**自然言語処理**はこのような標準化されたデータ (膨大なテキストなど) を用いることで実現された。自然言語処理の全容を理解するには黒橋 (2023) を、社会実装の例について知るには井佐原 (2021) を参照されたい。

3.1　文字コードの標準化

　コンピュータに文字を覚えさせるための標準について述べる。これが標準化されていないと、ある文字が別のシステムでは別の文字になってしまうといった問題が発生する。コンピュータの中でデータは 1 か 0 かの 2 進数で表現される。数字であれば、そのまま 2 進数表現すればよい。テキストは文字列で表されるので、言葉をコンピュータに記憶させるには文字を 2 進数で表現することになる。どのように文字と 2 進数を対応付けるかを定めた規則を**文字コード**と呼ぶ。コンピュータ用の文字コードとしての初期のものに 1963 年に制定された ASCII (American Standard Code for Information Interchange) がある。ASCII は 0 から 127 までの 128 個の数のそれぞれに英語のアルファベット 26 文字の大文字と小文字、0 から 9 までの数字などを対応付けている。ASCII は英語のみを想定したため、漢字や仮名文字はもちろん、フランス語の綴り字記号やドイツ語のウムラウト付き文字も表現できない。

　これらを表現するために、様々なコードが独自にあるいは ASCII の拡張として開発された。独自に作られたコードでは、ある 1 つの数が表す文字が ASCII コードとは異なることがあり、どのコードを使っているかが分からなければ、適切な文字を決定できない。複数の言語の文字を同時に取り扱う場合には、言語が変わるごとに何らかの信号を送って文字コードを切り替える

方法もあるが、すべての言語を統一的に取り扱うコードとして、Unicode が提案された。1つのコード体系ですべての言語の文字を表現するために、ある文字を表すコードが長くなる（大きな数値となる）こともある。

3.2　テキストへの情報付与の標準化

　テキストに付与する情報が標準化されていれば、データを複数のグループで共有することが可能になり、研究開発の効率化が可能となる。近年、機械学習を用いることにより、人工知能技術の1つである自然言語処理技術の性能が大幅に向上した。機械学習においては多くの場合、正解情報の付いたデータを用いる。自然言語処理の最初の処理として、単語の切り出しと品詞の付与を行う形態素解析がある。ここでは形態素解析の正解データ（たとえば、「本を読む」⇒「本（名詞）」「を（助詞）」「読む（動詞）」）を大量に用いて、学習を行う。ここで形態素情報の表記法がデータごとに異なっていては複数のデータを使おうとした場合に、使えなかったり、変換の手間がかかったりする。このようなことを避けるために情報付与体系の標準化が行われる。たとえば、ISO では単語区切りに関する標準を作成した（ISO 24614 Language resource management—Word segmentation of written texts—）。ここではまず単語分割の基本的な概念と一般原則を示し、言語に依存しないガイドラインを提供することによって、信頼性が高く再現可能な方法で文章を単語分割単位に分割できるようにする。次に単語の間に空白を置かない中国語、日本語、韓国語を単語分割単位に分割するルールを規定している。

　先に述べたように、人間同士のコミュニケーションにおいても、言語表現を制限した方が良い場合がある。最近では「やさしい日本語」などの動きがある。企業の文書などでも分かりやすさが重視される。テクニカル・コミュニケーションなどが典型であるが、最近は世界的に"**plain language**"の動きが進んでいる。コンピュータに入力するテキストとしても機械翻訳などを念頭に置いた言語表現の規格が検討されている。ISO TC37 においても、翻訳志向のテキスト記述法（Translation-oriented writing—Text production and text evaluation）の標準の開発が行われている。また、制限言語に関しては ISO 24620 Language resource management—Controlled human communication（CHC）—として、基本概念と原理、話し言葉の標準、文のスタイルの標準

が発行され、テキスト中の個人情報の検出と保護の標準が開発中である。また "plain language" に関しても、ISO 24495–1: 2023 Plain language―Part 1: Governing principles and guidelines が発行され、現在、法律文書と学術文書のそれぞれを対象とする標準が開発中である。

3.3 翻訳サービスの標準化

　言語そのものではなく、言語サービスに関する国際標準化の例として、**翻訳サービス**の標準について述べる。翻訳に関して中心となる規格は、ISO 17100 Translation services―Requirements for translation services である。これは品質の高い翻訳サービスに必要な翻訳実務者の力量・資格、プロジェクト管理方法、文書・記録の管理、セキュリティを含む技術的資源等について規定したもので、2015 年に制定され、2017 年に追補が発行された。翻訳サービス提供者（TSP：Translation Service Provider）がこの標準に規定された人的資源（翻訳者、チェック者、プロジェクトマネージャーなど）、技術的資源、及び業務プロセス（準備段階、制作段階、制作後）の条件を満たすことで、その翻訳プロセスの質が高いことを証明できる。

　この標準の成立までには日本からも日本翻訳連盟を中心に積極的に関わった。海外では翻訳専攻を持つ大学が多く、翻訳者には学位を持つ人も多い。このため、国際標準における翻訳者の要件として、学位や教育に関する基準を入れようとする動きがあった。残念ながら日本にはこのような基準に合う翻訳者は少なく、このような基準が定まると日本にとっては参入障壁となることが予想された。このため、日本の翻訳サービス業が対応可能な基準となるよう、日本からの専門家たちは他国の専門家やキーパーソンに日本の状況を説明し、説得した。言葉に関する標準化においては、言語や環境の異なりから、各国の事情が十分には理解されていないこともある。本件に限らず国際標準化活動に積極的に参加することが、自国の保護のためには重要である。

　ISO 17100 は法人、個人事業主、翻訳担当部署などを対象に日本規格協会ソリューションズ株式会社が認証を行っている。この認証は法人、個人事業主、翻訳担当部署などが対象である。日本規格協会ソリューションズ株式会社は翻訳実務者の力量・資格、業務プロセスの管理状況を定期的に審査し、それら対象が、ISO 17100 の規格要求事項に適合した翻訳サービスを提供し

ていることを確認・評価する。既に認証を受けた件数は50件を超えている。

ISO 17100は日本産業標準調査会の審議を経て、2021年3月に経済産業大臣が制定した日本産業規格（JIS Y 17100: 2021 翻訳サービス―翻訳サービスの要求事項）となった。

4. おわりに

適切な国際標準の作成は人間の社会活動に寄与することはもちろん、国の国際競争力にも直結する。人工知能関連の技術やサービスが極めて速い速度で変化しつつある状況の下、デファクト・スタンダードを目指すか、デジュール・スタンダードを目指すかも重要である。標準化は国策として進めるべきものであり、我が国においても、**経済産業省**の委託事業として、「政府戦略分野に係る国際標準開発活動」などが行われている。今後は我が国の将来に直接貢献するような国際標準を日本提案で制定していくことが必要であろう。TC37においても、本章で述べた標準化のほか、観光情報の提供に関する国際標準の提案などを進めている。

広く言語情報処理の将来について言えば、ChatGPTなどの生成的人工知能の発達が著しい。正確な対訳や正しい文章といった機械学習に適したデータを大量に収集し、それらを用いて深層学習を行うことにより、様々な言語サービスが可能となる。その一方で生成的人工知能の誤りやヒトの感性の処理など、的確な評価が難しい事柄も発生する。ISOでもIECと共同でJWG（Joint Working Group）を立ち上げるなど、**自然言語処理**の評価法についての標準化の検討を行っている。

● さらに学ぶための読書案内 ●

ISO/TC37（Language and terminology）. https://www.iso.org/committee/48104.html
テキスト情報付与や翻訳サービスなど言語関連の標準化を行うTC37のページ。ただし、個々の標準は有償配布。

第2章

外国語教育

下 絵津子

ねらい

日本の外国語教育は、英語一辺倒と批判されるが、その傾向は明治期以来継続して強化されてきた。その経緯を確認し、外国語教育政策の形成過程を概観する。また、戦後の教育を中心に、政策形成におけるアクターを論じ、学習指導要領に関する研究などを紹介し、今後の研究課題を検討する。

キーワード

英語偏重、多様化推進、一外国語主義、複数異言語主義

1. はじめに

　本章では、日本の初等・中等・高等教育、特に小学校・中学校・高等学校・大学の教育に関する外国語教育政策を扱う。学習指導要領改訂の変遷を確認すると、外国語教育においては、英語教育が強化されるばかりで、**LOTE**(Languages Other Than English)と称される英語以外の外国語の教育は周辺的な位置づけにとどまっている。「外国語＝英語」といえるほど**英語に偏重**にする外国語教育について「英語だけでよいのか」を追求し、多言語世界を支える理念の構築・考察や現状の把握から方法を探求する研究——例えば、森住・古石・杉谷・長谷川(2016)や鳥飼・大津・江利川・斎藤(2017)——が、複言語主義・複文化主義の浸透とともに広がっている。下(2021, 2022)では、歴史的背景の考察や会議録等の一次資料分析を利用した歴史的アプローチでこの問いに迫った。これらをもとに、第2節でまず明治以降の近代教育における外国語教育政策の形成の仕組みを概観する。

　第3節以降では、戦後の学校教育を中心に説明を続ける。外国語教育政策

に関わる**アクター**(政策過程に参加する組織や人)について、中央政府の動きだけでなく、そのほかに検討すべきアクターが種々存在することを確認する。そして、小学校・中学校・高等学校と、大学の外国語教育を対象とした政策に関する研究を紹介し、今後の研究の展望を考える。

2. 近代教育における外国語教育政策の形成

英語一辺倒の日本の外国語教育は、近代教育制度整備の早い段階で確立していた。本節ではその過程を、**英語化**を軸に確認する。

2.1 明治期からの英語化

1871(明治4)年、明治政府が文部省を設置し、1872(明治5)年に学制を発布したことにより近代学校制度が創設、国家レベルの教育政策が開始された(文部省 1972: 113)。1879(明治12)年には、学制に代わり教育令が公布され、森有礼初代文部大臣のもと、1886(明治19)年に帝国大学令、師範学校令、小学校令、中学校令が公布され、近代学校制度が整備されていく。

明治期の英語化の重要な節目の1つが、英学本位制の確立である。1873(明治6)年に、文部省が、専門教育の教育言語を英語に一本化するよう開成学校に通達を出したことを指す。西洋文化・文明の移入にあたり、英語・ドイツ語・フランス語の3言語が高等教育で重視された一方、この方針が採用された背景には経費の問題があった。1880年代には、日本語が教育言語となり英学本位制は終焉を迎えたが、その間、英語は、英語で専門科目の内容を学ぶ「英学」から1学科目としての「英語」へとその位置づけを変えた。

そして、同時期、英語は、初等教育・中等教育で教えられるほぼ唯一の外国語となる。小学校では、地域差はあるが多くの高等小学校で英語が加設された。1911(明治44)年に選択科目の「商業」に取り込まれるものの、初等教育における外国語教育の議論は、存廃論を含め、たいていの場合、英語教育についての議論であった。中学校では、1881(明治14)年制定の中学校教則大綱で、中学校の学科目に「英語」が示された。翌年には、英語を欠く場合、および、英語に代えてフランス語またはドイツ語を教授する場合を認める文部省達が出されたが、1886(明治19)年の尋常中学校ノ学科及其程度では、第一外国語が英語と定められた。1894(明治27)年の尋常中学校ノ学科

及其程度の改正では、学ぶべき外国語は1言語となった。英語が指定されたわけではないが、すでに、英語を教えている中学校がほとんどであり、それまでの2言語から1言語に減少したことで、その1つの外国語の授業時間は増加した。国家主義と評される井上毅文部大臣のもとで、結果として、英語が強化された。

また、高等学校において、学ぶべき外国語は1つでよいとする**一外国語主義**が採用されたのは、1919（大正8）年のことである。前年12月の臨時教育会議の答申に基づいて高等学校令そして高等学校規程が制定されたが、この規程にて、英語、ドイツ語、フランス語の3言語のうち、第一外国語は必修科目、第二外国語は随意科目と示された。学ぶべき外国語が1言語となったとき、最も選ばれるのは英語であった。そして、この一外国語主義が、日本の外国語教育の標準的な方針として、初等中等のみならず戦後の大学教育を含むすべてのレベルで浸透していった。

2.2 戦後の国家政策

戦後は勅令に代わり法律が定められ教育改革がなされた。1947（昭和22）年、連合国最高司令官総司令部（GHQ）による占領下（期間：1945年～1952年）、教育基本法が制定され、それに基づき、新制の中学・高校・大学が発足した。そして、学校教育法により具体的な改革が進められ、学習指導要領により教育課程の基準が示された。学習指導要領は、当初の「試案」の用語が削除されて以降、**法的拘束力**を持ち、約10年ごとに有識者や専門家らによる検討や一般国民の意見回収過程を経て改訂される。

外国語教育に関しては、1947（昭和22）年度の学習指導要領（試案）で、中学校の選択教科として「外国語」が配置された。各科目編では「外国語」は「英語編」のみが作成された。しかし、1958（昭和33）年の学習指導要領（「試案」の用語は削除）には、ドイツ語とフランス語の説明が含まれており、その後、1989（平成1）年告示の学習指導要領まで、内容に変更があるものの説明の掲載は続く。ドイツ語とフランス語の内容が削除され、英語とその他の外国語という区分に分けられるのが、1998（平成10）年の改訂である。この改訂で、「外国語」が中学校での必修教科となり、原則、英語を教えることとなった。

第 2 章　外国語教育

　高等学校についても、言語の種類と位置づけについては中学校と概ね同じである。1956（昭和 31）年から 1989（平成 1）年に告示された学習指導要領では、英語のみならず、ドイツ語・フランス語に関する説明が含まれた。しかし、1998（平成 10）年度の改訂で、ドイツ語・フランス語は英語以外の外国語に組み込まれ、英語と「その他の外国語」に区分けされた。1998（平成 10）年度の改訂以降、高等学校では、英語の科目が、すべての生徒に履修させる科目として指定されている。

　小学校については、「外国語」が学習指導要領上で初めて言及されたのは 1998（平成 10）年である。この要領で導入された「総合的な学習の時間」の国際理解教育の例として「外国語会話」が記載された。英語という言語の指定はない。その後、2008（平成 20）年 3 月告示の学習指導要領により、2011（平成 23）年から英語を原則とする「外国語活動」を 5・6 年生に、2017（平成 29）年 3 月告示の学習指導要領により 2020（令和 2）年から、同じく英語を原則とする「外国語活動」を 3・4 年生に、教科としての「外国語」を 5・6 年生に導入することになった。

3.　戦後教育における外国語教育政策形成におけるアクター

　次に、戦後日本の外国語教育を中心に、これまでの研究で指摘された主導の型とともに、政策形成におけるアクターを確認する。

3.1　政府諮問機関と主導の型

　学習指導要領の改訂に関わる中央教育審議会は、文部科学大臣の諮問機関で、同様の機関として、過去には、高等教育会議（1896 〜 1913）や臨時教育会議（1917〜1919: 内閣総理大臣の諮問機関）などが存在した（文部省 1972: 240）。いずれも政策決定に関わるアクターである。1984（昭和 59）年に設置された臨時教育審議会もその 1 つで、小学校の英語教育や外国語の多様化など、外国語教育の方針に影響を与える項目が答申に含まれた。

　戦後半世紀の日本の外国語教育政策については、小池（1995）が、**文部省主導型**で進んできたと説明した。日本には外国語教育政策を長期的に調査・提案する政府機関が存在せず、一定の期間問題を検討する調査研究協力者会議——1960（昭和 35）年発足の英語教育改善協議会や 1974（昭和 49）年発足の英

語教育改善調査研究協力者会議など——が具体的提案をしてきた。基本的には、文部省の判断で重要な課題が選定され、問題によっては都道府県の教育委員会と連携する。つまり、主導は文部省であった。

ところが、21世紀に入り、**官邸主導型**で外国語教育の重要な方針が定まるようになった（江利川 2022）。2000年代以降に内閣が設置した機関に、教育再生会議（2006〜2008：第1次安倍晋三内閣）・教育再生懇談会（2008〜2009：福田康夫内閣）・教育再生実行会議（2013〜2021：第2次安倍内閣）がある。第2次岸田文雄内閣では、教育再生実行会議が廃止され、教育未来創造会議が内閣に設置された（2021〜）。これらの設置により、内閣の機能が強化された教育改革が、2000年代以降に見られる「官邸主導体制」（勝田 2023: 3）の特徴である。

官邸主導の改革では、2020年に導入予定であった大学入試での外部試験利用の計画は破綻したが、小学校での「外国語＝英語」の教科化や、中学校英語授業を英語で実施する方針の導入、英語教員・生徒の英語力の目標がTOEICの点数など民間試験の資格で示され、その活用が促進されるなど、官邸主導のトップダウンで英語教育が強化された（江利川 2018 も参照）。

3.2 英語化と多様化推進の動き

では、英語化だけが大きな動きだったのだろうか。必ずしもそうとはいえない。1980年代以前は、平泉・渡部論争（1974〜1975）に見られるように、当時の中学校1年生程度以上の英語力は全国民に必修としないという考えが国会議員に支持されもした。

しかし、1980年代以降は、「英語」を必須とすることを前提に、政府・経済界・民間社会の議論が進む。1991（平成3）年には**大学設置基準の大綱化**により大学に対する国の規制が緩和され、大学の英語以外の外国語の教育が縮小するきっかけとなったが、それにより、大学外国語教育の英語化が進んだ。2000（平成12）年以降の国の政策には、2003（平成15）年の「「英語が使える日本人」の育成のための行動計画」、2011（平成23）年の「国際共通語としての英語力向上のための5つの提言と具体的施策」、2013（平成25）年の「グローバル化に対応した英語教育改革実施計画」、そして2011（平成23）年小学校での英語を原則とする外国語活動の導入、2020（令和2）年同じく小学

校での英語を原則とした教科としての外国語教科の導入と、英語化は強まるばかりである。

　一方、英語化に対抗する動きは少なくない。1988（昭和63）年の臨時教育審議会答申で、英語にとどまらない多様な外国語教育を推進する必要性が指摘され、1991（平成3）年には外国語教育多様化研究協力校の指定が開始、1997（平成9）年に大学入試センター試験の外国語に中国語、2002（平成14）年には韓国語が追加され、2002（平成14）年から2007（平成19）年には高等学校における外国語教育多様化推進地域事業が実施されるなど、外国語教育の**多様化**を進めるため、周辺的な支援が提供された。

　学会活動等の多様化に向けた動きには、日本私学教育研究所の中等教育における英語以外の外国語教育推進活動や、国際文化フォーラムによる中国語や韓国語版から始まった多様な言語の学習のめやすの作成がある。2012（平成24）年には、多様な外国語教育の推進を目的に一般社団法人日本外国語教育推進機構（JACTFL）が設立された。日本言語政策学会（JALP）では、多言語教育推進研究会が発足し、2014（平成26）年に、「グローバル人材育成のための外国語教育政策に関する提言 —— 高等学校における複数外国語必修化に向けて —— 」を下村博文文部科学大臣（当時）らに提出している。ヨーロッパで提唱される複言語・複文化主義の日本への紹介・導入とともに、外国語教育の多様化を推す動きは、社会のさまざまな場で脈々と続いている。

4. 外国語教育政策に関するこれまでの研究

　本節では、戦後の教育を中心に、その対象を小学校・中学校・高等学校と大学の教育に分けて紹介する。

4.1 小学校・中学校・高等学校の教育

　小・中・高の教育については、学習指導要領の変遷に関連して政策を明らかにする研究がある。英語以外の外国語に焦点を当てた神谷（2020）や、英語に偏重する外国語教育の問題点を分析した川又（2014）などである。また、学習指導要領の改訂に関わった審議会の議論を分析した研究として、例えば、上村（2014）は、英語以外の外国語教育に関する政策過程を、中央教育審議会の外国語専門部会の審議をもとに分析し、教育課程部会や外国語専門部

会で複数回英語以外の外国語教育への言及があるものの、具体的議論には至らずに埋もれていった過程を明らかにした。

また、寺沢 (2021) は、1980 年代の臨時教育審議会と 1990 年代の第 15 期中央教育審議会の小学校英語に関する審議を検討し、「総合的な学習の時間」に英語活動を組み込むことになった過程を明らかにした。

そして、政策研究においては、中央政府の動向のみならず、さまざまなレベルでのアクターを検討する必要がある。青田庄真がこの点を強調し、地方の組織を分析対象とするなどしている。青田 (2018) では、全国の教育委員会に対して質問紙調査を行い、自治体同士の相互参照や政策波及に言及しつつ、地方公共団体の外国語教育政策の実態の解明を試みる研究を行った。

4.2 大学教育

戦後の大学の外国語教育に関して、その教育改革の背景や状況を理解するのに田中慎也の研究が参考になる。田中 (2007) には、大学設置基準の大綱化を受け、2001 (平成 13) 年 9 月 13 日付で大学英語教育学会が文部科学大臣・中央教育審議会会長に提出した「**わが国の大学を中心とした外国語教育に関わる要請**」が資料に収められている。要請では、大学の外国語教育が、英語も英語以外の外国語についても衰退していると指摘し、英語を中心とする大学の外国語教育の強化や小学校から大学までの一貫した外国語教育政策の必要性などが唱えられた。

また、下 (2021: 14–18) では、戦後設定された大学基準の変遷をもとに、新制大学における外国語教育の変容を検討した。その考察では、普通教育では一外国語主義が採用され、一外国語主義のもとでは英語教育が強化されるという構図が歴史的に繰り返されていることを指摘し、大綱化で一外国語主義が採用されたことにより、英語化が強まったと捉えた。そして、普通教育では複数異言語主義を採用するという構図が今後の外国語教育政策には重要であると論じた。

5. おわりに

ここでは、今後の研究の展望を 3 つの観点から述べてまとめとする。

1 つは、中央政府の政策批判によって見過ごされたアクターが存在する可

能性である。青田（2022）は、官邸あるいは日本経済団体連合会（経団連）などの財界のみを政策決定のアクターとして批判することに慎重であるべきだと警鐘を鳴らした。政策が決定される過程には、**経路依存性**（過去の経緯や決定が制度や慣習の形成を制約すること）を含む歴史的要因に加え、政府・地方自治体・財界・一般企業・学校・教師・学習者・保護者などさまざまなレベルで諸々の集団が何らかの影響力を有している。政府審議会については、議事録に残らない、関係者のインフォーマルなやり取りについて調査をする必要性が指摘されるが（寺沢 2021: 81）、そのほかの要因についても、研究の射程を広げ、複眼的視座で検討する必要がある。

　もう1つは、英語と英語以外の外国語教育関係者がどう協力していけるか、という点である。英語ばかりが強調される外国語教育は、英語以外の外国語教育の関係者からすれば批判の対象でしかないかもしれない。しかし、大学の英語教育が縮小すれば、英語以外の外国語の教育も弱体化する可能性が考えられ、多様な外国語の教育を推進する方策として、英語教育を単純に縮小すれば問題が解決するわけではない。英語と英語以外という枠組みを批判的に考察し、外国語教育の理念をともに再検討していく必要がある。

　そして、この外国語教育の理念を再検討していく必要性が、3つ目の点であり、最も重要な点である。総務省は2020（令和2）年に「グローバルコミュニケーション計画2025」を作成し、2025（令和7）年には「文脈・話者の意図等を補う同時通訳」、2030（令和12）年には「シビアな交渉にも使える同時通訳」を実現することを目標に掲げた。進化するAI多言語翻訳技術とともに、持続可能な社会のための外国語教育の政策を考える必要がある。理念を提示したのちにそれを実施するための方法を検討するという順序が理想であるが、現在機能している社会的枠組みを完全に廃止して新しい理念のもとにゼロから新たな政策決定の道筋を切り開くことは不可能である。理念を実践するための方法は、実行可能なものでなければならない。

　実行可能性の高い方法を明らかにするためには、歴史的要因と現在の社会的要請、そして、そこに存在するさまざまな集団を対象に、現在の枠組みの多角的な分析、総合的・批判的検討が必要である。政策がどのように決定され、実施されるのか、異なる条件によって政策の実施がどのように異なるのかといった課題、そして、新たに定義された理念によって政策の展開がどう

第 4 部　言語政策研究の最前線

異なってくるかという議論に関して、丹念な研究が求められる。

● さらに学ぶための読書案内 ●

大谷泰照 (2020)『日本の異言語教育の論点――「ハッピー・スレイヴ症候群」からの覚醒』東信堂
　歴史に学ぶべき観点・国際比較による示唆に加え、国語審議会の勧告から姓名ローマ字表記に関する考察まで、日本の外国語教育の再考に幅広い視野を提示する名著。

広川由子 (2022)『戦後期日本の英語教育とアメリカ――新制中学校の外国語科の成立』大修館書店
　アメリカ側の一次資料を多数利用し、占領期改革におけるその主導性を解明した。未検討の課題を見出し綿密な調査・検討に基づいた歴史的アプローチによりそれに迫るその研究方法も秀抜。

高校の英語教科書と国際英語

中川洋子

Nakagawa, Y. (2013). The Promotion of "English as 'the' International Language" (ETIL) in English Textbooks for High Schools in Japan. *Language Policy*, 9, 89–107.

本論文の研究のねらいと特徴

　本論文は「国際言語としての英語」という価値観が、高校の教科書にどのように反映されているかについての分析を通して、日本の英語教育の課題を明らかにしたものである。海外では、多言語主義や World Englishes などといった観点から、英語だけではなく様々な言語を見直す動きが増えている。いわゆる国際語、国際共通語と呼ばれるものも、ネイティブ・スピーカーの英語をモデルとするのではなく、双方の「わかりやすさ」を重視するコミュニケーションが模索されている。一方日本国内では、国際言語＝国際英語として英語を優先的に学習する風潮が根強く、発音や文法などもネイティブ・スピーカーを模範としている。国内では英語は生活言語ではないため、メディアを除けば教科書が学習者の英語観を規定するといってもよい。特に会話練習は、英語が使用される状況を学習者に類似体験させる意味で、学習者の英語観への影響が大きい。そこで本論文では、教科書の題材の分析を通じて題材から読み取れる英語観を明らかにした。英語は他の言語に優先して使用され、英語圏の価値観を反映した教材を通して英語が国際語として教えられていることや、学校教育で英語以外の言語を学ぶ機会が限られている中、言語意識を育てる言語教育の窓口としての教科書の課題を指摘した。

研究の方法

　高校の検定教科書の分析を試みた。教科書は、文科省の学習指導要領に従って日本人を中心に作成されており、日本の求める人材像、日本人の英語観が表れているという点で、言語教育における調査対象として意義がある。

　そこで、教科書「English I」（2013 年当時）全 36 冊のうち、言語に関する題材を抽出し、会話の文脈や登場人物の設定方法からその題材の背景にある英語観を読み取ることを試みた。

研究でわかったことと残された課題

・英米の価値観が「国際英語」のモデルになっていること

　金髪の白人少女と日本人の少女との会話で、日本人が発言した「konsento」という用語について、その和製英語を英語の「outlet」に訂正するくだりがある。英語が「国際言語」であるにもかかわらず、英語圏の発想をモデルとすることが推奨されていることがわかった。和製英語の否定ではなく、英語が外来語として日本語に取り入れられた後、どのようにして本来の単語の意味が変わったのかといったことへの気づきを促す展開も考えられるのではないか。以前は、英語学習といえば英米の文化や発想を学ぶことも含まれていた。しかし先行研究で指摘されるように、「国際英語」としての英語が、母語が異なる者同士が意思疎通する際に使用する「補助言語」であるならば、英米のスタイルに必ずしも合わせる必要はない。

・英語のみを尊重することで生じる弊害

　教科書の題材に登場する非英語母語話者は、以前より明らかに増えている。しかしその出身地に関わらず、日本人とのコミュニケーション手段が英語であるのは非英語母語話者の言語に対する気づきの妨げとなる。

　東京都の統計（2022年1月1日現在）によれば、都内の外国人は、1位の中国人を筆頭に6位までがアジア出身者で、英語母語話者では米国人が7位に入っていた。国内で日常的に接する外国人との会話は必ずしも英語ではなく、むしろ日本語で行われている。日本を選んで留学してきた留学生との会話が英語で行われている題材は、果たして現在でも適切なのだろうか。

研究で苦労した点や研究上の助言

　教科書研究は、今後の日本人と国際英語とのつきあい方を探るのに有意義な研究方法の一つである。今後、教科書学習を通じて、日本人が英語を唯一の国際言語ではなく、言語を相対化していけるような題材の検討が求められるだろう。日本における英語教科書の役割とは、英語や様々な言語だけではなく、国内のアイヌ語や琉球語などの言語やその話者への気づきを促す窓口でもある。英語習得のための教授法に加え、各題材から読み取れる英語観が学習者にどのような影響を与えていくのか、今後も分析していく必要があるだろう。

第3章

社会統合のための多言語主義・複言語主義

西山教行

> **ねらい**
>
> 多言語主義とは国や共同体の中に複数の言語が共存する状態や複数言語の共存を推進する政策である。一方、複言語主義とは個人の中に複数言語が複層的に共存する状態やそのような状態を作り出す言語教育を指す。この2つの言語観は社会統合の原理と結びついている。

> **キーワード**
>
> 言語レパートリー、欧州連合、アイデンティティ、言語教育観

1. はじめに

本章は**多言語主義**や**複言語主義**について論じるが、社会の中に複数言語が存在していたことは必ずしも近現代社会だけの現象ではない。植民地化や移住などによって異なる言語を使う人々が定住した現象も稀ではない。

2. 多言語主義
2.1 多言語主義の創出

多言語主義とは、ある社会や共同体の内部に複数の言語が存在する状態や、そのような状態を生み出すための何らかの政治的意思や措置を指す。これは多言語を主体的に共存させることに意義を認める政策であり、すべての国や共同体が採用しているわけではない。

2.2 多言語主義と国家

多言語主義を国是とする国や共同体は数多く存在する。例えば**カナダ連邦**は英語とフランス語の2言語を公用語とする国家である。ここで注意すべき点は、多言語主義を掲げる国家において、すべての国民が**公用語**を使用できるわけではない。カナダ人の中には英語だけ、あるいはフランス語だけを話す人々もいる。国や共同体などの多言語性は個人の多言語能力をただちに確保するものではない。

2.3 カナダ連邦の多言語主義

多言語主義を実践する国家の中から、カナダ連邦の例を取り上げて、多言語主義を国是とする国家の社会統合について考察しよう。

カナダ連邦は英語とフランス語の2言語を公用語とする多言語主義を採用している。これは連邦における行政や司法など公共に関する領域について2言語を使用することを意味する。

カナダは10の州と3の準州から構成されているが、すべての州が公用語を規定しているわけではない。**ケベック州**はフランス語のみを公用語として規定しており、英語フランス語の2言語政策を採用しているのは**ニューブランズウィック州**だけである。また北部に展開する**ノースウェスト準州**は英語とフランス語に加えて、イヌイットの9言語も公用語として規定している。また**ヌナブト準州**も英語、フランス語、イヌイット語を公用語と定めている。ここに記載した以外の州はおおむね英語を事実上の公用語としており、言語法による規定は存在しない。

カナダ連邦において連邦と州は同一の言語政策を実践しているわけではない。そのためカナダ国民すべてが連邦の2つの公用語をマスターしているわけではない。英語とフランス語の2言語話者は、12％（1961年）、17.7％（2001年）、17.9％（2016年）、と増加傾向にあり、連邦政府は2030年までに国民の30％を2言語話者にするような言語政策を講じている。しかし現状は一挙に好転するわけではない。

カナダ連邦の事例は個人のバイリンガリズムと社会のバイリンガリズムが必ずしも一致するものではないことを伝えている。カナダ連邦がフランス語を捨て去りカナダ連邦の言語が英語に統合されることはありえない。ケベッ

ク州がフランス語をアイデンティティの要諦としていることに加えて、カナダ連邦は多言語主義を国是とするからこそアメリカ合衆国という巨大な隣国との差別化を図ることができるからである。その意味で多言語主義はその実践を全国民に浸透させるには程遠いにせよ、カナダ連邦にとって不可欠の社会統合原理のひとつなのである。

2.4 多言語主義と国際機関

　多言語主義は異なる言語話者の結集する国際機関における統合原理としても機能している。それぞれ異なる言語の使用者がコミュニケーションをとる場合、以下の3つのパターンが考えられる。

　ひとつの共通語の場合、ただちに英語の活用が思いつくかもしれないが、人工語であるエスペラントも選択肢に存在する。英語を共通語とする場合、英語の母語話者は圧倒的に有利となる。これに対して、エスペラントのような人工語の場合、すべての人がそれを学ぶ必要があるため、特定の言語話者が優遇されることにはならない。とは言え、エスペラントはロマンス語系を中心にヨーロッパの諸言語を基盤に作られた言語であるため、ロマンス語系の話者に有利に働くことは否定できない。

　それでは選択的多言語主義の場合はどうだろうか。これは国連や欧州評議会などが実践する言語政策であり、英語のみを共通語とする言語政策よりは選択肢が生まれるものの、選択された言語を第一言語とする人々に有利な状況は変わらない。では全面的多言語主義はどうだろうか。この言語政策は構成員すべてが第一言語を使用する点で言語学習のコストは発生しない。ただし通訳によるコミュニケーションを必要とすることから、通訳翻訳のコストが発生する。

　全面的多言語主義を原則とする**欧州連合（EU）**では欧州委員会、欧州理事会、欧州連合理事会等の全体会議で加盟国の公用語をすべて公用語として採択し、通訳を配置している。

　EUが莫大なコストをかけ通訳翻訳システムを利用し全面的多言語主義を実施するのは、民主主義の原理のひとつである構成員の平等を実現するためである。加盟国の国民はみな同じ資格でEUの政治に参画できなければならない。そのためにEUのインターネット・サイトは23言語で構成され、主要

文書もまた加盟国の公用語に翻訳され、各国市民は自国語を通じて自由にEUの活動を監視し、また照会することができる。EU市民からの照会に対し、EUでは照会元の言語で対応することとなっており、ここに多言語主義を通じたコミュニケーションの平等の実践例を認めることができよう。

3. 複言語主義
3.1 複言語主義の創出

次に多言語主義と比べた時の複言語主義の特徴について解説する。多言語主義が社会や共同体の内部に複数の言語が共存する状態を指すことに対して、複言語主義は個人の内部に複数の言語が共存する状態を示す。複言語主義は多言語主義と同じように現代社会に生み出された考え方であるものの、歴史の曙より人間が保持していた言語能力でもある。人間は異なる言語を使う人々と関わる歴史を持ってきた。その時に、異なる言語を使用する人々が相手の言語を理解し、また共通語を使っていたことも決して稀ではない。しかし、そのような言語能力を積極的に認めて、学校やそれ以外の場で体系的に振興しようと政策を講じるようになったのは近年のことで、2001年に公開された「**ヨーロッパ言語共通参照枠**」(**CEFR**)がこの言語観を進める上で決定的な役割を果たした。

複言語主義は多言語主義にもまして多義的である。まず個人の内部に複数言語が共存する状態、また複数言語を使用する能力を表すとともに、そのような言語状態を生み出す教育や教育政策を指している。さらに複言語主義という言語教育思想を進行する教育をも指している。

複言語主義の根本には単一言語主義に対する疑問や抵抗がある。現代世界における英語支配はあらゆる分野に展開しており、それに比例して英語以外の言語の力は弱体化している。その点で、複言語主義はまず英語による単一言語支配に対抗する言語教育思想であり、英語以外の外国語教育に関与する人々にとって、アイデンティティの根拠となる世界観でもある。世界は多極的で多元的であることから、英語の単一言語による覇権は世界の現実を反映するものではない。また多様な言語という資源は生物的多様性にも比較し得るもので、多様性は人類の生存にも関与するひとつの要因たり得る。

さらに複数言語の振興や複言語主義は民主主義の理念にも共鳴する。複言

語主義は言語の平等を訴え、特定の言語の価値を称揚することはない。人間は経済的関心にとらわれて、特定の言語の価値を高く考えやすいが、経済性や効率性の視点から言語の価値を判断することは、その言語話者があたかも優れた人間であり、社会的評価の低い言語があたかも劣った言語であり、したがって劣った言語を話す人間が劣った人間であるかのような表象が生じさせやすい。言語の優劣は極言すれば、人間の優劣にまで及ぶ。

3.2 複言語主義の理念

複言語・複文化主義はCEFR作成の準備研究であるCoste, Moore et Zarate (1997) にさかのぼり、以下のように考えられる。複言語・複文化主義とは個人が複数の言語や様々な文化を様々なレベルで習得し、それらの言語や文化を用いてコミュニケーションを行う能力であり、また異なる文化を持つ人に対してもやり取りのできる能力である。この言語文化能力は複数の言語や文化に関わるものの、その個人の中ではひとつに統合され、ひとつの能力となっている。また複数の言語や文化に関わりながらも、それぞれの言語能力や文化能力はあたかも頭の中で小さな整理棚に収められているように分断されたものではなく、入り混じり混在している。

3.3 アイデンティティとしての言語

そこで複言語主義は四技能の均等な能力だけを育成するのではなく、むしろ言語レパートリーの拡張を推奨し、ひとつの言語に完璧になるのではなく、様々な言語の習得を勧める。この視点は能力としてではなく、価値としての言語観に支えられている。言語は人間のアイデンティティに深く結びついており、アイデンティティを構成する要因であると語られる。言語学習とは他者のアイデンティティに関心を寄せ、それを尊重する行為であり、そこには他者の尊重や敬意が含まれる。他者に無関心なままで他者の言語を学ぶことはできない。

複数言語の学習とは、言語能力レベルがどのようなものであれ、その言語や文化、また言語話者への敬意と尊重、また異なる他者を受け入れる点で寛容の育成にもつながる。複言語主義は複数言語の能力の向上を図るだけではなく、アイデンティティとしての言語にも注目する。

3.4 複言語主義の教授法

　複言語主義は言語コミュニケーションが複数言語から構成されていることを明らかにしたが、そこでの複数言語の能力モデルはネイティブ話者ではない。これまでの外国語教育研究はネイティブ話者を学習者が到達すべき理想的モデルととらえ、四技能を均等に育成することを当然視してきた。ところが複言語主義は必ずしもネイティブ話者をモデルとしない。そして四技能の均等な育成ではなく、機能的である限りにおいて、部分能力を承認する。つまりこれまでの言語教育観では口頭表現能力の欠如に否定的評価を与えてきたのだが、複言語教育はその個人のニーズに応じて言語能力の育成をとらえる。その個人のニーズが口頭表現ではなく、もっぱら読解にある場合、読解能力を機能的に保持しているのであれば、たとえ口頭表現能力が乏しくとも不均衡な言語能力を積極的に評価する。これまでの言語能力の評価がいわば減点法であったならば、複言語主義の言語観は加点法である。

　複言語教育は、教授法のレベルではどのような展開を示しているのだろうか。複言語主義はまず教育の場において複数言語や文化に関連を作り出すことを求める。言語学習の中で個別言語の語彙や文法を単独で切り離して習得するのではなく、学習者が既に保持している母語や他の言語知識や技能に連動することを求める。例えばフランス語やドイツ語の学習にあたり、英語の語彙や文法を比較し、学習者にその類似性を比較させ、関連を考えさせる。これは学習の方略についても同様の転移を勧める。

　技能や知識の転移は言語だけに限られるものではない。異文化に関する技能や知識も転用することができる。ある外国語の学習を通じて獲得した文化能力はひとつの文化に対してのみ有効ではなく、他の文化に向けても応用できることがある。また応用できない場合であっても、外国の文化と比較して出身文化の特性をより深く知ることにも役立つ。言語や文化の連携は比較や分析を伴うもので、新たに学ぶ言語や文化とこれまでに習得した言語や文化を結びつける。その中には学習者の第一言語や出身文化も含まれる。ただしそれは複数の言語や文化の間に優劣をつけるものではない。むしろ複数の言語や文化の間を主体的に、また自由に往来し、第一言語や出身文化を相対的に眺める眼差しを獲得するためである。これにより自民族中心主義や自文化中心主義を乗り越え、異なる他者に対する寛容を養うことを目指す。外国語

教育や学習は技術的なスキルの獲得にとどまるのではなく、複言語複文化主義はより人間性を高める教育へと我々を誘っている。

このような複言語能力を育成するために、**言語への目覚め教育**と**統合型言語教育**、**隣接言語の理解教育**、**異文化間教育**といった教授法が開発された。

言語への目覚め教育とは言語や言語の多様性、言語の機能など、言語そのものではなく言語について学ぶ教育で、複数の異なる言語に慣れ親しむことを通じて、言語意識を高めることを狙う。統合型言語教育は教科教育の一部に外国語を取り入れる教授法で、外国語を教科教育に全面的に使用する**CLIL**（内容言語統合型教育）にも類似している。しかし統合型言語教育では母語の使用も認められている。

隣接言語の理解教育とは、フランス語とイタリア語、スペイン語といった同じ語族の言語を同時に学び、読解に限定した能力の育成に努める教授法である。これは既知の言語知識を未知の言語の理解に役立てる。異文化間教育とは、自分の出身文化の学習言語の保持する目標文化を比較・分析し、自分の出身文化を目標文化の人々がどのように見ているのか、自分の出身文化がどのように見られているのかを内省し、自分が目標文化をどのように見ているのかをも反省し、自分の出身文化と目標文化の間を自由に往来することを目指している。

4. 社会統合のための多言語主義と複言語主義

最後に多言語主義と複言語主義と社会統合の関係に触れたい。

多言語主義はある社会や共同体に何らかの形で多言語を共存させる言語政策であり、多言語の存在を国家が社会の構成原理として承認する政策であることから、社会統合との結びつきは自明であり、また強固である。

それに対して複言語主義は個人の内部での複数言語の共存であるため、一見すると社会統合と直接に結びつかないように見えるかもしれない。しかし欧州評議会が複言語主義の推進を言語政策の基調としているのは、単に個人の言語能力を育成し、個人の技能だけを高めるためではない。複数言語の能力の習得は相互理解の第一歩であり、異なる言語を使用する隣人の尊重や敬意を示すことに他ならない。ここでは能力としての言語が問題となるだけではなく、価値としての言語の視点も重視され、複言語主義は欧州統合という

大きな政治的目標へと統合されている。これは欧州評議会設立の目的、すなわち人権、民主主義の発展、法の支配といった普遍的理念を背景にするもので、複言語主義とはこの点において、複数言語の習得といった教育上の目的にとどまることなく、普遍的理念へと開かれている。

　また近年、複言語主義は移民の子どもたちの言語統合にも関わっている。移民の子どもたちは学校教育の外部で出身国の言語を既に身に付け、ホスト国の学校にやってくる。従来、移民の子どもたちの言語は学習に役立たないものとして無視されてきた。しかし、そのような言語資源の承認と利活用もまた複言語主義の新たな課題となっている。これは移民の子どもたちをホスト社会に統合するために不可欠の方策であり、今後のさらなる研究と実践が期待される分野である。

5. まとめ

　本章は多言語主義と複言語主義をめぐり、その社会的課題や教育、そして社会統合との関連を考察した。近年の日本社会では言語能力を個人の資質に還元し、その社会的価値に注目しない議論が多いものの、言語とは社会的事実であり、その限りにおいても社会統合の一要素として不可欠の機能を担っている。言語の複数性は必ずしも社会を分断する障害要素ではなく、新たな社会統合の原理にも資するものである。

● さらに学ぶための読書案内 ●

大山万容（2016）『言語への目覚め活動 —— 複言語主義に基づく教授法』くろしお出版
　　言語の目覚め教育に関して、成立から日本での応用までをたどる。

西山教行・大木充（編）（2021）『CEFR の理念と現実 —— 理念編　言語政策からの考察』くろしお出版
　　複言語主義の理念を学ぶための最新の論文集。

第**4**章
言語権と少数言語コミュニティ

杉本篤史

ねらい

この章では、言語に関する基本的人権（Linguistic Human Rights、以下、言語権）という考え方と、この問題に直面している日本国内の少数言語コミュニティの抱える困難について、理解を深めてもらいたい。そして、日本ではまだ言語権という考え方が、十分浸透していないこと、そのため、深刻な人権侵害がおきていることについて当事者として考えてもらいたい。

キーワード

国際人権法、基本的人権、言語法制、歴史的責任としての言語復興

1. はじめに

　第2次世界大戦後の**国際人権法**分野（法体系は国際法と国内法に分かれ、国際法のなかでも特に、**人権保障**に関連する条約や宣言等のカテゴリーをこのように呼ぶ）において、**言語権**は基本的人権の一類型として定着・発展してきた。他方で、日本の国内法においては、現在も言語権を保障する法制度は、憲法も含めて存在しない。しかし現実には、圧倒的な多数派言語である日本語のもとで、**少数言語話者**は様々な人権侵害を被っている。この章では、まず言語政策において人権保障という視点が必要な理由を説明し、国際法上の言語権の内容を解説する。そして、言語権を認知しないままに制定・運用されている日本国内の**言語法制**の問題点を検討する。最後に、言語権という考え方からみた日本の少数言語話者やそのコミュニティが直面している人権問題について、読者と一緒に考えてみたい。

2. 日本国内における人権アレルギーの問題

ここではまず、**基本的人権**という考え方そのものについて、日本国内の状況を概観しておきたい。政府の実施すべき政策は様々あるが、とりわけ、**日本国憲法**に定められた基本的人権を保障するための政策は、国の重要な責務である。これを果たさなければ、憲法擁護義務（憲法99条）に違反する状態となる。そして日本国籍を有する人は、主権者として国の作為・不作為を監視し、国の憲法違反状態を是正する権利と責務を有する。ところが、日本では、少数派の人権の主張は、否定的に捉えられることが多い。

2.1 日本における人権教育の問題

いろいろな原因が考えられるが、公教育における**人権教育**の欠陥について、ここでは指摘したい。人権保障とは、個人の権利や自由に対する国家や自治体などの公権力による侵害を許さないという考え方であることや、憲法上、人権保障は国家の最重要責務であり、主権者には国家権力の動向を監視する権利と責務があること、などには教育では触れられていない。例えば、「人権教育及び人権啓発の推進に関する法律」でも、国家権力を監視する市民的責務という側面には言及がない。

他方で「道徳」教科では、助け合いや弱者へのいたわりという道徳的美徳が説かれ、本来、国家が実施しなければならない重要な人権保障政策を、民間のボランティアに依存する構図を生み出している。典型例は、「こども食堂」や「フードバンク」などであるが、**地域日本語教育**や**手話通訳者制度**も同様のボランティア依存状態であり、国や自治体の施策が、ボランティアの存在を前提に設計されている。

2.2 「普通の日本人」により侵害される少数派の人権

基本的人権の保障とは何かということが十分共有されていない日本社会において、少数派の人権は抑圧されがちである。そして少数派の権利主張は、多数派（普通の日本人）を自認する人びとから「わがまま」として非難されることが多い。SNSで「アイヌ」「在日」「フェミニズム」「LGBT」などの用語を検索すれば、実例は枚挙に暇がない。そして差別には、意図的なものと、社会構造そのものに起因する無意識の差別がある。例えば、複数のルーツを

持つ人への「ハーフ」という呼称や、両親の出自や国籍を当然のように問いかけることなどが後者にあたる。このような日本国内の人権保障の問題状況を踏まえて、言語権について考えてみよう。

3. 国際人権法における言語権概念

ここでは法学の視点から、言語権の概念をみていくが、**社会言語学**における学術上の言語権概念も重要である。ここでは十分な言及ができないが、言語権研究会（編）(1999)、渋谷・小嶋（編）(2007)、木村 (2012)、を参照されたい。

3.1 言語権の発展過程

国際法上の言語権概念の萌芽は、第 1 次世界大戦後に定められた平和条約などにある。そこでは、国内の民族的・宗教的・言語的少数派の保護を、条約当事国に義務づけた規定がみられる（杉本 2019）。ついで第 2 次世界大戦

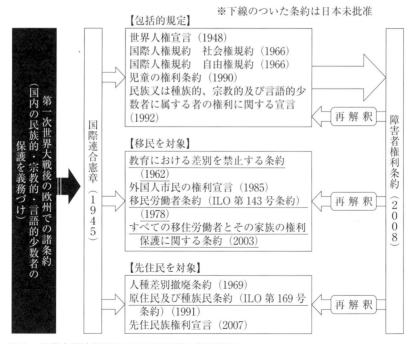

図 1　国際人権法分野における言語権の発展過程

の終結により、国際的な人権保障の要請が高まると、1945年の**国際連合憲章**において、人種、性、言語または宗教による差別の解消が唱えられた(1、13、55、76条)。その後、現代にいたるまで、図1のように、言語権に言及する4つの宣言と9つの国際人権条約が採択されている。以下では、これらの宣言・条約の内容に基づいて、言語権の具体的な内容について概観する。

3.2 現代国際人権法分野における言語権の内容

宣言や国際人権条約で記述されている言語権の内容を整理すると、以下の3つの権利類型と、国や地方自治体の責務から構成される。

①第1言語(L1: First Language)に関する権利

第1言語(以下、L1)とは、十全に身につけられ、コミュニケーションに不自由なく使え、人間の認知能力の発現に資する言語を指す(高嶋・杉本2020)。なお、L1は単一の言語であるとは限らない。L1についての言語権としては、L1を習得する権利(言語を剥奪されない権利)が必須である。例えば、ろう児は、親の9割が聴者であることから、L1を十分に習得する機会を奪われる問題がある。L1については、そのほかに、L1による教育を受ける権利、L1を日常的に使用する権利、L1を継承していく権利、L1話者のコミュニティに参加する権利などがある。

②民族継承語(HL: Heritage Language)に関する権利

民族継承語(以下、HL)とは、自己の民族的アイデンティティに関わる社会的・文化的帰属集団の言語を指す。HLの社会的通用度や話者数、アイデンティティの複層性、近代主権国家体制における言語政策の影響など、様々な要因により、民族的アイデンティティと継承語の関係は多様である。アイヌのように、L1(日本語)とHL(**アイヌ語**)が異なる場合もあれば、いわゆる方言(地域変種)のように、継承活動は行われるが、民族的アイデンティティは「日本人」という場合もある。なお、HLにおける「継承」とは、一般には親から子への受け継ぎと考えられるが、**手話**の場合は、ろう児の**日本手話**を聴者の親やきょうだい(sibling)が継承することもある。

HLに関する言語権としては、HLを学ぶ権利とHLで学ぶ権利が、HLを

日常的に使用する権利や HL を保存・継承・進展させる権利などを実質化する上でも中心的権利となる。特徴的なのは、HL によるマス・メディアを運営する権利であり、これは、HL 話者数を増やし、HL に対する言語的多数派への啓発という意味をもつ。日本でもアイヌ語のラジオ講座や**沖縄語**のコミュニティラジオ放送などがあるが、いずれも地方自治体や民間の自助努力による。最後に、HL 話者のコミュニティに参加する権利がある。

③**ある地域で広く使用されている言語**（**CSL: Commonly Spoken Language**）**に関する権利**

　ある地域で広く使用されている言語（以下、CSL）とは、生活圏において事実上通用している言語のことを指す。日本国内ではおよそ**日本語**が CSL である。L1 が CSL ではない場合、自己の L1 と CSL との間で通訳・翻訳を提供される権利と、CSL を学ぶ権利が保障される。

④**言語権を保障するための国や地方政府の責務**

　L1、HL、CSL に関する言語権のそれぞれに対応する政策を、国や地方の政府は策定し、実施する責務を負う。具体的には、L1、HL、CSL それぞれの教育機会や利用場面を提供すること、L1 と CSL 間の通訳・翻訳体制を整備すること、特に、医療通訳、法務通訳、学術通訳などの**専門通訳者**を養成・提供することは重要である。また、CSL ではない L1 や HL コミュニティの維持・発展・参加を支援すること、HL については、マス・メディアの運営を支援すること、そして、これら少数派の言語権の尊重などについて、**言語的多数派**を教育啓発し、**第 2 言語**としてこれら少数言語の学習機会を提供することも重要である。なお、2008 年に発効した**障害者権利条約**（以下、CRPD）により、言語権の対象は**音声言語**だけでなく、手話などの**視覚言語**も含まれることが明確化された。

4. 言語権の日本国内法へのローカライズの問題

　本章第 1 節で触れたとおり、言語権の概念は日本の国内法には受容されていない。例外は、CRPD を批准するために行われた、「**障害者基本法**」の 2011 年改正だけで、そこでは初めて「言語（手話を含む）」（同法第 3 条）と法

文に規定された。しかし、ただそれだけで、言語に関する基本的人権に言及したものは存在しない。それには、以下にみるようにいくつかの理由がある。

4.1　人権保障水準の国際レベルと日本の国内法レベルの格差

まず、日本は言語権に関わる国際人権条約のすべてに加入しているわけではない。図1で示したように、下線のある条約は、日本は未批准である。これらには、多くの国が未批准の条約もあるが、それは条約内容に反対というより、国際機関による国内政策への干渉をきらってのことであり、同等の内容の国内法が用意されていることが多い。しかし、日本の場合は、そもそも人権保障政策に消極的であり（杉本 2019）、言語権の存在は、認知すらしていない。そのようななか、日本では事実上の**日本語単言語主義**政策が展開されている。公的な言語は日本語であり、国内少数言語の継承活動は、アイヌ語を除いて自治体支援か自助ベースである。また、公教育では、日本語以外の言語が**教育言語**として使用されず、ろう児を含めて日本語以外の言語をL1とする子どもの認知発達や教科学習は保障されていない。

4.2　日本の主な言語法制とその問題点

近年、言語および**言語教育**に関連する法制化が急速に進んでいる。先に触れた障害者基本法の2011年8月改正のほか、2019年4月に**アイヌ施策推進法**が、同年6月には**日本語教育推進法**が制定されている。しかしこれらは、国際法上の言語権とは関係がない。言語権を認知しないまま、**言語的少数派**への恩恵的政策が進められている点には注意が必要である。この状況下では、人権保障政策であれば本来認められないはずの、政策内容の不利益変更が、政府や自治体の方針如何によって可能となるからである。また、これらの法律はいずれも**理念法**であり、政府や自治体に具体的な政策の実施や財政措置を義務づけていないことも留意すべきである。

5.　日本の少数言語の状況

5.1　日本の消滅危機言語

ユネスコは2009年に「世界の消滅危機言語アトラス "Atlas of the World's Languages in Danger"（第3版）」を発表した。そこでは、消滅危険度が、

安全、脆弱、危険、重大な危険、極めて深刻、絶滅に分類され、日本でも、アイヌ語（極めて深刻）、**八丈語・奄美語・国頭語・沖縄語・宮古語**（危険）、**八重山語・与那国語**（重大な危険）の8つが**消滅危機言語**とされている。なおこの8言語は、いずれも**先住民族語**である。一般に、近代国家成立以前から存在する少数民族集団を先住民族と呼ぶが、言語権が保障される民族継承語は、先住民族語だけではない。日本は近代化の過程で、明治維新後に北海道および琉球諸島の内国植民地化を行い、さらに、台湾島および朝鮮半島への帝国主義的侵出を行った。そして、第2次世界大戦後の民主国家化のなかで、日本国憲法施行日の前日である1947年5月2日、最後の勅令である**外国人登録令**が発せられた。この勅令により、外地籍の大日本帝国臣民から一方的な臣民籍の剥奪が行われた。この経緯から始まる**在日コリアン**らの民族語の継承問題は、日本の歴史的課題としての言語権問題の1つである。また、消滅の危機という側面に着目するなら、視覚言語である日本手話も消滅危機言語に含まれる（高嶋 2020）。

5.2　少数言語の復興・継承を阻む要因

　国の恩恵的施策の結果、HLに関する権利が事実上保障されているのは、アイヌ語の保存と継承に関する権利だけであり、それ以外のHLに関する権利は、アイヌ語においても保障されていない。また、アイヌ施策推進法におけるアイヌ語の振興とは、文化振興政策の一部に過ぎず、国際人権法における言語権に由来するものではない。そして、アイヌ語以外の先住民族語にいたっては、そもそも、その存在が政府により認知されていない。例えば、日本政府は、**琉球諸語**を日本語の「**方言**」と位置づけている。

　日本における先住民族の言語権問題を解決するには、言語権概念の国内法化が必要だが、これ以外にもいくつかの課題や障壁が存在する。まず、先住民族に対する根強い偏見と差別の存在がある。それは多数派から少数派へ向けられるだけでなく、少数派相互における偏見や対立を生み、少数言語集団間の共闘を困難にしている。また、琉球諸語のケースでは、保存・継承活動が近年盛んになりつつある一方で、国連機関が琉球諸島の人びとを、日本の「先住民」とするのに対しては、沖縄県内の地方議会でも、自分たちは「先住民」ではなく日本人であるという決議が行われている。本来、国籍と民族は

当然に一致するものではないが、「先住民」という用語が想起させる「前近代的」な表象が、先住民差別の根底にはあり、そのため当事者に使用をためらわせるケースもあるだろう。そしてこのことは、琉球諸島の人びとに対する**同化政策**の浸透の根深さを、はからずも示している。

先住民族語の話者が減少し継承が難しい場合には、「ニュースピーカー」と呼ばれる、新たに先住民族語を学び継承する存在がカギとなる。しかし、そこでは、継承される先住民族語の正統性の問題が浮上することもある。また、継承する資格は誰にあるかという問題も、繰り返し議論されている。

6. まとめ

本章では、**言語政策**と人権保障との関係について解説するとともに、言語権という視点および日本の国内法制における受容の必要性と困難さについて解説した。この問題を考えるときには、自分の言語権は他者から侵害されていないか、自分は他者の言語権を侵害していないか、という視点も必要だが、それと同じかそれ以上に、自分および他者の言語権は、日本政府や地方自治体によって保障されているか、という視点も必要である。基本的人権が十全に保障されるためには、国家権力を監視し、是正を促す主権者としての責務が果たされる必要があるし、人権保障に無自覚な人は、いつでも**構造的差別**の当事者になってしまうからである。そして、我々は誰もが、言語権の侵害という問題の当事者であることからは、逃れられないのである。

● さらに学ぶための読書案内 ●

稲垣みどり・細川英雄・金泰明・杉本篤史（編著）(2022)『共生社会のためのことばの教育　自由・幸福・対話・市民性』明石書店
　「同化」ではなく「共生社会」を実現するために、ことばの教育に携わる人は何を考えるべきかを多角的に検討している。

キム・ジヘ (2021)『差別はたいてい悪意のない人がする』（尹怡景 訳）大月書店
　日常的な根深い「悪意のない差別」は、善意や道徳的営為だけでは解決できない問題なのだということがよくわかる。

第5章

言語サービス

岩田一成

ねらい

日本の言語サービスを批判的に分析する目を養うことが本章の目標である。日本在住の外国人に関するデータを基に、国や自治体の対応を分析したい。最初に言語サービスという聞き慣れない用語を解説する。次に、在住外国人の使用言語・理解可能文字に関するデータを紹介し、日本が行っている言語政策を概観する。最後に、言語サービスに関する研究や海外の状況を見渡しつつ、日本の言語サービスが抱える課題を論じる。

キーワード

外国人住民調査、やさしい日本語、多言語情報発信、公共サイン、ローマ字表記

1. はじめに

本章では言語サービスを、河原（編）(2004: 6)の定義「外国人が理解できる言語を用いて、必要とされる情報を伝達すること」に従う。なお、「言語」は広く解釈しピクトグラムのような図記号も含めて考察したい（3.3）。

言語政策は近代化の過程で単一言語の設定に向かう傾向があり、結果として少数言語話者からは不満が出る。また移民など異なる言語を話すものが社会には存在することを考えると、少数派の言語権を保障すべきであるという多言語政策が重要になってくる。言語サービスはこの流れにある。

河原（編）(2004)は言語サービスの具体的内容を5点にまとめている。本章は①②を中心に扱いたい。④は6章、⑤は7章で扱う。③は扱えないため杉澤ほか（監）(2015)を読書案内に紹介しておく。

①生活情報を掲載したパンフレットやホームページを作成すること
②多言語での掲示、道路標識、案内を充実させること
③相談窓口を充実させること
④日本語教育を提供すること
⑤母語保持教育を提供すること

2. 外国人住民調査の結果

各種調査を見れば、在住外国人への対応は英語より日本語の方が伝わることがわかる。また、日本語の書き言葉はローマ字より平仮名の方が伝わる。

2.1 伝わる言語

岩田（2010）は 2008 年に国立国語研究所が行った外国人対象の調査を再分析している。母語の欄と「他に日常生活で困らない程度にできる言語」欄の回答者数を足すと、英語ができる人は全体の 44 % である（内訳は英語母語話者約 8 %、非母語話者約 36 %）。一方、日本語ができる人は、62.6 % である。以降も各自治体が外国人住民の言語能力を質問しているが、英語が日本語を上回ることはない。

言語の運用実態も同様である。東京都つながり創生財団（2022）の外国人調査では、日本語、英語、中国語、ベトナム語、ネパール語、韓国語の 6 言語でアンケートを行い、その回答時の言語を公開している（図 1）。

2.2 伝わる文字

在住外国人向けの情報伝達にはローマ字より平仮名が有効である。少し古いが文化庁（2001）では、平仮名が読める人はローマ字や漢字より多いことがわかっている（表 1）。漢字が読めて意味もわかる人は 2 割程度である。日本在住の外国人にとってローマ字が普遍的な文字ではないこと、平仮名くらい読めることが、このデータからわかる。来日した外国人はローマ字ではなく、まず平仮名を勉強するということである。

3. 情報発信における言語選択

公的機関は、パンフレット、プリント、ウェブサイト、道路にある公共サ

第5章　言語サービス

イン（案内のための道路標識）などを通じて日々多くの情報を発信している。その際、いくつかの選択肢がある。日本語、**多言語情報発信**（英語＋その他の言語数種）に加え、**ピクトグラム**のような言語によらない発信もある。なお、異言語間コミュニケーションにおける言語的な側面を重視しようとする研究分野に媒介言語論がある。そこでは、ある状況で選択する言語のバリエーションを整理している。この議論は木村（2021）に詳しい。

2019年に外国人労働者の存在を政府が認めて以来、言語サービスに関する各種言語政策が実施されている。典型的なのは出入国在留管理庁（監）(2019) で、外国人住民向けに日本の生活情報を伝えるガイドブックが出されたことであろう。

3.1　日本語：やさしい日本語

日本語を工夫して情報を伝えていこうという取り組み（「やさしい日本語」と呼ぶこともある）が近年重視されている。1990年代、阪神大震災以降、情報発信に関する議論が深まった。災害が起こると、外国人に伝えるべき情報が増え、その伝達方法を考える必要があるからである。英語が思ったより通じないこと、日本語もそのままでは通じないことから、「やさしい日本語」という発想が徐々に広がっていく。2019年以降、国の各種政策に「やさしい日本語」が現れるようになる。例えば出入国在留管理庁・文化庁（2020）は、「やさしい日本語」のガイドラインである。

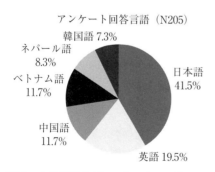

図1　在住外国人がアンケートで回答した言語

表1　在住外国人が日本語の文字やローマ字を読む力（複数回答可）

平仮名が読める	84.3 %
片仮名が読める	75.2 %
ローマ字が読める	51.5 %
漢字が少し読める	48.5 %
漢字が読めて意味も分かる	19.6 %

3.2　多言語情報発信

　広く伝わる可能性のある言語として一番に思いつくのは英語であろう。外国人＝英語のイメージが日本では強い。相手の母語をすべてカバーするのは難しくても、とりあえず英語で発信したいという取り組みは各地に見られる。ただし、2.1 で紹介した調査では、英語ができる人は全体の 44 %（母語話者は 8 %）程度で万能ではない。日本には様々な言語話者が住んでいるため、相手の母語を想定するならその他の言語を充実させなければならない。多言語で情報を発信する取り組みも少しずつ行われている。

　2019 年に外国人材の受入れ・共生に関する関係閣僚会議による『外国人材の受入れ・共生のための総合的対応策』（改訂）が出て、情報発信は 14 言語で行うこととなった。その 14 言語の内訳は、議論の過程で表 2 のように設定されている。上で紹介した出入国在留管理庁監修（2019）のガイドブックはこの 14 言語にトルコ語とウクライナ語を加えた 16 言語で公開されている。

表 2　情報発信に用いられる 14 言語

日本語（やさしい日本語）、英語、中国語、韓国・朝鮮語、スペイン語、ポルトガル語、インドネシア語、ベトナム語、タガログ語、タイ語、ネパール語、クメール語、ビルマ語、モンゴル語

3.3　ピクトグラム

　ピクトグラムによる情報発信も大事な手段である。ピクトグラムは、トイレの図記号などを想像してもらうとわかりやすいが、イラストでメッセージを伝えようという取り組みである。国土交通省による公共サインに関する各種ガイドラインには必ずピクトグラムの使用が推奨されている。ピクトグラムの使用については 1999 年からプロジェクトが進行し、標準化が進められてきた。国土交通省のウェブサイトには、『案内用図記号（**JIS Z8210**）』（2019

図 2　案内用図記号「禁止」の一部

年)としてピクトグラムの一覧が見られる。なお、国際的な規格である ISO ピクトグラムは図2の JIS 規格と異なる点もある。

4. 言語サービスと課題
4.1 「やさしい日本語」化の前に必要な公用文改革

外国人住民のために公用文を「やさしい日本語」に書き換えていく中で改めてわかったことは、そもそも日本人にも難しいという点である。実例を紹介したい。Aの元文は非常に難解な書き方をしている。

A 元文

平成30年台風第7号及び前線等に伴う大雨により被災された方への生活福祉資金(緊急小口資金)の貸付けの実施について(冒頭を抜粋)

> 各都道府県の社会福祉協議会が実施している生活福祉資金貸付制度の緊急小口資金(生計維持のため、緊急かつ一時的に必要な少額資金の貸付け)について、貸付対象を低所得世帯から被災世帯へ拡大するとともに、据置期間の延長等を行う特例措置が講じられています。詳細はお住まいの市町村の社会福祉協議会へお問い合わせください。(問い合わせ一覧はこちら)

B 書き換え文

大雨の災害で被災された方へ

> 生活福祉資金貸付制度により、お金を借りることができます。
> ・どなたでも可能です(低所得世帯に限りません)。
> ・一時的な生活費のためのものです(少額です)。
> ・返済の期限は少し長めです。
> 詳細は社会福祉協議会へお問い合わせください。以下のリストから自分が住んでいる自治体を探してください。

第 4 部　言語政策研究の最前線

　AをBのようにすれば、日本語母語話者には伝わりやすいのではないか。近年、このように日本人向けにわかりやすく書かれた日本語を「plain Japanese」や「伝わる日本語」と呼ぶようになってきている。3.1 で紹介した出入国在留管理庁・文化庁 (2020) ではこれを「やさしい日本語ステップ①」としている。

　A→Bへの操作は、戦後から続く公用文改革運動であり、やさしい日本語運動との関係を図示すると以下のようになる。図 3 を見ると、公用文改革を一つ跳ばして、いきなりやさしい日本語にすることは難しいことがわかる。

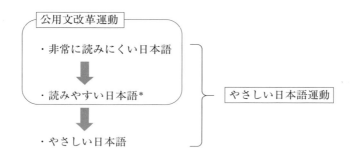

　＊伝わる本語、plain Japanese、やさしい日本語ステップ①

図 3　やさしい日本語運動と公用文改革運動

4.2　単語レベルに注目してしまう公用文改革

　公用文は読みやすい方がいい、という発想は昔から存在する。「やさしい日本語」の取り組み以前から、公用文改革は行われてきている。

　岩田 (2022) でまとめている戦後の流れを概観する。1952 年にはすでに『公用文作成の要領』（内閣総理大臣官房総務課）にて、「稟申→申請、救援する→救う、拒否する→受け入れない…」などのわかりやすく書くための言い換え提案がある。1970・80 年代に各地で行われた言葉の行革運動でも「遺憾である→残念である、思料する→考える」などの言い換えを勧めている。2000 年以降にも国立国語研究所が中心となり、「バックオフィス→事務管理部門、アウトソーシング→外部委託」などの「外来語」言い換え提案を行っ

ている。このように、わかりやすく書くべきだという運動は戦後ずっと続いている。これらは一般に、単語を直したら公用文が読みやすくなるという単語レベルの発想が強い。

　4.1 の元文 A と書き換え文 B を比べるとわかるように、読みにくさの原因は単語だけの問題ではない。また、外来語はさほど多くの文章に関わっていないこともわかる。文章構造全体を整理しなければ、読みやすくはならない。公用文改革というとすぐに単語レベルに注目が集まってしまうのは、目につきやすいからである。お役所文章ではなくお役所言葉という用語が定着していることも一因であろう。各自治体は単語言い換えリストを作っているが、公用文（悪文）の問題は文章構造全体（談話レベル）にある。なお岩田（2016）は、公用文における談話レベルの悪文パターンを類型化している。

4.3　多言語発信における言語間不平等・差別

　3.2 で見たように現在は多言語発信の方針が国から出ている。ただ、すべての言語で同じ量の情報を発信することは難しく、多くの自治体はこれまで英語に特化した情報発信を行ってきている。少し前の状況ではあるが岩田（2010）によると、自治体のウェブサイトは英語による情報量が他の言語よりも明らかに多い。2.1 で見た通り、英語ができる人は母語話者に限定すると 1 割以下であり、英語非母語話者を加えた伝達効率も日本語より低い。

　公共サインを見ると英語志向はもっと明らかである。東京の多言語サインの実態を量的に明らかにした Backhaus（2007）を紹介したい。2003 年に東京都内の 28 調査地点から 11834 点の公共サインを収集して分類した結果、2444（20.7 %）は多言語サイン（ローマ字表記付きのものも含む）で、その 92.7 %には英語が使われており、中国語（62 例：2.5 %）、韓国語（40 例：1.6 %）を大きく引き離している。なおフランス語は 20 例、アラビア語とロシア語は 1 例のみであった。英語と他言語の扱いが全く違うことがわかる。

　本田ほか（2017）で指摘しているが、「警察官巡回中」のような想定犯罪者向けのメッセージは英語なしで中国語と朝鮮語だけになったり、他では見られないペルシャ語が使われたりしている（図 4）。これを読んだ当該外国人がどんな気持ちになるか想像すべきではないか。

第 4 部　言語政策研究の最前線

図 4　特別警戒実施中／警察官立寄所

4.4　ローマ字表記における不統一・長音符号の欠如

　1945 年に GHQ 指令が出され 1950 年以降道路に英語を併記するようなった。当時漢字だけだった道路標識に英語（ローマ字）が付くこととなる。この英語を併記するという指示が現在の混乱につながっているのだが、どこまでローマ字で表記（固有名詞）をしてどこから英語にするかの判断が難しい。例えば、横浜市の「国際通り」には以下の 5 通りのパターンがある。

表 3　「国際大通り」の不統一（横浜）

Kokusai Boulevard ／ KOKUSAI-OŌDŌRI ／ Kokusai-odori Ave. ／ Kokusai Ōdōri Boulevard ／ Kokusai-Ōdōri Blvd

　図 5 左のサインではローマ字部分で長音の表示がない。「ニジュウバシ／トウキョウ」という音を知っている人しか読めないため、日本語の音声表記としては機能していない。表 3 の国際大通りは、比較的長音符号が使われている例であるが、多くの道路標識は**長音符号**を付けない。あくまで英語表記としてのローマ字という位置付けのため、日本道路協会（2020）を見ればわかるが『道路標識設置基準』は長音符号を不要としている。イチロー選手の背番号は「ICHIRO」となっていることからもわかるように、英語の影響である。

一方、道路標識には、長音を「h」で表すパターンもある。大谷選手が「OHTANI」となっていることから、これも英語の影響である。長音符号を付けないイチロー型も、「h」で長音を表そうとする大谷型も、日本の**ローマ字表記**のルール『ローマ字のつづり方』（1954内閣告示）に従っていない。

図5　左：イチロー型、右：大谷型（岩田2023b）

4.5　防災関連サイン（避難誘導標識）の不統一

防災に関する情報は非常に重要である。一例として避難場所、避難所の課題を取り上げる。そもそも用語がしっかり固定されず、「一時集合場所、地区内残留地区、広域避難場所、避難場所」など、自治体によって様々である。中でも避難場所と避難所の違いが東日本大震災の時に混乱をもたらしたことが明らかになっており、大きな課題であると考える。

避難場所は、「災害時の緊急対応をする場所」であり、避難所は「一定期間生活をする学校・公民館などの場所」である。ピクトグラムも図6のように規定されている。比較的新しい公共サインはしっかりと図6のルールを守っているが、設置年が古いものは、図7のように避難所に避難場所のピクトグラムが付いている。かつ、解説は避難場所となっている。そもそも場所と所だけの違いがわかりにくい点もあり、用語とピクトグラムの統一が急がれる。ここの議論は岩田（2023a）に詳しい。

図6 避難場所と避難所

図7 用語の誤用例

5. まとめ

言語サービスは、2. で紹介した外国人の現状に基づいて実施されなければならない。一連の調査結果と現状を比較すると課題は明らかになる。これらの研究は、まだまだ歴史が浅くこれからの分野であると言える。言語サービスは、角（2020）がまとめているような海外の制度と日本を比較することで課題が見えてくることもある。様々な課題も紹介したが、課題の存在自体が気づかれていないもの、国の政策自体に不備があるもの、政策をしっかり守れていないために起きている課題など、様々である。

● さらに学ぶための読書案内 ●

河原俊昭（編）(2004)『自治体の言語サービス——多言語社会への扉をひらく』春風社
　言語サービスを最初に論じた論集。各地の具体例から全体像を学べる。

角知行（2020）『移民大国アメリカの言語サービス——多言語と〈やさしい英語〉をめぐる運動と政策』明石書店
　移民の受け入れが進んでいるアメリカの状況が学べる。

杉澤経子・関聡介・阿部裕（監）(2015)『これだけは知っておきたい！外国人相談の基礎知識』松柏社
　本章では扱えなかった外国人相談に関する基礎を学べる。

第6章

外国人移住者と日本語教育

松岡洋子

> **ねらい**
>
> 日本語教育の対象として近年注目されている外国人移住者に対する日本語教育の現状を概観し、教育の必要性、社会の在り方について、法・施策・体制という側面から紹介する。また、海外の移民政策としての第二言語教育の事例と対照させながら、移住者を受入れる社会にとっての日本語教育の在り方について考えるための政策的視点を提供する。

> **キーワード**
>
> 外国人受入れ施策、社会包摂、ドイツ・韓国、第二言語教育政策

1. はじめに

　国内の日本語教育は留学生を対象としたものが中心であったが、1970年代後半以降、インドシナ難民や中国帰国者を対象とした日本に定住するための公的支援による日本語教育が行われるようになった。そして、1990年の出入国管理及び難民認定法（以下、入管法）の改正によって中長期滞在する外国人が増加したことに伴い、**地域コミュニティ**での**日本語学習支援活動**が**市民ボランティア**を中心に展開されてきた。そして、21世紀に入ると日本の急激な人口減少・労働力不足への対応として、**外国人材**の受入れ施策が展開されるようになり、そこに日本語教育が徐々に位置づけられていく。

　ここでは、**外国人材受入れ**の言語政策として日本語教育について行政資料を中心に紹介し、その課題、今後の展開の方向性について検討することで、移住者受入れ社会の日本語教育政策研究のための観点を示す。

195

2. 外国人材受入れ施策の展開とその背景
2.1 急激な人口減少と外国人受入れ施策の始まり

　総務省統計によると、2023年2月現在の日本の総人口は14年連続で減少を続け、日本人人口は前年同月比で80万人以上の減少という深刻な状況に直面している。一方、外国人人口は1990年（当時の人口は約100万人）以降、増加し続け、2022年には300万人を超えた。

　日本は戦後、外国人移住者の受入れに消極的な施策をとってきたが、1980年代のいわゆるバブル景気の時期に単純労働力の不足が課題となり、経済界から外国人材受入れの要望が高まった。これに呼応する形で1990年に入管法を改正した。この改定で新たな**在留資格「定住者」「日本人の配偶者等」**が創設され、1993年には**外国人技能実習制度**が始まり、実質的な**移民受入れ政策**への転換期となった。製造業が盛んな地域では日系人が急増し、また**技能実習生**や**結婚移住女性**が日本各地に散在するようになった。この時期の動きについては、森（2002）に文献資料と共に整理されている。また、駒井・是川（編）（2019）に人口問題と移民の関係に詳しい情報があるので参照してほしい。

　この時期には、各都道府県に**地域国際化協会（国際交流協会）**が設立され、海外の姉妹都市間交流などと同時に、外国人指導助手、自治体招聘の技術研修生などの外国人住民に対する生活支援や交流事業が行われるようになった。一方、**外国人集住地域**では、社会保障制度の不備、子どもの就学問題などが徐々に顕在化した。この状況に対して、2001年には外国人集住地域の自治体により外国人集住都市会議が設立され、政府に対して、子どもの教育、社会保障制度、外国人登録制度の見直しについて提言が行われた。これを受ける形で、2006年に総務省は**多文化共生推進プラン**を公表し、自治体における外国人との**共生施策**の方向性を示した。これ以降「多文化共生」は**外国人移住者**受入れ施策のキーワードとなった。

2.2 外国人材獲得施策への転換

　2015年には高度人材の受入れのための在留資格「高度専門職1号・2号」の創設、2017年に技能実習制度の改正、2019年には在留資格「**特定技能1号・2号**」の創設、出入国在留管理庁の設置とともに、政府は「**外国人材の受入れ・共生のための総合的対応策**」を発表し、外国人の**定住**に向け対応策

を講じるようになった。この背景には、先進諸国間での**人材獲得競争**がある。韓国、台湾、シンガポールなどアジア諸国でも移民受入れ施策が展開され、より条件のよい地域への移民流入傾向が見られるようになった。政府は、これに危機感を覚え、「選ばれる日本」になるための施策への転換を図ろうとしている。JICA 国際協力機構や、官民共同運営されている JP-MIRAI ── 責任ある外国人労働者受入れプラットフォームなどの団体が、この課題解決に向けて積極的に情報発信を行っている。2022 年には内閣府から「外国人との**共生社会の実現に向けたロードマップ**」が公表された。

3. 外国人移住者を取り巻く日本語教育施策の動向
3.1 「地域日本語教育」の始まり

外国人が定住する社会において、言語教育は**社会基盤**としての機能を持ち、移住者受入れ施策として位置づけられる必要がある。しかし、日本国内では、1990 年代以降、市民ボランティアによる日本語学習支援活動が主流となり、行政はその活動支援をするに留まってきた。全国各地の自治体や NPO では、日本語ボランティア養成講座が開催されるようになり、日本語教育は市民が支えるボランティア活動として定着していった。これに対し、**文化庁**は 2007 年に**文化審議会国語分科会日本語教育小委員会**を設置して日本語教育の課題を整理し、特に地域在住外国人に対する日本語教育課題に対応するため、人材育成事業、地域日本語教室立ち上げ支援事業、カリキュラム・教材開発などの施策を展開するようになった。しかし、各地では市民ボランティアを育成する方向性は変わらず、外国人移住者の**言語教育権保障**の視点はなく、教育の質、継続性に課題を抱えたままの状況が続いている。

3.2 「日本語教育の推進に関する法律」の制定とその影響

2000 年代後半以降、外国人材受入れの必要性が高まったことに呼応して、超党派の国会議員連盟が提出した「**日本語教育の推進に関する法律**」が 2019 年に施行された。法律の目的に「我が国に居住する外国人が日常生活及び社会生活を国民と共に円滑に営むことができる環境の整備に資するとともに、我が国に対する諸外国の理解と関心を深める上で重要であることに鑑み」とある。外国人の定住基盤としての日本語教育とともに、海外の日本語教育の

意義についても述べられており、外国人受入れ施策として日本語教育を位置づける法律ではない。日本語教育の推進に対する国、自治体、外国人材を受入れた企業の責務等が示されてはいるものの、あくまで理念法にすぎない。ただし、この法律を受けて「日本語教育の推進に関する基本方針」が 2020 年に示された、日本語教育関連の政府予算が増額されたことなど、一定の効果も見られる。

　2018 年末には、政府は関係閣僚会議を開催し、「外国人材の受入れ・共生のための総合的対応策」を示した。この中に「生活者としての外国人に対する支援」として日本語教育の充実と日本語教育機関の質の向上・適正な管理の 2 項目の日本語教育関係施策が見られる。これと並行して、文化審議会国語分科会では「**日本語教育人材の養成・研修の在り方について**（報告）改訂版」(2019) で教育人材について、「**日本語教育の参照枠**（報告）」(2021) で**ヨーロッパ言語共通参照枠**に基づいた日本語能力把握の枠組みについて公表した。

　2022 年には「外国人との共生社会の実現に向けたロードマップ」が政府から公表され、「取り組むべき中長期的な課題（4 つの重点項目）」として「円滑なコミュニケーションと社会参加のための日本語教育等の取組」を掲げた。具体的な取り組みとしては、自治体等が行う日本語教育の体制づくり、「日本語教育の参照枠」に対応した分野別教育モデル開発、生活場面に応じた日本語学習 ICT 教材開発、来日前日本語教育、および日本語教育機関の認定制度と日本語教師の資格制度整備等の日本語教育に関わる取り組みのほかに、生活オリエンテーションによって日本の生活に必要な基礎知識を提供することが掲げられている。また、同年に「**地域における日本語教育の在り方について（報告）**」を文化審議会国語分科会が公表し、日本語教育の推進に関する基本方針の作成、自立した日本語能力習得のための**生活日本語**プログラム編成、コーディネーターの配置、日本語教育人材の質的向上、専門性を有する日本語教育機関との連携などを自治体の責務として提案した。これらの動きについては、「文部科学省：日本語教育」Web ページで参照可能である。折に触れ、政策動向を確認してほしい。

3.3　日本語教育の質的保証に向けた法整備

　先述のロードマップの実現に向け「**日本語教育の適正かつ確実な実施を図**

るための**日本語教育機関の認定等に関する法律**」が2024年度から施行された。これまで、在留資格「留学」を発給するための要件として、日本語学校は法務省告示により認可されてきた。また、日本語教師養成機関は文化庁への届出により、法務省告示校の日本語教師要件を満たす養成機関として認定されてきた。新たな法律施行後は、文部科学省が教師資格者の**登録**、日本語教育機関、教師養成機関、教育実習機関の認定を行う。日本語教育機関については、これまで留学を目的としたものだったが、新法では外国人の**就労**、**生活**、すなわち外国人移住者を対象とした日本語教育機関の認定も行われる。

4. 移住者の第二言語教育の在り方
4.1 移住者の言語教育政策における学習者はだれか

日本は外国人を**移民**として受入れる施策はとっていない。日本語教育に関する施策は、他の外国人受入れ政策との連結が明示されない形で先行して整備が進められている。そのため、**外国人移住者**が日本語教育に参加する意味、メリットなどは示されず、「学習を希望する人」としか位置づけられていない。つまり、現段階の施策は継続的で質保証された教育の機会が、学習者である外国人移住者全体に対して示されたものになっていない。

ここで、外国人受入れ基本法に基づいた外国人移住者対象の言語教育施策が行われているドイツと韓国について見てみよう。なお、海外での言語教育状況については松岡・足立（編）（2018）を参照してほしい。

4.2 ドイツの移民対象の言語施策

移民対象のドイツ語教育は、**移民法**を**法的根拠**として、財政基盤が整備され、学習者、カリキュラム、教育環境等が厳密に連邦政府によって管理されている「**義務型**」の教育である。

ドイツは2005年のいわゆる新移民法を基本法として、移民対象のドイツ語・ドイツ事情教育である統合コースの受講を、1年以上ドイツに滞在する移民に対して原則義務化した。ここで示す「**統合**」とはドイツ社会に同化させるという意味ではなく、このコースは共に生活するための新たな**基盤構築**の過程であり、ドイツの価値観を理解しながら、自らの**社会的アイデンティティ**を再構築する生涯学習の出発点であるとしている。統合コース開始当初

は1種類のプログラムだったが、現在は多様な学習者に対応して識字、非ラテン文字学習者、女性、親、青少年、学びなおし、集中の7コースで400時間から1,000時間のドイツ語教育と、30時間から100時間のドイツ事情コースが設置されている。

4.3 韓国の移住民受入れの言語政策

一方、韓国では外国人受入れの法的根拠を持つ「**インセンティブ型**」韓国語教育が行われている。韓国では、主に結婚移住女性の**社会統合課題**が発端となり、2007年に在韓外国人処遇基本法、2008年に多文化家族支援法が制定された。女性家族部、農林水産部などでそれぞれ韓国語教育支援を行ってきたが、2009年から法務部は社会統合プログラムを実施している。このプログラムは韓国語400時間（100時間×4レベル）、韓国事情115時間で、外国人登録証を持つ外国人が受講可能となっている。このプログラムの目的は、「移民が韓国の言語・文化を早く学び、円滑なコミュニケーションを通じて地域社会に溶け込みやすいように支援する」ことである。修了者には**帰化、永住権**、在留資格等の申請の際に筆記試験免除、韓国語能力証明免除などのインセンティブが与えられる。一方韓国でも雇用許可制などで単純労働力の受入れを進めているが、帰国を前提とした**還流労働力**に対する言語政策は結婚移住者等に比較すると弱い側面がある。

5. 外国人移住者受入れのための言語教育政策としての日本語教育の在り方

今後、外国人移住者に対する日本語教育政策をどのように展開するかは明確ではない。その理由は、外国人移住者受入れの基本法が制定されていない、つまり政策的コンセプトが不在だからである。現時点での日本語教育政策の対象者はあくまで「日本語教育を受けることを希望する外国人」であり、外国人側から見ると、義務でもなく、インセンティブもない日本語教育を受ける必然性は乏しい。

ドイツ、韓国では、外国人移住者に対する基本法があり、その中に言語教育政策が位置づけられている。しかし、日本では、日本語教育を実施する法だけが独立して制定され、外国人移住者として日本語教育を受ける**権利**、義務が見えない形になっている。日本語教育の推進に関する法律では、**自治体**

の責務として、地域の実情に合わせて日本語教育の**推進体制整備**を進めることが示されているが、「地域の実情」とは何か、どの程度のどのような日本語教育がなぜ必要か、どのような根拠で自治体がその施策を進められるのか、不明である。そのため、特に外国人が少数散在する地域では、脆弱な**財政基盤**の中で、少数の外国人に対する日本語教育体制を整備する事業は優先順位が低くなる。日本語教育政策の必要性の是非は、外国人移住者受入れ施策に沿って展開される必要がある。

6. まとめ

外国人移住者が日本語能力を持つことは、本人にとってだけでなく、受入れ社会にとって意味がある。外国人が社会参画するということは、そこでのコミュニケーション手段の確保が不可欠である。しかし、これまでボランティアが支えてきた地域の日本語教育活動は「困っている外国人を助ける」ことに焦点があり、外国人が日本語ができないことによる受入れ側の課題に目が向いてこなかったのではないか。

外国人移住者受入れ施策としての日本語教育の目的は外国人だけのものではなく、外国人移住者と受入れ社会の双方の必要性がある。たとえば、外国人やその家族が就労・生活で必要な一定程度の日本語力を習得できるような教育環境を雇用主や行政が提供すること、そして、外国人就労者等がその日本語教育を受けることに対する法的根拠が必要だろう。

今後、このテーマに関する研究を進める人は、単に日本語教育の内容等に着目するだけでなく、移民政策、**人口問題**、**人権問題**等、人の移動に関わる海外の研究も含めた幅広い分野の研究にもアクセスするよう勧めたい。現在は、インターネット上で情報公開されており、意識していれば得られる情報は多い。

● さらに学ぶための読書案内 ●

牲川波都季（編）（2019）『日本語教育はどこへ向かうのか ── 移民時代の政策を動かすために』くろしお出版

　外国人受入れ政策面から日本語教育に切り込み、言語教育政策研究の必要性について問う文献である。

稲垣みどり・細川英雄・金泰明・杉本篤史（編著）（2022）『共生社会のためのことばの教育 ── 自由・幸福・対話・市民性』明石書店

　言語学、法学、哲学などの研究者たちが移民の言語教育について論じており、外国人移住者の日本語教育について、分野横断的な視点が得られる。

地域日本語教育の制度設計

神吉宇一

神吉宇一（2020）「国内における地域日本語教育の制度設計 —— 日本語教育の推進に関する法律の成立を踏まえた課題」『異文化間教育』52, 1–17.

本論文の研究のねらいと特徴

　2019年に「日本語教育の推進に関する法律（以下推進法）」が公布・施行された。過去、日本語教育は、2001年に公布・施行された「文化芸術振興基本法」によって、「外国人の我が国の文化芸術に関する理解に資する」ことを目的として行うとされており、それ以外には日本語教育を実施するための法的根拠がなかった。そのため、地域における日本語教育は、長らく、住民の善意と地方公共団体の個別の問題意識によって実施されていたが、その実施体制は非常に脆弱なものであった。推進法により、国内の日本語教育は共生社会の実現のために実施することが明記され、国・地方公共団体・（外国人を雇用する）事業者の責務も明確にされた。このことは、公的資金による地域日本語教育の拡充に向けて重要な転機となるはずであるが、一方でさまざまな限界もある。本論文では、地域日本語教育を取り巻く社会的背景と地域日本語教育の考え方について概観した上で、推進法の7つの基本理念のうちの5つを取り上げ、その可能性と限界を指摘した。

研究の方法

　本論文では、過去の政策文書等を踏まえた上で、推進法の条文のうち、基本理念の部分で何が論じられているかを明らかにした。そして、各基本理念を取り巻く社会的現状も踏まえ、今後の地域日本語教育の制度設計に求められる項目を列挙するということを行った。また筆者自身が推進法成立に関して、日本語教育の専門家として、議員等と意見交換を重ねていたこともあり、そのような経験に基づく知見も若干盛り込んだ。

研究でわかったことと残された課題

　推進法を踏まえて日本語教育を行うには3つの観点が重要なことを主張した。1つ目は、推進法の上位に移民法のような包括的法整備を行い、日本語・日本語教育の位置付けを明確に行うことである。2つ目は、推進法で取り組まれようと

している事柄に関して学術的なエビデンスを示して補完するような推進法の内外をつなぐ制度設計を行うことである。そして3つ目は、推進法の下で具体的な取り組みを進めるためにファクトの収集や学習活動等の整備を行う必要があるということである。

また、政策決定に関して、過度に国の役割を強調するような感覚を問い直し、私たち一人一人の意見発信や取り組みがボトムアップで政策に影響を与えることが可能である視点を持つ重要性を主張した。近年の言語政策研究におけるエイジェンシー(政策主体)の議論などともつながるものである。

研究で苦労した点や研究上の助言

日本語教育に関する政策研究は、言語政策に関する研究がほとんどであり、教育政策という観点からの研究や、政策サイクルとしてとらえる研究などはさほど多くない。既述した通り、推進法以前はそもそも日本語教育に関する法的根拠が脆弱であり、政策不在の状況であったことから、日本語教育政策を対象とする研究がほとんどできなかったとも言える。それは裏返すと、今後、日本語教育政策の研究がさまざまな形で発展する余地が多分にあるということでもある。しかし、政策研究とは政策立案に関わる国等のマクロな部分を分析するだけでなく、日々の教育実践を丹念にみていくようなミクロな研究でも実現可能であるということをより多くの人に認識してほしい。

最後に、共生社会の実現と日本語教育政策の関係を研究することには大きな困難がつきまとう。それは、共生を目指すということが、日本語教育を充実させ、より多くの人が日本語を学び日本的なことを学ぶという「同じ方向を向いていく」ことと、人々の多様性や日本語以外の言語使用を認めることを尊重するなど「異なる方向を認めていく」という、異なる2つの方向性のどちらにも価値を置くことになるという困難さである。共生とことば、または共生とことばの教育はどのような関係にあるのか。その本質に迫ることが、日本語教育政策研究としてもっとも重要な研究テーマとなるだろう。

第7章

継承語教育

落合知子

> **ねらい**
>
> 本章では日本に暮らす外国につながる子どもたちの継承語教育について取り上げる。これまで民族団体、NPO等ボランティア団体、地方自治体等が実施してきた日本における継承語教育の実践を概観し、継承語の資源性・資産性について考察し、継承語に関わる国レベルでの政策の今後について検討する。

> **キーワード**
>
> 継承語の資源・資産性、継承語教育拠点、1.5世移民、加算的バイリンガル

1. はじめに

　国境を超えた人の移動が活発化し、複数の言語・文化環境で成長する子どもたちが増えている。日本国籍の有無にかかわらず、日本の公立学校に在籍している日本語指導の必要な子どもの数はこの10年で1.5倍に増加した。

　外国につながる子どもたちにとっては教授言語である日本語の習得と同様に、その**母語・継承語**の教育も後述の理由で非常に重要である。しかし、現在の日本において、外国につながる子どもたちへの日本語支援の必要性は早くから議論され、先進的な取り組みもなされてきたが、母語・継承語の伸長を意図した母語・継承語教育支援について政府が公式に言及するのは2019年改訂の「外国人児童生徒受入れの手引き」（文部科学省2019）、2020年の外国人児童生徒等の教育の充実に関する有識者会議による「外国人児童生徒等の教育の充実について」報告（文部科学省2020）等最近のことである。しかし当事者や家族のニーズに応える形で、民族団体、NPO等ボランティア団体や地方自治体等による草の根の母語・継承語教育の取り組みの歴史は長い。

本章ではまず母語・継承語の用語の確認を行い、日本における継承語教育の歴史的展開を概観する。次に継承語教育の意義と重要性について検討し、その中から特に継承語教育が当事者や地域や社会にもたらす資産・資源性について考察し、公的支援の必要性について論じる。

2. 母語教育、継承語教育その用語と歴史的展開
2.1 用語の確認

まず本章で扱う、「母語」、「継承語」の定義について確認する。

Skutnabb-Kangas & McCarty (2008) によれば母語とは「最初に学んだ言語」「自分のアイデンティティに関わると自己もしくは他者に認識されている言語」であり、時に「もっとも得意とする言語」「もっともよく使用している言語」であるという。

では継承語とは何か。継承語は、**家庭言語**、**コミュニティ言語**、民族言語など国と地域によって様々に称されてきた。継承語とは、「**1.5 世移民**と、現地で生まれた 2 世以降の外国につながる子どもたちの親（時に祖先）の母語であり、当事者のアイデンティティに何らかのかかわりのある言語」と規定して、本章では議論する。ちなみに 1.5 世移民とは Rumbaut (1994) によると言語形成期（14 歳以下）に移民した 1 世移民を指す。

幼少期家庭で育まれる母語・継承語と、学齢期に達し教育機関で習得する教授言語が一致する場合もあるが、国境や地域を超えて人の移動が活発化している昨今、母語・継承語と教授言語が一致しない場合もありうる。本章では主に国境を越えて移動する外国につながる子どもの母語・継承語を取り上げるが、移動を伴わなくとも家庭で語られる言葉が方言、変種あるいは先住民族言語である場合、母語・継承語と、共通語である教授言語の間に差異が生じる場合もある。また外国につながる子どもたちの母語・継承語も出身国内での様々な諸語、変種・方言が存在するため決して一枚岩ではない（中川 2018）ことも付記しておく。

2.2 継承語教育の歴史的展開①：19 世紀末から 1945 年まで

日本において日本語と異なる言語で教育を行う試みは 19 世紀に遡る。1872 年の横浜の欧米系住民によるサンモール学校、1898 年に中国系住民に

よる中華学校が同じく横浜で設立され、1930年代まで、神戸・東京・長崎の各地で開校され、その他欧米系の学校の存在も報告されている（月刊イオ編集部 2006）。朝鮮半島出身者による民族教育を行う「書堂（ソダン）」や夜学が1933年に大阪府により禁止措置がとられ、朝鮮人夜学は摘発・閉鎖の対象となった（宋 2010）ことも当時の記録に残っている。

2.3　継承語教育の歴史的展開②：1945年からの朝鮮・韓国語をめぐって

　1945年の第2次世界大戦における日本の敗戦以降、日本国内の朝鮮半島出身者子女のための朝鮮語の「国語講習所」が全国で自主的に開設され、初級（小学校相当）だけで525校にも及んだといわれる。しかしその後「朝鮮人学校閉鎖令」が閣議決定され、1948年には日本政府とGHQによる警察を動員した学校閉鎖が始まった（比嘉・舘 2014）。この学校閉鎖をめぐるGHQ・日本政府とコリアンの攻防は大阪・兵庫を中心に激しさを極め、**阪神教育闘争**と呼ばれ、民族教育弾圧の歴史として刻まれる。

　国語講習所閉鎖後、多くの朝鮮半島出身の子どもたちは日本の公立学校に通い、大阪などの朝鮮半島出身者の多住地域では民族教育の保障として、公立学校に課外教室である民族学級が開設された（一部ではあるが公立朝鮮人学校も短い期間設置されている）。その後、朝鮮学校・韓国学校が再建され、最盛期の1983年には朝鮮学校は152校となった。韓国系の学校法人も東京・京都に各1校と大阪に2校計4拠点で開校した（高 1996）。朝鮮学校にはその後も2010年の高校無償化除外や、自治体による補助金カットなど国連人権委員会も懸念を示す差別的な政策がとられてきた。しかし中島（2017）は朝鮮学校について、家庭でも日本語を使用する4世、5世のための朝鮮・韓国語を学習言語とする継承語保護学校で、民族アイデンティティを持った日本語と朝鮮・韓国語の**加算的バイリンガル**（母語・継承語の上にもう一つ有用な言語を習得し、アイデンティティが崩れない2言語能力を持つ人のこと）を育てていることを指摘し、「4・5世の教育を実施する2・3世のための教員養成機能を持つ朝鮮大学校まで存在することを含めて世界的に見て極めてユニークな取り組み」（中島 2017）と評価する。

2.4 継承語教育の歴史的展開③：ニューカマーの訪れ

　1970年代後半に始まるインドシナ難民の受け入れ、1980年代の中国残留孤児とその家族の帰国、1990年の出入国管理及び難民認定法の施行により、新設された在留資格である「定住者」として中南米、フィリピン等から日系人が来日するなど、外国につながる子どもたちの継承語はベトナム語、中国語、ポルトガル語、スペイン語、フィリピノ語と一気に多様化する。例えば石井（1999）によると、1990年代の神奈川ではボランティアベースの継承語教室が21、外国人学校12校と公立学校の国際教室や授業の一環として行われていた継承語教室が8つ確認されている。教えられている言語は韓国・朝鮮語、ポルトガル語、中国語、スペイン語、カンボジア語、ベトナム語、ラオス語が報告されている（石井 1999）。

　兵庫県神戸市では3つの朝鮮学校や中華同文学校、マリスト国際学校のほかドイツ系・カナダ系のインターナショナルスクールが存在するほか、日本の公立学校に通う外国につながる子どもたちについては、1995年におこった阪神大震災を機に多文化なまちづくりを志すNPO・ボランティア団体である神戸在日コリアン保護者の会、関西ブラジル人コミュニティ、ひょうごラティーノ、ベトナム夢KOBE等により震災後に韓国・朝鮮語、ポルトガル語、スペイン語、ベトナム語の継承語教室が活動を開始し、現在に至っている（落合 2012, 2015a）。また兵庫県教育委員会が2006年から2010年までの5年間県内小中学校17校を「母語支援センター校」とし、「学習思考言語の習得」「アイデンティティの確立」を目的に、韓国・朝鮮語、中国語、ポルトガル語、スペイン語、ベトナム語、フィリピノ語の継承語教室を課外授業として実施した（母語教育支援センター校等連絡会 2009）。この兵庫県の公立学校内での母語支援事業は2010年に終了しているが神戸市内の7校に設置された支援センター校は神戸市教育委員会に引き継がれ、現在に至るまで「日本語指導の一環として」継承語教育が実施されている。

　継承語教育への国レベルでの施策はこれまでほぼなく、あるとすれば朝鮮・韓国系の継承語教育に対する禁止と弾圧と差別が散見される。そんな中、継承語学習者当事者に比較的近い民族団体、NPO等ボランティア団体、地方自治体が当事者からの声に応え、継承語教育を実施・継続させているのが現在の日本の継承語教育事情であるといえよう。

3. 継承語教育の意義と重要性

継承語教育の意義については多くの論考がある(例えば野津 2010 や真嶋他 2010 等)。継承語学習者とその周囲にもたらされる意義を下記に整理する。

3.1 継承語学習者当事者にとっての意義

まず、継承語教育がなぜ継承語学習者の認知能力の形成や学習思考言語レベルでの日本語能力の確立に資するのか解説する。Cummins(1984)の**2言語相互依存仮説**によれば、下図のように、継承語と教授言語は表層面では異なる言語であるが、深層面での概念形成は共通しているため、継承語で言語形成をすることが学習思考言語としての教授言語の伸長を助けるという。継承語と教授言語双方を習得することで、認知能力を高め、継承語にも、教授言語にも通じた加算的バイリンガルの育成が可能になるという。

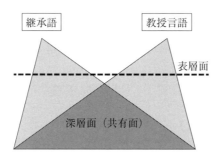

図1　2言語相互依存説
（Cummins, 2001 を基に作成）

それ以外にも継承語教育は本人の将来の選択肢を日本と故郷、双方に拡げ、アイデンティティの確立を助ける。またキムリッカ(1998)は継承語の習得はマイノリティにとっての人権であると指摘する。

3.2 継承語学習者とその周辺コミュニティにとっての意義

さらに継承語教育は親とのコミュニケーションを確立し、親の文化や宗教の継承を可能にするなど本人にとどまらず継承語学習者の周辺の移民コミュニティに利益をもたらす可能性も指摘されている。もちろん、親とのコミュニケーションの確立は継承語学習者当事者にとってもなくてはならないライ

フラインであることは言うまでもない。

3.3 継承語学習者が存在する社会への意義

次に継承語教育が、継承語学習者の存在する社会への意義について検討する。継承語教育について長い実績のあるカナダにおいてカミンズ＆ダネシ (2005) は外国につながる子どもたちが継承語と教授言語の加算的バイリンガルに成長することでカナダの外交や貿易、国際協力に必要な人材が確保され、成人に言語教育費用を投入した場合と対比して莫大な国費が節約されると述べ、子どもたちの持つ継承語は言語資源であり、それはカナダの石油や森林と同じように間違いなく経済的資源であることと主張し（カミンズ＆ダネシ 2005: 96–98）、継承語教育に国税が投入される正当性を説く。

日本における継承語の資産性については庄司 (2010) が継承語能力の「実利性について就職の際の言語力、ビジネスやその他事業において、情報収集や人的交流での優位性をもたらす」（庄司 2010: 38）可能性について指摘する。こうした実利の存在は日本語が第 1 言語となり継承語の運用能力に不安を持つ 1.5 世以降の世代に「強力な学習動機」（庄司 2010）を与える。

継承語教育の経済的な実利だけを強調すると経済的に価値の高い継承語とそうでない継承語の格差についての懸念が生じるが、先行研究には経済的な実利にとどまらない継承語教育の資産性について、いくつかの知見が報告されている。例えば、三輪 (2022) はドイツ、ハンブルク州の指導要領を紹介しながら、継承語学習者とその周囲の子どもたちが多様な価値や規範について考える機会を持つことで「文化的な仲介者」として主体的に行動し、摩擦や誤解に対処する能力を育むことが平和なコミュニティや社会を築いていく可能性に言及する（三輪 2022: 110–111）。

継承語教育拠点の教育資源性や文化資源性についてはすでに多数の報告がある。継承語教育を行う朝鮮学校が学校公開を行い、コリア文化を地域に発信し（中島 2013）、ボランティア団体や公立学校に設置された継承語教室で学ぶ児童生徒がその継承文化を日本人児童等ホスト社会に向けて発信するなど、継承語教育拠点が、国際理解教育や言語資源教育の拠点として機能する例は数多く報告されている（例えば近藤 2022 や落合 2015b 等）。

4. 今後の課題

　先行研究が示す通り、継承語教育の実践は当事者やその周辺のコミュニティのメンバー、さらにはホスト社会成員に経済的な実利にとどまらない広義の「資源・資産」をもたらしている。

　しかしながら、同時に実践の場での大きな困難も存在している。継承語学習者の思春期における継承語学習動機の低下（落合・上原 2022）や、学習者の継承語能力の多様性などである。さらには公的支援のない中で当事者周辺の熱意とボランタリズムに支えられている継承語教育拠点は資金不足・教員不足・教材不足など様々な不足も報告されている。支援の乏しい現状では継承語は継承語教育を実践する当事者、家庭や学校・地域の不断の努力なしには維持の困難な「脆弱な資源」であることも認識せねばならない。

　日本は少子高齢化が進む中、外国人住民の移住による社会的人口増加が見込まれ、2070 年には人口の 1 割が外国人人口になると試算される（国立社会保障・人口問題研究所 2023）。しかし外国につながる子どもの教育環境に関わる日本のデータは明るい状況とは言えない。小中学校相当年齢の外国人児童生徒の不就学率は約 1 割に達し、外国人生徒の高校進学率は 64 %（日本学術会議 2020）と、日本全体の高校進学率（98 %）との間に、明らかな格差がある。文部科学省が継承語教育に言及を始めたのはほんの最近だ。そんな外国につながる子どもへの教育環境を持つ日本は外国人、特にバイリンガル人材に第 2 の故郷である移住先として選ばれることが可能であろうか？

　この高度情報化の時代、保護者の得た情報は SNS を通じて一瞬で世界を駆け巡る。そんな時代に、日本がバイリンガル人材にとって魅力的な国として、認知されることを目指すのであれば、外国につながる子どもたちの教育環境の整備と、今ある継承語教育拠点の維持・涵養に国を挙げて取り組み、加算的バイリンガルを生み出すシステム作りが必要であろう。

　具体的には朝鮮学校を含む外国人学校への是認と支援、公立学校での継承語教育の奨励、外国にルーツを持つ家庭や地域のボランタリーな継承語教育拠点への支援など既存の民間、地方自治体の試みへの公的な支援の導入が考えられる。また、多くの小・中・高等学校では英語のみが正課の外国語として教えられているが、母語・継承語話者の住民の多い地域では当該言語を外国語として選択することはできないか。すでに兵庫県内では定時制の県立湊

川高校の朝鮮語、全日制の県立神戸甲北高校や県立芦屋国際中等学校が中国語、韓国・朝鮮語、ベトナム語、スペイン語等を国際理解教育・人権教育の一環として授業科目としている。大学入学共通テストにも外国語としてではあるが、継承語話者の多い韓国語や中国語が独・仏語等とともに受験科目となっているが、これをその他の言語にも拡大することも検討すべきだ。また、韓国・ブラジル・ベトナムなど一部の外国人住民の祖国からは日本在住の当該国出身者がバイリンガル人材として育まれるための継承語教育支援や教材開発支援も始まっている。日本政府も在外日系コミュニティに対して、継承日本語教育支援は長く行ってきた。移民の送り出し国と受け入れ国が継承語教育を介して連携・協力活動を行うことも重要であろう。

　こうした「外国につながる子どもへの継承語教育」「外国語教育」「国際理解教育」「人権教育」「在外邦人への**継承日本語教育**」などそれぞれに行われている活動を「複数の言語資源を持つ子どもたちの継承語の育成」という目的のもとに整備し、バイリンガル人材の育成が可能な継承語教育拠点を持つことは、バイリンガル人材を国内に呼び込み、多様な人材を育む社会の創造のために必要な言語政策ではないだろうか。

5.　まとめ

　日本において国レベルでの継承語教育政策への取り組みはこれから始まる。公的な継承語教育が他の言語政策に比べ遅滞する現象は多くの国で見られる傾向である（庄司 2010）。しかし草の根レベルでは多様な取り組みの歴史が日本にはある。そうした既存の取り組みを評価し、日本社会が継承語教育を行う資源性・資産性を認め、加算的バイリンガルが育まれる社会を創造していくことが求められている。

● さらに学ぶための読書案内 ●

近藤ブラウン妃美・坂本光代・西川朋美(編)(2019)『親と子をつなぐ継承語教育』くろしお出版
　継承語習得の理論的メカニズムを紹介し、海外における継承日本語と日本における継承語教育を概観している。

松田陽子・野津隆志・落合知子(編)(2017)『多文化児童の未来をひらく――国内外の母語教育支援の現場から』学術研究出版
　日本、カナダ、オーストラリア、タイ等の継承語教育現場の取り組みを紹介する。

言語内部の多様性から考える継承語教育

中川康弘

中川康弘（2018）「継承語教育において「共通語」と「変種」はどう位置付けられるか――同一言語内の異なりを相補関係とする理論の形成に向けて」『中央大学論集』39, 29–39.

本論文の研究のねらいと特徴

　本論文は、オーストラリアにおけるベトナム語の接触場面に着目したものである。首都ハノイのベトナム語と、シドニーの難民コミュニティのベトナム語に焦点をあて、同一言語内の多様性を示しつつ、継承語教育の観点から共通語と変種の関係について論じることをねらいとした。

　まず共通語話者の意識を持つ、同国に一時滞在しているハノイ出身のベトナム語話者が、母語継承の際、本人にとっては変種にとれる難民コミュニティのベトナム語に遭遇した出来事を追った。次に並行して、難民コミュニティのベトナム語話者が、首都ハノイのベトナム語をどう捉えているのかも調査した。両立場の事例をもとに、ともすれば見過ごされる、一枚岩ではない言語文化の諸相を描いた点、そして共通語と変種を継承語教育にどう位置付けるかの理論構築を試みた点が、本論文の特徴だと言えるだろう。

　なお、共通語／方言を同列に変種とする見方もあるが、本論文では継承語教育にどう位置付けるかの理論的検討を試みることを目的としたため、共通語に対する地域変種を「変種」とし、調査、分析を進めた。

研究の方法

　調査協力者は2名。1人目は首都ハノイ生まれで北部方言（＝共通語）のベトナム語話者で、居住地シドニーでの継承語実践や変種に対する意識について、聞き取りを行った。2人目は難民コミュニティで生まれ育ったベトナム語（＝変種）話者で、シドニー西部にあるコミュニティに赴き、聞き取りと参与観察を行った。聞き取りには語り手の意識の流れに対応していく半構造化インタビューを用い、文字化データと参与観察時メモを分析資料とした。

研究でわかったことと残された課題

　共通語話者は、オーストラリアで広く流通している変種に戸惑いつつも、自ら

のベトナム語に規範を見出し、それを継承語として位置付けていた。一方、変種話者も、コミュニティ内のベトナム語に本物らしさを見出していた。つまり、ベトナム本国で変種とされる難民コミュニティのベトナム語は、オーストラリアにおいては共通語として定着し、当該コミュニティの話者もその認識を持っていたのである。ここから言語文化の真正性というものは、あくまで個人の感覚によるものに過ぎないということが確認された。

　一般に、言語的多様性は社会を富ます資源だと言われる。しかし、その言説は、有用性や市場に結び付く共通語を称揚し、変種はヴァナキュラーな（土着の）言語として周縁化、不可視化される性質を持つものである。よって継承語教育は、変種を私的領域にとどまらせず、丁寧な記述を通じて共通語、変種双方を同等に価値付け、学びの相補関係とする理論や指導法の確立が、今後の課題として導き出された。

研究で苦労した点や研究上の助言

　苦労した点でまず頭に浮かぶのは、共通語話者には変種に対する思いを、変種話者には共通語に対するそれを語ってもらうことの難しさである。調査中、私は両者に共通語、変種のどちらに立つ研究者なのかを婉曲的に迫られた。特に難民コミュニティ内の協力者にとっては、共通語の存在を知りつつも、自分のベトナム語世界こそ唯一であり、ことさら二分法的な問いを立てること自体、不快にならないかと思われたからである。だが、その緊張感は、母国を離れ、異国で生活基盤を築いた人々の歴史に思いを馳せることにつながったように思う。それは変種の存在を認めるがゆえに共通語を重んじようとする、一方の協力者の人情の機微を解することにも役立っただろう。

　その意味で、調査者に必要なのは、やはり真摯に語りに耳を傾け、現地に足を運び、目の前にいる協力者の語りの意味を探っていくことだと考える。

　さまざまな理由により、地球規模での人の移動が現在進行形で生じている今こそ、一国家一言語ではない、言語内部の多様性を丁寧に記述し、継承語教育に反映させることが求められるだろう。そして、そこに微力ながら寄与することが、研究者の端くれとしての使命でもあると思う。

第8章

異文化接触

加藤好崇

> **ねらい**
>
> 本章では日本国内の異文化接触に影響を及ぼす言語政策を取り上げる。近年、インバウンドの隆盛により外国人旅行者が急増し、日本人と外国人が接触する観光接触場面が増えている。この観光接触場面におけるやさしい日本語の習得計画に焦点を当て、ミクロレベルとマクロレベルの関係性や、社会変容が言語政策へ及ぼす影響について説明する。

> **キーワード**
>
> 観光接触場面、やさしい日本語、習得計画、言語問題、ミクロレベルとマクロレベルの関係性

1. はじめに

本章では異文化間の「**接触場面**」を題材に言語政策について考える。接触場面とは、最も典型的には母語話者と非母語話者がコミュニケーションをする場面を指す。例えば初対面の日本語接触場面では、情報伝達の正確さや相手への配慮を規範として、スピーチスタイル、話題、身体行動などがミクロな談話レベルで管理されている(加藤 2010)。接触場面はマクロなレベルからの管理も受ける。例えば、国家資格「登録日本語教員」の制定も、日本語学習者の接触場面を管理するための言語政策として捉えられる。

基本的に言語政策にとって談話上に現れる**ミクロレベル**の**言語問題**を考慮することが重要である。ミクロレベルで特定された言語問題を、政府、地方自治体、組織・団体のような**マクロレベル**へボトムアップし、そこで何らかの言語政策を開発したのち、再びミクロレベルへ戻すというミクロ→マクロ

→ミクロの流れが理想的であろう。また状況に応じてミクロからマクロへのさらなる環流も必要となる。

ミクロレベルとマクロレベルの関係性のバリエーションとしては、マクロレベルの参加者が実態を考慮せず言語政策を立案し、トップダウンで実施するようなマクロ→ミクロ、マクロレベルの参加者がミクロレベルの言語問題に興味を持つが解決には至らないミクロ→マクロ、個人の言語問題の処理で終わるミクロのみ、専門家による科学的な目的のためのマクロのみ、そして前述したようにミクロ→マクロ→ミクロなどが考えられる (Nekvapil 2009)。

本章では接触場面の中でも外国人旅行者が日本での観光行動に際して、日本語母語話者とコミュニケーションをする「**観光接触場面**」(加藤 2020) を取り上げ、そこで実施された「**やさしい日本語**」の言語政策の試みをミクロレベルとマクロレベルの関係性などの面から説明する。

2. 観光接触場面とやさしい日本語

外国人の訪日旅行(インバウンド)は 2003 年のビジット・ジャパン・キャンペーン開始以来、飛躍的に拡大し、2019 年には過去最高の約 3,200 万人の訪日客があった。しかし、新型コロナ感染症蔓延後の 2020 年には前年比 87.1 ％減と急激に減少している。この現在に至るまでの国や地方の施策、社会状況の変容は観光接触場面の質や量に大きな影響を与えた。そしてそれは対面での会話や言語表示などに様々な言語問題を顕在化させた。この問題解決方法の一つとして「やさしい日本語」がある。

やさしい日本語は、もともと阪神・淡路大震災で外国人被災者が多かったことをきっかけに防災・減災のための日本語として広まった。しかし、近年は教育、医療、役所など、様々な分野で活用されている。言い換えれば在日外国人が接触場面で遭遇するミクロレベルの言語問題を、やさしい日本語への変換によって問題解決を図っていると言える。

やさしい日本語を使用した言語政策の具体例としては、神奈川県内のある公共図書館が近隣の在日外国人のために受付での日本語を分かりやすくした試みが挙げられる。この一般的な日本語の語彙や表現をやさしい日本語化する作業は実体計画と呼ぶことができる。また、ある地方自治体では地方創生の一環として、市民にやさしい日本語を習得してもらい、外国人旅行者と関

わってもらおうという試みが見られた。この場合はやさしい日本語の**習得計画**と呼ぶことができよう。

3. やさしい日本語の習得計画

　観光接触場面での言語問題を解決するために、各地で英語学習や多言語表記などの解決行動がとられているが、本章では九州Ａ市と北海道Ｂ市によるやさしい日本語の習得計画2例を紹介する（加藤 2018, 加藤 2022）。

3.1　Ａ市のやさしい日本語習得計画

　Ａ市は市内の水郷を利用した川下り観光で有名であり、近年は海外からの旅行者も多い。この増加する外国人旅行者とのコミュニケーション問題の解決策として、Ａ市では地方創生関連の交付金も得て、市民向けにやさしい日本語講習会を2016年に開催した。

　同年12月、筆者は約1時間のやさしい日本語を実践した川下りツアーに参加した。このツアーには日本語学習者の多い台湾からのツアーモニター6名（Ｔと略、表1）とやさしい日本語講習を3回受講した日本人船頭1名（Ｓと略、表2）、及びやさしい日本語導入に関わる日本人関係者10名が参加しており図1の配置で乗船した。筆者はビデオを持ってＴ2の横にすわっている。

　下はツアー開始約2分半から4分までのＳとＴの発話からなる談話である。談話中、Ｓにより発話された中国語、英語はカタカナで記述する。

表1　台湾からの旅行者のプロフィール　　表2　船頭Ｓのプロフィール

	性別	日本語能力
T1	女性	N2
T2	女性	日本語学習歴2年
T3	女性	N2、日本留学1年
T4	女性	N4
T5	女性	N5
T6	男性	N1、日本留学1年

	性別	船頭歴	やさしい日本語講習会歴
S	男性	26年	3回

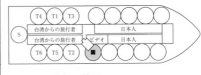

図1　乗船者の位置

〈船頭Ｓと台湾人モニターＴの談話〉

第8章　異文化接触

1. S：日本語、オッケーですね。シェイシェイ。
2. T複数：（笑い）
3. S：ありがとうございます。・・まず、今、船のなか見ていただきますと、こたつ・これ日本では、こたつ、といいます。（注：乗船した船は「こたつ船」である。）
4. T？（発話者特定不能）：はい。
5. S：ええ、ジャパニーズ、ええ、ホットブランケット、ブランケット、ヒーター、テーブル・ええ、こたつ船、こたつ、ジャパニーズこたつ（T？：はいはい）、こたつといいます。これは12月の1日から、ええ、ちょうど入って1週間ぐらい・の、ええ、まだ期間しかたってないんですけど、これは2月の・末まで、・2月いっぱい〈両手を広げる〉、この3ヶ月間〈指を3本立てる〉こたつ船で、船の方が冬の川下りを行ってまいります。まあそれと、このAは・ええ、川下りと言いますけど、まあ、今現在、自然の川を下っております。
6. T？（発話者特定不能）：（笑い）
7. S：自然の川、分かります↗（上昇調）・自然の川・（T1：nature）をくだっている。で、このA、昔、お城がありました。大阪城、名古屋城、・・ヒア、ここ、A城・お城がありました〈人差し指を下に向ける〉（T1：はあ）これ、城を守るために〈手のひらで円を描く〉、ここに手掘りで掘られた。手掘り、分かりますか↗（上昇調）。

（「・」は短い間、「・・」は2〜3秒程度の間、〈　〉内は身体行動）

　上のSの発話にはコードスイッチングが見られる。例えばSはターン1のようにしばしば簡単な中国語（「シェイシェイ」）を使用して、心的距離の縮小を図っている。また、ターン1、5、7では「オッケー」「ジャパニーズ」などといった英語へのコードスイッチングをし、円滑なツアーの実践を図っている。しかし他にも、一般的な意味でのコードスイッチングとは言えないが、ここにはやさしい日本語も意識的に使用されている。
　この船には日本人も乗船していたため、「いただく」「まいる」「おる」といった謙譲語も使用されていたが、基本的にSの発話は謙譲語、尊敬語のない丁寧体で統一されている。その他、頻繁なポーズ、発話速度の遅さ、理解

第 4 部　言語政策研究の最前線

確認、身体行動、例示なども講座で教わったやさしい日本語を強く意識していたことによる。

　この市としての言語政策は、談話に存在した既存の言語問題の解決にある程度寄与している。S は「最初ほんと、外国のお客様がお見えになるようになったときは、何をしゃべっていいかわからなかった」とし、やさしい日本語がツアーの実践に話の枠組みや安心感を与えくれたと述べている。

　しかし、外国人旅行者が常に日本語学習者であるわけではなく、そうであったとしても日本語能力に差があるので、S は状況に応じてストラテジーを臨機応変に変えていかなければならない。こういった状況を改善するためには、さらに個別事例を拾い上げ、再び講座や行政のレベルに戻して習得計画を微調整する必要もあったが、そういった流れは乏しかったように思われる。A 市の場合、詳しい事前調査に基づいてはいないものの観光接触場面での言語問題の存在の認識から、やさしい日本語の習得計画が進められていたので、ミクロ→マクロ→ミクロに近いものであったと言えよう。しかし、更なるマクロへの還流は見られなかったことになる。

　しかし、新型コロナ感染症の影響により、2021 年の A 市の外国人旅行者数は、過去最高であった年の約 99 ％減となる。そのため、外国人旅行者との言語問題自体が潜在化し、市民に観光接触場面でやさしい日本語を使ってもらおうとする習得計画は関係者の関心を失うことになった。

3.2　B 市のやさしい日本語の習得計画

　B 市は人口減少と超高齢化を問題として抱える地方自治体である。また、インバウンドに関しても、2018 年度の外国人旅行者数は約 950 人と近隣の大都市の存在にもかかわらず多い数とは言えない。そこで、B 市は地方創生の手段としてインバウンド誘致に力を入れ、その方策の一つとしてやさしい日本語に焦点を当てた。

　筆者はこの B 市のインバウンドのためのやさしい日本語事業に 2017 年から関わりを持ち、2020 年から 21 年にかけて 6 名の市民に半構造化インタビューを実施した。表 3 にはインタビュー対象者とその役職等を記した。また、行政を実施する立場か、やさしい日本語講座を運営する立場か、外国人旅行者と実際に会話をする立場かによって行政レベル、講座レベル、談話レベルと 3 分類

第 8 章　異文化接触

し、それぞれ所属レベルを網掛けにした。なお、複数レベルに関わる者もいた。

表3　B市のインタビュー対象者と所属するレベル（加藤 2022）

行政レベル	講座レベル	談話レベル
経済観光課課長 T 氏		
経済観光課主幹 K 氏		
議会事務局係長 O 氏	議会事務局係長 O 氏	議会事務局係長 O 氏
元市嘱託職員 S 氏	元市嘱託職員 S 氏	元市嘱託職員 S 氏
地域おこし協力隊 J 氏	地域おこし協力隊 J 氏	地域おこし協力隊 J 氏
	美術館員 G 氏	美術館員 G 氏

　まず市の公開資料をもとに、やさしい日本語の言語政策をレベル毎に概観する（図2）。B市の「第2期（2020年度〜2024年度）B市まち・ひと・しごと創生総合戦略」には、4つの基本目標が掲げられている。うち基本目標1「産業を元気にして安定した雇用を創出する」には4つの小目標があり、そのうちの1-3に「稼げる観光の振興」がある。さらにこの深層には1-3-3「インバウンド客の受入れ体制の構築及び受入れ拡大」という目的が見られ、このうちの1つに「外国人に伝わりやすい『やさしい日本語講座』の開設」が設定されている。このように市の産業活性化と雇用創出のための手段の一つにやさしい日本語の習得計画が関連づけられている。

　次に行政レベルの下に位置している講座レベルと談話レベルを見てみる。それぞれのレベルの左側の文はレベル内での目的を表し、右側の文はその手段を示している。まず、講座レベルでは講座開設を最初の目的とし、開設後は市民へのやさしい日本語習得を目的とする。このレベルでは特に表3のS氏が中心的役割を持ち、セミナー講師の役割も担っていた。講義で最も重視されていたのは、ルールに従った適切なやさしい日本語の産出であった。

　談話レベルの参加者は教えられたやさしい日本語のルールに従ってコミュニケーションをとることが目的となる。美術館員G氏は、やさしい日本語を知ったことで、「自分たちも安心感というか、（中略）ちょっと積極性が持てた」と述べており、A市の船頭Sと同様の効果に言及している。

　しかし、言語問題がなくなったわけではなく、外国人旅行者が来ると、ま

第 4 部　言語政策研究の最前線

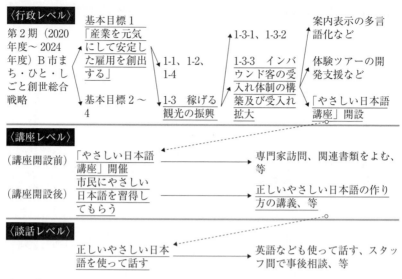

図2　「やさしい日本語」事業のレベル間の関係（加藤 2022 から作成）

ずやさしい日本語で話しかけ、分からなければ英語を使うが、それでも伝わらない場合、スタッフ間で相談してより適切な表現を考えるとG氏は述べている。この談話レベルでの個別の問題解決を講座や行政に戻して計画自体を組織的に微調整するという流れは、A市同様、基本的になかったようである。

　また、B市の場合、やさしい日本語を観光リソースとしても捉えていたため、スタート時点では観光接触場面が少なく、言語問題もほとんど顕在化していなかった。したがって、やさしい日本語に興味を持つ市民も少なかった。例えば、T氏は「（外国人旅行者と会う）機会とか、増えればもっと（やさしい日本語を）広められるのかなと思う」と述べており、またJ氏も「市民に受け入れられていない、行政のところにとどまっているところがあって」と述べている。以上のことからB市の場合、マクロ→ミクロの流れにより近いものであったと言えよう。

　ただし、B市の試みは実質的に 2018 年から始まったものであったので、ある程度持続すれば市民の間に言語問題が顕在化する可能性はあった。しかし、ここでも新型コロナ感染症が影響し、やさしい日本語への関心は一層薄まっていく。K氏は「B市を応援してくれる人を増やして『関係人口』、B市を見てくれている人を増やしていこうという（中略）、観光客というよりも

B市に滞在する、目を向けてくれる人を増やしたい」と述べており、旅行者を意味する「交流人口」から、地域と何らかの繋がりを持つ「関係人口」に視点を移している。市民の関心が異文化交流にあったとしても、行政の関心は地方創生そのものであり、やさしい日本語でなくても良いのである。

4. まとめ

ここでは上記2例から言える言語政策研究の留意点をまとめる。

まず、時代背景や不測の事象によって言語問題は発現、消滅、顕在化、潜在化など動態性を持ち、それに伴い言語政策への人々の関心も変容する点に留意したい。2番目に談話上における言語問題の性質と同時に、言語問題がどれだけの人に共有されているかを知ることも重要である。言語問題の性質は言語政策の内容に影響を及ぼすし、言語問題の共有の程度は言語政策の成否に影響を与える。3番目にミクロレベルとマクロレベルの関係は実際にはかなり複雑であるので、研究者はできるだけ多くのステークホルダーと関係を持つことが重要になる。また、行政の計画は基本的に5年が多く、ある程度長期に亘っての関係維持が必要である。最後に、特に観光では言語問題の完全な解決よりむしろ軽減で許容される場合も多く、軽微な問題ならむしろ旅の楽しみと見なされる。このことは言語問題が必ずしも解決すべき「悪」とはならない可能性があることを示唆している。以上を踏まえ、多様な異文化接触に関わる言語政策の研究、立案を考えていく必要があるだろう。

● さらに学ぶための読書案内 ●

David C. Johnson（2013）*Language Policy, Research and Practice in Applied Linguistics*. Palgrave Macmillan.
ミクロレベルとマクロレベルの関係性について解説している。

加藤好崇（編著）（2019）『「やさしい日本語」で観光客を迎えよう――インバウンドの新しい風』大修館書店
地方自治体、宿泊施設などが外国人旅行者とのコミュニケーションをどのように管理しているかの具体例を知ることができる。

外国人移住者の言語リソースとしての日本語の管理

今 千春

今千春・高民定（2018）「海外帰国者の日本語使用と言語管理――日本から帰国した在日済州人の事例を中心に」『Journal of Linguistic Studies』23 (3), 241–267

本論文の研究のねらいと特徴

　本論文は日本の外国人移住者の帰国後の日本言語使用に注目して考察を行ったものである。これまで外国人移住者の言語使用をめぐっては日本に在住していることを前提に議論されることが多く、帰国後や他の国や地域に移動した後に目が向けられることはほとんどなかった。しかし実際、外国人移住者は帰国後も日本と何らかの関わりを持ち続けることが多く、再び日本に移住する可能性もある。本論文ではこうした帰国した外国人移住者の言語使用の基礎研究として、日本の代表的な外国人移住者である在日コリアンのうち、その多くを占める済州島出身者のあつまりである在日済州人の日本語使用を考察した。在日済州人は歴史的な経緯や地理的な近さから日本とのつながりが深く、独自のコミュニティを形成している。彼らにとって日本への行き来や日本語使用は日常的なことであり、滞日時のさまざまな経験が帰国後の日本語使用にも影響を及ぼしていると予想される。そこで本論文では、帰国した在日済州人がどのようにして日本語を習得し、どのような日本語を使用しているかを通時的・共時的観点から考察することを目的とした。

研究の方法

　本研究では 6 名の帰国した在日済州人を対象とした。いずれも出稼ぎ目的で、1994 年以降、20 代から 30 代の頃に渡日して 2 年から 8 年ほど日本に滞在した経験があり、調査時の年齢は 50 代から 80 代であった。調査ではインタビューを実施し、それをもとに彼らの移動のプロセスと日本語習得、日本語使用状況について 2 つの手法で分析を行った。一つは言語バイオグラフィーの分析である。これは、対象者が語るライフストーリーから言語習得のプロセスや現在の日本語使用に至るまでの経験を通時的に探る手法で、移動を繰り返す在日済州人の日本語の管理を分析することができると考えた。もう一つは日本語による接触場面の

会話データの収集である。これによって現在の在日済州人が使用する日本語の分析が可能となった。これらの分析によって、帰国した在日済州人の移動とそれにともなう日本語の習得プロセス、また現在の日本語使用の特徴とを関連付けることを試みた。

研究でわかったことと残された課題

　言語バイオグラフィーの分析から、在日済州人の移動と日本語習得には在日済州人コミュニティとのつながりが大きく関わっていることが明らかになった。在日済州人が日本に渡ったきっかけは、日本にいる家族や知り合いからの紹介がほとんどで、渡日後も在日済州人コミュニティによる生活支援が保証されていた。そのため日本語を学ぶ必要性は高くなかった。ところが渡日後、在日済州人の多くは日本人との会話を通して日本語を習得しており、自己評価も高かった。一方、現在の彼らの日本語の分析では、終助詞の使用やコードスイッチング、意味交渉といった会話管理や当時の職業語や方言の使用が見られ、コミュニケーションのために自然習得した日本語のバリエーションを持っていることが確認された。これらのことから、在日済州人はコミュニティとのつながりを持つと同時に、移動によって出会った日本人ネットワークにも参加しており、彼らの日本語は日本社会に参加するための言語リソースとしての管理として捉えられることが明らかになった。

　ただし今回の調査では協力者の多くが高齢だったこともあり、再び日本に移動する可能性のある人は少なく、次の移動に備えた日本語の管理という点では考察が不十分であった。在日済州人の多様性も考慮に入れつつ、調査データを蓄積していくことが当面の課題である。

研究で苦労した点や研究上の助言

　ライフストーリーの聞き取りでは在日済州人ひとりひとりの人生の重みを感じ、受け止めるのに毎回苦労した。それでも、決して楽ではなかった日本生活での出来事を生き生きと話す姿や自信を持って話す日本語からは異文化や外国語に価値をおく考えがうかがえ、当事者の語りが今後の研究に新たな視点をもたらすのではないかと改めて感じた。

第9章
コミュニティ・レベルの言語政策

猿橋順子

ねらい
本章では、少数派のエンパワーメントにつながる／つなげるという視点から、在日外国人が経営するエスニック・レストランと、国際的なフェスティバル（国フェス）を事例として、その活動の中に言語政策的な営みがすでにあることを見る。その上で、コミュニティの諸活動に言語政策的な営みを見いだすことが、活動の円滑な運営に資するだけでなく、すべての人が言語政策に関与しているという気づきにつながることを論じる。

キーワード
社会的／言語的少数派、エンパワーメント、エスニック・レストラン、国フェス、言語政策への関与

1. はじめに

　言語政策という語からは、公共性を念頭に置き、法的根拠に基づき、予算措置を伴う制度化された営みが連想されるのかもしれない。こうした営みの立案は、序論や第2部第2章でも論じられているように、主として国家（中央政府）や自治体（地方政府）によって取り組まれる。これらの活動の内実に分け入って、概念やプロセスを整理したり、課題やその対処法を提示することが、言語政策研究の眼目の1つである。

　そうして得られた言語政策の諸相は、企業活動や私的な集まりにも少なからず認められる。ところが、社会活動のあちこちで認められる言語政策になぞらえられる営みは、ほとんどの場合、それを実行している当事者でさえ言語政策とは捉えておらず、日常の業務や経験の中に埋めこまれて、しばしば

ルーティーン化されている。

　このような営みを言語政策として可視化させることは、当該組織の活動にとって、より円滑な言語コミュニケーションを実現させ、構成員の言語生活、ひいては社会生活をより豊かなものとする。とりわけ社会的および言語的少数派（以下、少数派とだけ記す）にとっては、情報保障や地位向上にも寄与しうる。あるいは、それを阻む多数派の論理をあぶりだすことにもつながる。翻って言語政策研究が提示してきた理論や枠組みの見直しを促す可能性もある。R・L・クーパーが提唱したように、言語政策を、人びとの集団的／集合的な活動に伴う営みと捉え、その理論や枠組みを探究していけば、その知見は社会科学全般に示唆を与えることになるだろう（Cooper 1989）。

2. コミュニティ・レベルの言語政策と少数派のエンパワーメント

　本章では、飲食店（エスニック・レストラン）と国際的なフェスティバル（国フェス）を事例に、人びとの集団的／集合的活動には言語政策的な営みが伴っていることを示す。事例は主に筆者が取り組んできた調査からのものだが、最初から言語政策研究として取り組んだものばかりではない。参与観察やインタビュー法、言語景観調査等を用いて取り組んだ事例研究について、コミュニティ・レベルの言語政策という観点から捉え直して提示する。

　言語政策は**理念**（policy）と**実行**（implementation）から成るとされるが、その組み合わせは固定的なわけではない。たとえば移民に、居住地域の言語を学習する機会を作るという実践は、情報保障のために行われるものと思いたいが、「郷に入れば郷に従え」といった同化主義的な発想から行われる場合もある。あるいは、企業において、効率を重視した場合と、顧客それぞれのニーズに応えようとした場合で、表面的には似たような**多言語対応**になることもある。だから、とりわけ明文化されていない言語政策については、実行の中に埋めこまれている理念を明らかにすると同時に、経営や活動の理念（言語外目標）と言語政策上の理念の整合性を確認することが重要となる。

　こうした問題意識も踏まえ、次節では、少数派の**エンパワーメント**への寄与につながりうる活動事例を紹介する。J・フリードマンは、エンパワーメントを、障害者や女性、先住民、移民など、社会的に不利益な立場に置かれている人びとが、主体的に問題解決に参加することによって、本来もっている

生きる力を取りもどしていく過程と定義している (Friedmann 1992)。

3. 飲食店 (エスニック・レストラン) の言語政策的な営み

A・ペニクックとE・尾辻は、都市に集まる、多様な言語文化的背景をもつ人びとと、世界中から持ちこまれるモノで構成される空間における言語使用について、**メトロリンガリズム**と概念化した上で、その動的な様相に着目している (Pennycook & Otsuji 2015)。そこでも紹介されているように、飲食店やカフェ、スーパーマーケットなど、路面に立ち並ぶ商店では、周辺の施設や客層に応じて言語に関連するさまざまな意思決定や調整が行われている。

移民が開業し、故郷の味を提供する飲食店は、日本では「エスニック・レストラン」と総称されることが多いが、各店舗には移住者が持ちこむさまざまな文化が認められる。そこには、あいさつに始まり、料理の説明から会計までにわたる言語活動も伴う。料理のジャンル、従業員や客層の言語背景に応じて、複数の言語の使用とその切り替え、各店舗に特有な言語表現や言語 (コード) の混淆、それが定着していく様子も認められる。

3.1 ビルマレストランにおける言語レパートリーと選択

東京の山手線の高田馬場駅周辺には、**ビルマ (ミャンマー)** 出身者が経営するレストランが点在している。**多民族／多言語国家**であるビルマは、長期にわたる独裁軍事政権の後、2011年以降、テインセイン大統領の任期中には民主化への期待が高まった。ところが、2021年に国軍によるクーデターが発生し、本章を執筆している2023年現在も「民主化と諸民族の平等を目指す」国民たちによる抵抗が続いている (根本 2023: 5)。

日本に暮らすビルマ出身者は、軍事政権による弾圧から逃れてきた難民を含め、在留資格の面でも、民族と言語文化の面でも多様である。人びとはそうした違いを尊重しながら、助け合って日々の生活を送っている。ビルマ、カチン、シャン、カレンなど、それぞれの故郷の味を提供するレストランには、民族コミュニティのメンバーとその支援者、文化の愛好家たちが集う。

詳しくは猿橋 (2013)、Saruhashi (2018) を参照いただきたいが、レストランを開業、営業する上で、各種の届け出、店名やメニューの決定、レシピの記述、料理の説明、接客、内装と外装、従業員どうしのコミュニケーション

など、言語にかかわる調整や決定は多岐にわたる。細かいことのようだが、メニューには、元々の料理名のままとするか、日本にすでにある料理名に置き換えるかといった選択が常につきまとう。

　たとえば、လက်ဖက်စို့は、ビルマ料理に欠かせない食材で、料理名にもしばしば入る。メニュー中の記載のされ方にはラペソー、ラペット、lahpet、leppet と音を片仮名やローマ字に置き換えようとしたものから、「お茶の葉」、「発酵茶葉」、「Tea leaf」のように日本語や英語に置き換えたものまで、そのレパートリーは無数に認められる。

　どれを選択するかは、誰に何を伝えたいかだけではなく、音にあう文字があるか、他のメニューとの調和、作成者のパソコンスキル、メニュー作成のための予算などとも関連している。他店や関連する業種との相互参照によって更新されもする。たとえば輸入代理店が「ラペット」と表示して、物産展などに出店すれば、そこで採用された表記がじわじわと広がる。それはまるでひとつの語や表記が市民権を得ていくかのようである。

　ただし、より広く認知されてきたからという理由だけで「ラペット」に書き換えられることがいいとも限らない。「လက်ဖက်စို့」と書かれていることは、ビルマ語に慣れ親しんでいる人に安心感を与え、ビルマ語を学んでいる人の学習意欲を掻きたてる。仮に読まれないとしても「ビルマらしさ」を伝え、好奇心をそそる記号としてはたらく。表示の仕方は１つに絞る必要はなく、スペースや状況に応じて組み合わせることもできる。

3.2　言語政策主体としてのレストラン店主

　このようにエスニック・レストランには、その国や地域の言語に加え、日本語や英語が表記も含めてさまざまな組み合わせで現れ、調整され、定着していく様が認められる。一見、雑多に見えたり、統一感がないと感じさせる表記群が、そのようになった経緯や思いを聞いてみると、「なるほど理に適っている」と気づかされることがある。

　店主をはじめ、営業の責任を負う人は、こうした選択や意思決定を日々行っている。他方で、こうした選択や意思決定は、言語以外の決定事項に組みこまれていること、重要な決断（たとえば店名）ほど多くの人の意見を聞き、それらを勘案して決定されること、言語対応はその時々の政治的／社会的状況

に照らして修正されることなどもあり、店主であっても言語に関する意思決定をしているという自覚をもっていないことがほとんどである。しかし、だからこそ研究者が媒介者となり、言語対応や言語管理の過程や、その際の思いや葛藤、工夫や展望を引きだしていく意義がある。

4. 国際的なフェスティバル（国フェス）の言語政策的な営み

世界最大規模の国際イベントとして、オリンピック・パラリンピックや万国博覧会などがあげられる。国際オリンピック委員会の公用語はフランス語と英語と規定されている（IOC 2020）。J・チャンは、近年では、選手や来場者に合わせ、より多くの言語で対応できることが、より理想的なオリンピックのありようとして追求されていると指摘する（Zhang 2021）。

公共的な場所で開催される大規模イベントは、その社会的影響力も大きく、意識変革や技術革新を牽引する可能性も期待される。2021年に東京で開催されたオリンピック・パラリンピックは、「共生社会の実現」を重点課題とし、人種や性、言語、宗教、政治、障がいの有無等の違いを認めあう「多様性と包摂（Diversity & Inclusion）」を社会に浸透させるための研修やワークショップが数多く実施された（内閣官房 2022）。

4.1 多言語公共空間としての国フェス

こうした国際イベントとは規模の面で大きく異なるが、都会の大型公園等を会場に、（外）国名を掲げて行われるフェスティバルがある。筆者は、これらを「国フェス」と定義づけ（猿橋 2021, 2023）、実地調査に取り組んできた。国フェスは年に一度、週末に開催され、日本に暮らす当該国出身者で構成される相互扶助のための組織、商工会、民族団体や民族学校などから選出された委員で構成される実行委員会が企画と運営にあたる。言語的背景も参加動機も異なる人びとが、フェスティバルを成立させるために協力する。

国フェスはエスニック・レストランをはじめ、その国に関連する企業や団体のブース出展者、舞台出演者、ボランティアを広く募って実施される。コンテスト（たとえばスピーチ・コンテストやフォト・コンテスト）が企画され、出品者を事前募集することもある。ボランティアは当該国の言語（たとえばベトナムフェスティバルならベトナム語）が話せる人が歓迎され、メインステー

第9章 コミュニティ・レベルの言語政策

ジの司会進行は通訳を介して二言語で進行される。英語が**媒介語**としての役割を担うこともある。

　開催前の準備や呼びかけは、公式ホームページや公式 SNS で発信される。当日に向けて、さまざまな国籍とルーツ、言語文化、職業、趣味、理念と関係性をもった人たちがオンライン・プラットフォームを拠点に行き交う。

　この公式ホームページや SNS も多言語で運用される。複数の言語をどのように並べているか、言語別に何が書かれているか(内容)と、それぞれが誰に対して書かれているかを整理していくと、多言語対応の目的が見いだされてくる。情報伝達を確実にするため、コミュニケーションを円滑にするため、民族的／国家的アイデンティティを強化するため、間を埋めるためなど、目的に応じた対応が多層的かつ複合的に認められる。

　国フェスでは、象徴的、あるいは装飾的な言語使用も積極的に展開され、その結果、その国を代表する言語(主に国名を冠した言語)が選ばれやすくなる。そのため、国内の先住民族の文化や言語の紹介は、優先順位が低くなる。他方で、Pietikäinen et al. (2016) が示す北欧のサーミ語の事例研究から明らかなように、UNESCO (2021) などグローバル・レベルで促進される先住民文化や言語を活性化させるための行動計画や啓発活動も手伝って、先住民言語の**文化資本**としての価値への気づきが高まりつつある。

4.2　少数派言語の文化資本化と地位向上

　国フェス会場におけるエスノグラフィックな調査は、膨大なプログラムの中から小規模で萌芽的な活動を見つけだすことを助ける。具体例のひとつとして、猿橋 (2021) は、日本に暮らす**台湾原住民**(先住民)のルーツをもつ歌い手が、代々木公園で開催された台湾フェスタのメインステージで、自身のルーツについて言及した上で台湾原住民の民謡を歌い、フィナーレには聴衆も一緒に歌うことを促していく過程を紹介している。

　その歌い手は、そうした経験や人脈を生かし、東京で台湾原住民の文化祭を定期的に主催するに至っている。台湾に暮らす家族や親族、彼女の思いに共感する日本人、「台湾原住民族との交流会」などの組織に集う人びとなどの協力を得ながら、文化祭は少しずつ発展している (猿橋 2022)。さらに、2023 年 7 月には、東京都内の盆踊り大会で「音頭取り」を依頼され、サンバ

で音頭を取る日系ブラジル人のグループと共に、台湾原住民が祭りで歌い踊る曲とステップについて、日本語に原住民の言葉を交えながら紹介し、その場に集まる不特定多数の人たちを盛り上げていた。つまり言語文化的な文化資本と、人びととの信頼に基づく協調関係とが相互補完的に育まれ、そこでは同時に少数派言語の地位が向上する場面となっていることが確認される。

このように、誰もが参加できる定期開催の国フェスには、少数派の言語や文化について、ホスト社会での文化資本化の可能性を試す場ともなる。同じ理念をもつ人びとが出会い、共に新しい何かを作りだしていくきっかけとしての一面もある。さまざまな言語文化背景をもつ人びとが共に暮らす社会を展望する上で、国フェスを**多言語公共空間**と捉えて見ることは、多言語話者から成るコミュニティの言語政策に示唆をもたらすと期待される。

5. コミュニティ・レベルの言語政策研究の意義と方法

本章では、コミュニティ・レベルの言語政策について考えるために、飲食店（エスニック・レストラン）と国際的なフェスティバル（国フェス）の事例を紹介した。いずれも言語問題の発見とその対処、言語の地位を向上させるための取り組み、異なる言語話者が共にする場を作る上での方策の考案と実践など、言語政策に関連する側面は運営の各所に見いだされる。多言語による対応は利益追求や効率化のために考案、実施されることもあるが、少数派のエンパワーメントに資する可能性に注目していくと、多数派や主流派側による理解や共感、協力的な関与が不可欠なことも確認される。

そうした活動の中に相互参照や関連性を見いだし、新たな可能性を提案していくことが調査研究にできる役割の1つである。活動中では、言語政策に関する決定権をもっている人であっても、その自覚をもっている人はあまりいない。それが、インタビューを通して、どのような言語管理を実行したのかを説明していく中で、実は大切にしている理念やこだわりがあったり、理想とする多言語環境を胸中にもっていることに気づいていく。それは第2部第1章で論じられている「当事者になる」ことにもつながるといえる。

ただし、事例は、漫然と見たり、最初から部分に注目するのではなく、まずは全体を俯瞰し、調査法を定めた上で一定期間をかけて見ていくことが大切である。調査手法についてはフィールドワークの教科書（箕浦1999, 藤田・

6. まとめ

　人びとが集う活動には、必ず言語政策的な営みが伴う。とりわけ移民コミュニティの活動を丁寧に見ていくと、言語そのものが文化資本となっている局面が見いだされる。そうした活動が周囲から認められ、支持されることは、少数派のエンパワーメントに通じていく。とりわけ**質的調査法**による言語政策研究では、小さくとも萌芽的な実践に光をあてることが可能となる。

　各人の身近なコミュニティについて、言語政策という観点から見ることに取り組んでみていただきたい。そうして見ていくと、社会の一員である私たちが言語政策と無縁ではないことに気づかされる。——どのような信念や価値観に裏打ちされた言語政策に貢献するのか。あるいは貢献したいと思うのか。何故か——。つまり、コミュニティ・レベルの言語政策を見ていくことは、個人レベルの言語政策を見直すきっかけにもなる。その総和が社会全体の言語政策を方向づけていくといえるのではないだろうか。

● さらに学ぶための読書案内 ●

猿橋順子（2021）『国フェスの社会言語学——多言語公共空間の談話と相互作用』三元社
　首都圏で開催される国フェスの言語使用分析から言語政策上の提案までを網羅。国フェスを研究してみようという方に。

Shohamy, Elana（2006） *Language Policy: Hidden Agendas and New Approaches.* **Routledge.**
　言語政策を多角的に見る必要性を論じた1冊。第7章は公共空間に言語政策的な営みを見いだす視座と方法が紹介されている。

談話研究からコミュニティの言語政策や人材育成へ

村田和代

村田和代（2022）「職場談話研究から人材育成への貢献──ニュージーランドにおける実践紹介」村田和代（編）『越境者との共存にむけて』ひつじ書房　103–129

本論文の研究のねらいと特徴

　本論文は、職場談話研究から、外国人受け入れについて提案を行うことを目指したものである。職場談話研究の概観に続いて、国内の職場談話の分析やインタビューを通して、外国人スタッフとともに働く際のコミュニケーション上の課題について考えた。後半では、職場談話研究プロジェクトとして大規模展開している Language in the Workplace Project（ニュージーランド、以下 LWP）が開発した社会言語能力育成に焦点をあてた外国人人材育成プログラムを紹介している。この人材育成プログラムの特徴として、職場で実際に行われている仕事中の談話を収録して分析するという実証研究であること、そこに出てきた談話をベースにしたテキストやダイアローグを作成していることがあげられる。

研究の方法

　本論文では、3つの方法を用いている。1つめは、実際の職場談話（ミーティング）の収録データにみられるユーモアの考察である。国内企業3社のビジネスミーティングと、比較データとしてニュージーランドにある会社のビジネスミーティングを用いている。2つめとして、どのような要因が職場のミスコミュニケーションにつながるのかを見出す手がかりとして、フォーカスグループインタビューを実施した。インタビューでは、国内で働く（働いた経験のある）外国人および海外で働く日本人、外国人スタッフとともに働く日本人合計66名に、「職場におけるコミュニケーション上困ったことは何か」「コミュニケーションに関して日本の職場で特徴的な点は何か」等のテーマで自由に話してもらった。3つめとして LWP が開発・実施している移民向けの教育プログラムの調査を行った。

研究でわかったことと残された課題

　(1) 職場のコミュニケーションでは、社会言語能力、とりわけ対人関係機能面

に関わる言語運用能力が重要な役割を担うこと、(2) これを身に付けるためには、職場談話の実証研究の知見が求められること、(3) 受け入れ側も自身の職場のコミュニケーションの特徴を知り、双方が学びあうこと (reciprocal learning) が重要であることが明らかになった。

　職場のチームメンバーが共有する談話行動に関する暗黙のルールは、そのチームが属する会社や組織の文化から影響を受け、さらにその外側にはその会社や組織が埋め込まれている社会、つまり国・地域の文化にも影響を受けている。職場談話の実証研究を通して、そのコミュニティの言語実践の有様を知ることができるのである。コミュニティの言語政策を考える際には、このような実証研究が求められるのではないだろうか。

　個人情報保護の観点から、国内の職場で、実際の職場談話を収録させていただくことはハードルが高いというのが実情であるが、インタビューだけでは実際の言語実践を詳細に把握することは困難である。LWP のように多様な職場から多くの談話データを収録することは難しいかもしれないが、少しでも多くの職場からご協力をいただけるようになることを切に望む。

研究で苦労した点や研究上の助言

　LWP の研究に向かう姿勢は次のようにまとめることができる。

"The academic research should be with and for the community under investigation instead of on the participants. (Holmes et al. 2011: 32)"
学術研究は、調査協力者に関してではなく、調査協力者のために、調査協力者とともにあるべきだ。

研究 (者) のためだけの研究ではなく、調査協力者 (職場) のための研究を目指すべきだという理念を、職場談話研究者として常に心にとめておきたい。

第10章

差別と言語

岡本能里子

> **ねらい**
>
> 本章では、近年、マスメディアを通して可視化された問題の1つである差別の問題を言語政策研究から考える。日本では、当該問題に対応できる法整備と法リテラシー教育が追いついていない。そこで、メディアを通して配信された差別をめぐる発言や性暴力告発等を取り上げ、法が機能しない原因を探る。その上で、今後の言語政策研究への提言と教育実践へとつなげたい。

> **キーワード**
>
> ジェンダー・ギャップ指数、SDGs、家父長制、LGBT、メディアリテラシー

1. はじめに

2020年以降、特定の対象に対するバッシングなど、いわゆる「炎上」が大きく増加した(デジタル・クライシス総合研究所(編) 2022)。コロナ禍と各地での戦争やサイバー戦争によって、SDGs(持続可能な開発目標)に掲げられた貧富(項目1)とジェンダー(項目5)の格差はむしろ広がり、2030年までに目標を達成することが厳しくなっている。日本でもメディアやSNSを通した差別や排除が行われ、女性及び子どもの自殺率も増加したことが報告された。

日本において、憲法にも男女平等は基本的人権として謳われ、法整備も進む中、なぜ、毎年発表される「ジェンダー・ギャップ指数(GGI)」が低いままなのか。政治家の発言や、ネットやSNSを通して配信されたメッセージ、SDGsの文言の批判的分析を通して、その背後にある構造的問題を考えていく。

2. 問題の所在

　日本では、1945年の衆議院議員選挙法改正により、女性の参政権が認められ、1946年の総選挙で初の婦人参政権が行使された。それを受け、1947年施行の日本国憲法で男女平等が基本的人権として掲げられた。その後、1985年に男女雇用機会均等法、1992年の育児休業法から「育児・介護休業法」に名称改正され、2023年4月、さらに改正内容が発表され、差別解消に向け法整備が進められている。

　しかし、世界経済フォーラムが毎年発表している世界各国のジェンダー平等状況を示す「ジェンダー・ギャップ指数（GGI）」は低迷したままであり、2023年度は、加盟146カ国中125位で過去最低を更新した。教育、健康は上位を維持しているが、経済では、管理職に従事している割合などに大きな差があり123位、政治では、国会議員や閣僚数の差が大きく138位で、この2領域が全体の順位を大きく下げている。さらに、2023年6月23日には、日本が議長国として広島で開催したG7に間に合わなかったが、G7加盟国で唯一なかった性的マイノリティー差別解消に取り組む**LGBT理解増進法**が施行された。しかし、文言が「差別は許されない」から「不当な差別はあってはならない」に弱められ、G7で日本だけが認めていない同性婚の合法化も見おくられた。

　そこで、法整備が進んでも解消されないジェンダー・ギャップ指数低迷の要因を探るため、近年メディアを通して配信され、日本のジェンダー平等への意識の弱さを世界に発信することになった4つの発言を取り上げ、考察する。

3. メディアを通して配信された差別問題

　差別と言語の問題は、差別語や非対称的な表現が取り上げられる場合が多いが、本節では、言説レベルのことを主に扱う。

3.1 女性の発言権剝奪と排除：森喜朗元首相発言

　日本オリンピック委員会（JOC）では、会長・副会長・理事25人中、女性が5人であり、2019年までに女性理事の割合を40％にすることを目標にしていた。これに関連して、2021年のJOC臨時評議会において当時大会

組織委員会会長だった森喜朗元首相から飛び出した発言が「女性がたくさん入っている会議は時間がかかる」であった。この発言に対して批判が続出したため、森元首相は、発言の趣旨が誤解だと伝える意図で、組織委員会の7人の女性たちは、発言量を「わきまえておられる」と述べたのである。それに対し、女性政治家らが行った「#わきまえません」との書き込みが、同調者による国内外の批判へと広がり、森元首相を会長辞任に追い込む結果となった。

　社会言語学では、女性の「発言権」が男性によってコントロールされ、発言数が少なくなっているという研究は良く知られている。議論のイニシアティブは男性が握り、女性はそれを「わきまえて」発言するべきだという、隠れた規範が埋め込まれ、結果的に男性の意見が採用されることになるとの主張につながる。歴史ある世界の平和の祭典オリンピックにおいて、国内外の女性政治家が国や政党を超えて奪われている「発言権」を駆使して連帯し、隠蔽されていた規範を脱権力化した行為として捉えることができよう。

3.2　「単一言語単一民族国家日本」：麻生太郎元首相発言

　2019年に言語文化の多様な背景を持つラグビー選手がラグビーワールドカップで「ワンチーム」となって8強入りしたことに対し、「だから2000年の長きにわたって、1つの国で1つの言葉で1つの民族1つの天皇という王朝が続いているのはここしかない」と称賛したのである。「ワンチーム」とは、「単一言語単一民族」ではなく、多様な言語文化を背景に持つ選手が「日本代表」として「勝つ」という共通の目標に向かって1つになったことを表現した言葉である。さらに問題なのは、この発言への批判に対し、SNSでは「麻生発言の何が問題なのか」との声が少なくなかった点である。日本は、15の言語（Ethnologue: Languages of the Worldによる）を有する国であるが、人々の意識の中に日本は「単一言語単一民族国家」だというイデオロギーが植え付けられていることの表れであり、それが日々強化されていることこそが問題なのである（岡本2022）。

3.3　育休・産休中にリスキリング支援：岸田文雄首相発言

　2023年1月の参議院代表質問で、自民党議員と岸田首相が、育休・産休

中にリスキリング（学び直し）を支援すればキャリアアップにつながると発言した。これに対し「育休は、『休暇中』ではない」と、SNS 上で、男性の育児状況の無理解や「取るだけ育休」への批判が再燃した。日本の男性の家事労働参加時間や育休取得率は先進国の中で極めて低く、首相の発言の奥に、「仕事は男、家事は女」といった構造的な「役割分担意識」が埋め込まれていることが浮き彫りになったといえよう。

3.4 「純血日本人」＝「本当の日本人」：大坂なおみ選手に対する SNS 発言

　2018 年当時、アメリカ人の父と日本人の母を持つ大坂選手が全米オープンテニスに優勝した後の祝福のインタビューとそれに続く快進撃を伝えるニュースには、「日本人」「日本人初」「「日本人より日本人らしい」など「日本人」が強調される表現が数多く見られ、違和感を覚えた。さらに疑問に思ったのは、ネット上で、「大坂選手は日本人なのか」「正直日本人初なら本当の日本人の方が…」などのコメントが出されたことである。

　ちなみに、2019 年、2020 年および 2021 年の『タイム誌』で、大坂選手は、「世界で最も影響のある 100 人」の 1 人に選ばれている。2019 年の選評を担当したかつての女子テニスの名選手クリス・エバートは、日本生まれでアメリカ育ちの経歴にふれた上で、「誠実で礼儀正しく、謙遜する彼女ほど、<u>グローバルで、多様な文化の代表選手</u>はいない」とした（日本経済新聞 2019 4.18、下線筆者）。大坂選手本人について「日本人」や「アメリカ人」「黒人」「白人」などの表現はなく、下線通り、「多様性」を持った人であることが称賛されている。

　しかしここでもさらに問題なのは、日本では、大坂選手は「日本人なのか黒人なのか」という 1 つのカテゴリーの選択を迫る問いが出された点である。下地 (2018, 2022) は、日本では、いわゆるハーフは日本人か外国人のどちらかにカテゴリー化されることで見えない存在とされ、それが排除につながることを指摘している。筆者が外国につながる複数の学生にインタビューを通して自身のアイデンティティについて語ってもらった結果、自身の思う「○○人」と日本社会で認識されるそれとにズレを感じ、「日本人という何か硬い枠」があり、自分らしく居られる場所ではないと答えている（岡本 2022）。並行して日本人学生に行った「日本人」のイメージ調査では、「日本

語が話せる」「日本国籍」「出る杭は打たれる」「同調圧力」などがあげられた。これらの結果は、下地の「日本人」の捉え方と重なる。現在の大学生にも「純血日本人イデオロギー」が埋め込まれており、それが「日本人という硬い枠」を再構築および強化し、多様性を排除する要因になっているのではないかと考える。

4. 差別に関する法整備状況

　2023年現在、内閣府男女共同参画局のサイトにおいて、男女平等社会に向けた施策の変遷が確認できる。そこから、差別と言語に関係する項目を抜粋する。2000年12月12日に閣議決定された「**男女共同参画基本計画**」の「9 メディアにおける女性の人権の尊重」の「(1) <u>女性の人権を尊重した表現</u>の推進のためのメディアの取組の支援等」の具体的施策では、「児童を対象とする<u>性・暴力表現の根絶</u>」や「<u>メディア・リテラシーの向上</u>」などがあげられている（下線筆者、以下同様）。「(2) 国の行政機関の作成する広報・出版物等における<u>性にとらわれない表現の促進</u>」の具体的施策では、「男女共同参画の視点からの国の行政機関の広報ガイドラインの策定、浸透」「ガイドラインの他の機関への啓発」があげられている。それでも格差が縮まらず、法律が機能しないのは、罰則規則のない理念法の問題だといわれている。しかし、それ以上に問題なのは、先に示した日々更新し強化され続ける多様性の排除を社会構造的に支えているイデオロギーなのではないだろうか。

5. 性差別や排除をなくすための言語教育の課題
5.1 言葉の剥奪

　2023年は、性暴力に対する告発が相次いだ。特に世界的にも大きなインパクトを与えたのは、イギリスメディアが最初に取り上げ、被害者がテレビを通して顔と実名を示して告発した大手アイドル事務所の青少年に対する長年の性暴力事件だ。国連人権理事会が来日し、被害者に聞き取り調査を行った。その結果、記者会見を通して、性被害を認め、日本が性差の別なく年少者への性暴力を禁止し守る責任がある国と知っていたにもかかわらず報道せず隠蔽していたメディアに対し、その責任の重大さと改善要望が出された。

　この性暴力の隠蔽が白日の元にさらされた事件において、重要なのは、言

葉をめぐる性差別問題として捉える必要があるという点である。まず、1点目として、被害者が、法廷で被害が事実であると証言しなければならず、「言語化」することで**PTSD（心的外傷後ストレス障害）**を発症したという事実である。憲法で「表現の自由」が保障されていても、被害者側が「言語化」することがセカンドレイプ状態となり、深く長く傷つき、時には生命まで脅かされる。つまり、「権利の剥奪」という「**人間の安全保障**」を脅かす社会へのアクセスを制限された「貧困」状況（セン 1999）なのである。

2点目として、言語化する「語彙がない」という点である。欧米の女性語研究は、フェミニズムや**セクシズム**と連動し発展してきた。その発端となったのは、言語と女性の社会的地位の関係を示した Lakoff（1973）の論考である。その後、特定のグループに対して差別的な意味や誤解が起きないよう政治的・社会的に公正で中立的な表現を行う**ポリティカル・コレクトネス（Political Correctness）**が推進され、女性の社会的地位向上に向け、職業名では"Chairman" に対して "Chairperson"、人種に関しては、"Black" を "African American" などと表現する措置が取られた。

一方、日本でも、女性の社会的地位の向上と連動して自身の配偶者を「主人」と呼ぶ人が減少した調査研究がマスメディアでも取り上げられてきた。しかし、相手の配偶者の呼称は、相手との関係や自身のジェンダー意識から「奥様」に対して「ご主人」以外の選択が難しく、「男が上、女が下」「男は外、女は内」という性役割構造が言葉の選択を制限していることを明らかにした（遠藤 2023）。もともと日本語は、男女や世代間の**位相差**が大きく、自称詞、他称詞や敬語や終助詞などに性差が表れ、特に話し言葉において適切な言葉がなかったり、自由に言葉が選べない状況になっている。

5.2　教育現場のジェンダーバイアス

早くから学校文化にジェンダーバイアスが埋め込まれていることが報告されている（木村 1999）。小学校の国語の教科書の登場人物に男の子が多く、勇敢な男の子が弱い女の子を助ける内容になっており、社会の教科書に登場する歴史上の人物は男性に偏っているなど、「**隠れたカリキュラム**」としてジェンダーステレオタイプが構築されている（笹原 2003）。また、社会、数学、理科担当教員は男性が、国語、英語、音楽などは女性が多く、進学相談

で、男子は理系、女子は文系を薦められる傾向がある(同上)。教育制度の根底を性役割分担意識が構造的に支えているといえよう。2023年4月時点の内閣府男女共同局の「女性活躍状況」の「見える化」サイトでは、大学研究者に女性が占める割合は、理学系14.5%、人文系42.5%となっており、正に教員の固定的な役割分担意識や無意識の思い込み(**アンコンシャス・バイアス**)の反映だといえるのではないだろうか。

5.3 SDGsの問題点

省庁横断で国を挙げて取り組んでいるSDGsは、国連によって採択された「行動計画」であり、「新学習指導要領」にも組み込まれ、国会議員に直接声を届ける「**SDG4教育キャンペーン**」への参加が奨励され、NHKでは、SDGsの課題に取り組む高校生の学習活動も頻繁に紹介されている。

しかし、近年、SDGsの内容を批判的に読み解き、安易な教育実践に対して警鐘を鳴らす報告が出てきている(湯本2021)。おりしも、「SDGsは「大衆のアヘン」である！」との衝撃的な書き出しで2021年に新書大賞を獲得した斎藤(2020)は、SDGsで利を得ているのは誰かと、そこに埋め込まれている「家父長制（パターナリズム）」への気づきを促している。そのため、筆者らは、SDGs項目5「ジェンダー平等を実現しよう」の文言を分析した。その結果、差別を受けるのが「女性及び女児」「女性」「女性及び女子」であり、それに対応する英語のオリジナル文もそれぞれ、"women and gilrs" "women" "gilrs and women"となっており、英語をそのまま訳したことがわかった。つまり日英ともに、性差別を受けるのは女性で、「加害者＝男性」「被害者＝女性」、「助ける男性」「助けられる女性」という図式を当然視している。正に斎藤の主張通り、「家父長制」が、資本主義、民主主義の根底を支え、貧富の格差や不平等を生み出していることがわかった(横田・岩坂・岡本2021)。

6. まとめと今後の課題

日本社会の解消しない性差別問題の根底を家父長制やアンコンシャス・バイアスが構造的に支えている状況を見てきた。現在「男女共同参画基本計画」において、教員自身のアンコンシャス・バイアス解消を含めた研修プログラ

ムや教材開発が進められている。また、ジェンダー指数を押し下げている国会議員など政策決定過程への女性参画候補者の割合を、2025年までに35％とすることも謳われている。これらが絵に描いたモチとならず、多様性に拓かれた平等な社会を目指すための具体的な提案を2点あげる。

1点目は、漢語や連体修飾が長い法律文や専門書レベルの難解さとなっている小学校の社会の教科書文（岩田2023c）を発達段階に合わせた文章に修正し、その上で憲法や法律条項を知識として教えるコンテンツベースの学力に留めるのではなく、自身の権利を行使できるコンピテンシーベースの学びに変換する。先述の「男女共同参画基本計画」にも「法識字」の強化が謳われている。法リテラシー育成の実践研究が急務である。

2点目は、斎藤（2020）と中村（2021）が政治思想史から明らかにした女性差別の基底を支えている無意識の「家父長制」の解体を、省庁主導のSDGsの教育実践の中で行う。その成果を「SDG4教育キャンペーン」を通して国会議員に還元する。

銭坪（2023）は、「セクハラ」「児童虐待」「毒親」「ヤングケアラー」等の言葉が生まれたことで、個人の問題と考えられていたこれらの問題が、社会問題として認識されるようになったことは、大きな前進だとしている。新たな言葉を生み出していくことは、見えていなかった性差別問題を「見える化」し、社会を組み替えていく契機となる。これこそ「言葉が社会を変えられる」（宇佐美1997）の実践だといえよう。「ジェンダー平等をこれまで達成できなかった私たちは、次の世代に新しい言葉やテクノロジー、期待の持てる将来のイメージを与えなければならない。」（銭坪2023: 7）。このメッセージを胸に刻み、言葉を奪われ続け、人権侵害を受けてきた者同士で連帯する必要がある。「差別はたいてい悪意のない人がする」（キム2021）のであり、「パターナリズム」に惑わされることのないよう、日々の言語教育、メディアリテラシーと法リテラシー教育を通して「誰一人取り残さない」持続可能な社会へのバトンを、確実に子どもたちに手渡すこと、これこそが、言語政策研究に関わる私たちに課せられた責務であろう。

第 4 部　言語政策研究の最前線

● さらに学ぶための読書案内 ●

神谷悠一（2022）『差別は思いやりでは解決しない ―― ジェンダーや LGBTQ から考える』集英社新書

ジェンダー平等が SDGs に掲げられ大学でジェンダー論を履修する学生が増える中、「差別には思いやりが大事」という心の問題に回収されることに警鐘を鳴らし、制度を通して社会を組み変えることを提唱している。

布尾勝一郎・河崎みゆき・名嶋義直・岡本能里子編（2023）「ことばとパワー ―― コミュニケーションの非対称性を可視化・意識化する」『社会言語科学』26（1）

ニュース、映画、商品広告、手話、トランスジェンダーなどの会話において、明示的な力の行使がなくても無意識に権力を行使し相手を抑圧し排除している状況を明らかにした論集である。

「敵意の言説」を分析し、対抗言説の可能性を探る

山本冴里

山本冴里（2013）「サイバースペースにおける排外的言説の構成——留学生30万人計画に関する国会質疑の録画を起点として」『言語政策』9, 21–42.

本論文の研究のねらいと特徴

　本論文で私は、サイバースペースにおいて、排外的言説がどのように構成されているのかというテーマに取り組んだ。具体的には、インターネット上の動画共有サービス（「ニコニコ動画」）において、匿名者らのコメント2000件が、留学生受入れを意味づける公的な言説（国会発言）をどのように取りあげ、解釈し、話題を発展させていたのかを明らかにしようとした。もともと、動画上の国会発言自体には、取り立てて排外的とみなされ得る表現は含まれていなかったにもかかわらず、そこに付されたコメントで大量に排外的言説が生み出されていたのはなぜか。サイバースペース上の匿名者らは、国会発言をどのように利用して排外的言説を生み出していたのか。これらの問いに答え、対抗言説を生む可能性を探ることが、本論文の目的だった。

　なお、「ニコニコ動画」にアクセスした視聴者が目にし、耳にするのは、挿入されたコメントの文字と動画の音声、映像の複合体である。その絡み合う総体をテキスト＝分析対象とみなし、解読に取り組んだ点に、本研究の特徴があると考える。

研究の方法

　分析の方法は、フーコー派言説分析と呼ばれる手法を参考にした。具体的には、テキストにおいてどのような種類の言説が用いられていたのかを検討し、それぞれの種類の言説がどのように関係していたのかを検討した。そのうえで、コメントで頻繁に用いられていた「俺」（2000件のコメントのなかで、一人称が用いられる際、それは常に「俺」であった）という一人称に注目し、「俺」が名指す呼びかけられた主体（対象）に注目することから、遡及的に、呼びかけた主体＝「俺」の位置取りを推定した。

研究でわかったことと残された課題

「ニコニコ動画」に付されたコメントは、動画内に見られる国会発言の一部を引用しつつ混ぜ返したり、発言の枠組みを再利用したりしていたことが判明した。また、利用されていた言説の種類については、国会での発言がおおむね経済に関する言説（一部は外交戦略・国際貢献に関する言説）であったのに対して、コメントでは、性に関する言説、治安に関する言説、国粋主義の視点からの言説が加えられていたことがわかった。そして、そうした様々な種類の言説は、それぞれ独立して存在するのではなく、国粋主義の視点からの言説を中心に互いに深く結びついていることや、国粋主義の視点からの言説は（これは当然推定されることながら）容易に排外主義に結びついていくことも明らかになった。

また、コメントにおけるグルーピングから、遡及的に非「俺」たちに対して排斥的な「俺」たち（日本人・若者・経済的弱者）の構成が推定された。

対抗言説としては、二種類の可能性を提案した。ひとつは、土台となる言説（たとえば経済の言説）と同じ枠組みにそって、ひとつひとつ反論していくことである。もうひとつは、留学生政策と、そこに深く関わる日本語教育政策のための思想・哲学を持つことだ。これらはそのまま、残された課題でもある。

研究で苦労した点など

私のなかで、本論文と、山本冴里 (2013)「日本発ポップカルチャーを巡って交錯する／せめぎあう境界──ルポルタージュ「日本マニアの幾つかの肖像」へのコメント分析」(『日本研究』47、国際日本文化研究センター、pp. 171-206)は、ふたご論文ということになっている。どちらも、サイバースペース上の動画と、そこに付された大量のコメントを分析したものである。そして、私が「敵意の言説」と呼ぶ、排外的言説や差別的・侮蔑的な言説が数多く含まれている。そうした言葉遣いに深く潜り込んで分析するうちに、ずぶずぶと気が滅入っていくのを抑えられなかった。だからその後、私はこうしたテーマから逃げてしまっているのかもしれない。もし誰かが引き継いでくれるのなら、いつでも相談には乗るのでぜひ、とは思っている。

おわりに

　本書の企画は、2022年初めに始まり、実際の執筆は、2023年春頃から2023年夏にかけて行われた。この期間には、言語政策や言語政策研究を考えるうえで、無視することのできない大きな出来事がいくつもあった。2020年からのCOVID-19の流行は、収束・沈静化への期待をのぞかせながらも、依然として軽視できない状況であったし、2022年2月に始まったロシアのウクライナ侵略は、原状回復はおろか、停戦の見通しすら感じられない状況であった。2023年6月には、日本語教員の登録など、日本語教育への規制導入のための法律が成立した。大手芸能事務所の経営者（故人）による所属男性タレントへの性加害の問題が、業界タブーを破って、メディアで取り上げられるようになったのも、この時期である。

　いずれも、言語政策、あるいは言語政策研究を考えるうえでは、重要な論点であるが、本書では積極的には言及していない。日々展開する出来事を追いかけるよりは、後日それを言語政策研究の対象とする際に、どうアプローチすればよいかを示すことのほうが、本書に期待されるべき役割を果たすことになるというのが、編者としての思いである。

　とはいえ、近年求められる社会貢献ということを考えると、そのような古色蒼然とした研究のとらえかたは、時代にそぐわないという考えもあるかもしれない。また、知見を活かしてアドボカシーに携わるということも、市民社会における研究者に期待される役割でもある。言語政策研究が、また、それに携わる研究者が何をなすべきかということについて、本書がいささか保守的であることについては、お許しいただきたい。

　個人的なことになるが、私が言語政策という分野があることを知ったのは、学部の3年生のときのことだったと思う。当時の私は、言語に関する研究と言えば、文法や語彙、音韻といった言語に内在する構造や、社会的な属性・要因と言語の変異の関係、あるいは、第二言語習得プロセスの理解と応用といったことを対象にするものだと思っていた。研究室の先輩方が、文法、方言、言語教育の研究のためのデータを集めることに腐心する姿を見て、自分

おわりに

はそういう世界に向いていないかもしれないと感じていた私は、ミクロの言語現象ではなく、社会と言語に関するマクロの問題を扱う研究分野が存在することを知って、驚いたと同時に、とても勇気づけられたような気がした。

言語政策研究がミクロな言語現象を扱わないというのは、誤解ではなかったとしても、かなりの早とちりだったわけだが、いずれにしても、このような形で研究分野としての言語政策に関心をもつことがなければ、私が、今のような形で教育や研究に継続的に携わることもなかったと思う。

その一方で、言語に関するどのような問題をどのような形で扱えば、言語政策研究をしたことになるのかという問題は、つねにまとわりついてきた。言語政策に直接携わる政治家や行政官、あるいはその経験者でなければ、言語政策の研究をすることはできないと言われたこともあった。

このように、期待と悩みの両方を抱えながら、自分なりに言語政策の研究を進めようとしてきた私にとって、編者・著者の1人という形で本書に関わったことは、光栄なことだったという以上に、言語政策という研究分野を示してくださった諸先生への「恩返し」のつもりでもあった。恩返しになったかはともかく、私にとって、1つの区切りをつけることができた。

本書は、あわせて32名の執筆者の合作である。構想段階から、原稿提出を経て、刊行に至るまで、これだけ多くの皆さんにあれこれと注文をつけることになってしまった。今さらながら、冷や汗が出る思いである。しかし、皆さんの協力のおかげで、言語政策研究の広がりを示すという本書の企画意図を実現することができた。また、個人的な思いも果たすことができた。皆さんに、この場を借りてお礼を申し上げる。

（上村圭介）

参考文献

青田庄真（2018）「日本の地方公共団体における外国語教育政策――都道府県・市区町村教育委員会に対する全国調査の結果から」『東京大学大学院教育学研究科紀要』57　103–113

青田庄真（2022）「激動の英語教育政策は『誰』が決めたのか　第 1 回盛り上がりを見せる英語教育政策研究」『英語教育』71（8）　54–55

秋吉貴雄・伊藤修一郎・北山俊哉（2020）『公共政策学の基礎』有斐閣

有馬明恵（2021）『内容分析の方法（第 2 版）』ナカニシヤ出版

庵功雄（2019）「マインドとしての〈やさしい日本語〉――理念の実現に必要なもの」庵功雄・岩田一成・佐藤琢三・栁田直美（編）『〈やさしい日本語〉と多文化共生』ココ出版　1–21

井佐原均（2021）「自然言語処理と社会実装」『基礎・境界ソサイエティ』14（1）　電子情報通信学会　297–307

石井美佳（1999）「多様な言語背景をもつ子どもの母語教育の現状『神奈川県内の母語教室調査』報告」『中国帰国者定着促進センター紀要』7　148–187

石原昌英（2021）「琉球諸語の未来」波照間永吉・小嶋洋輔・照屋理（編）『琉球諸語の文化と未来』岩波書店　74–89

今井昭夫（1997）「ベトナムの言語と文化――クオックグーの発展とナショナリズム」小野沢純（編著）『ASEAN の言語と文化』高文堂出版社

イ．ヨンスク（2012）『「国語」という思想――近代日本の言語認識』岩波現代文庫

岩田一成（2010）「言語サービスにおける英語志向――『生活のための日本語：全国調査』結果と広島の事例から」『社会言語科学』13（1）　81–94

岩田一成（2016）『読み手に伝わる公用文――〈やさしい日本語〉の視点から』大修館書店

岩田一成（2022）『新しい公用文作成ガイドブック　わかりやすく伝えるための考え方』日本加除出版

岩田一成（2023a）「伝わる公共サイン考――避難誘導標識の課題」『新世紀人文学論究』7　313–322

岩田一成（2023b）「駅と道路の公共サインを比較する――道路標識にはなぜ平仮名がないのか？」『聖心女子大学論叢』14　2–21

岩田一成（2023c）「小六の社会科は専門書レベル!?」『日本語学』42（1）　140–141

イン，ロバート K.（1996）『ケース・スタディの方法』（近藤公彦訳）千倉書房

上野千鶴子（2008）「当事者とは誰か？ニーズ中心の福祉社会のために」『ニーズ中心の福祉社会へ』医学書院　10–39

上野千鶴子（2011）『ケアの社会学』太田出版

宇佐美まゆみ（1997）『言葉は社会を変えられる――21 世紀の多文化共生社会に向けて』明石書店

臼山利信・芹川京次竜（2020）「地方自治体のホームページから見る多言語対応」柿原

参考文献

武史・上村圭介・長谷川由紀子（編）『今そこにある多言語なニッポン』くろしお出版　103–118

江利川春雄（2018）『日本の外国語教育政策史』ひつじ書房

江利川春雄（2022）「官邸主導の英語教育政策——その惨状と打破への課題」『現代思想』50（4）　32–39

遠藤織枝（2023）「配偶者の呼称「主人」の盛衰小史」『日本語とジェンダー』21　17–39

岡本能里子（2022）「移動する子どもの「語り」から見る受け入れ側の課題——多文化に拓かれた「選ばれる国ニッポン」を目指して」村田和代（編）『越境者との共存に向けて』ひつじ書房　29–52

小田格（2020）「ユネスコ「岳麓宣言」と「方言」に関する一考察——中華人民共和国の事例を手掛かりとして」『人文研紀要』95　中央大学人文科学研究所　177–205

落合知子（2012）『外国人市民がもたらす異文化間リテラシー』現代人文社

落合知子（2015a）「母語教育支援——はじめに」外国人の子どもの未来を拓く教育プロジェクト『未来ひょうごすべての子どもが輝くために——高校への外国人等の特別入学枠設置を求めて』ブックウェイ　55–56

落合知子（2015b）「第9章　継承語・継承文化支援と異文化間教育の実践」西山教行・細川英雄・大木充（編）『異文化間教育とは何か——グローバル人材育成のために』くろしお出版　209–231

落合知子・上原夏海（2022）「母語を育む教育環境についての研究——ベトナムルーツの青少年のインタビュー解析から」神戸大学発達科学部教育科学論講座（編）『教育科学論集』25　11–21

厳延美（2013）「インドネシアのチアチア族へのハングル文字普及について」『言語文化論集』8　関西学院大学　137–151

外務省（2015）『平成27年行政事業レビュー説明資料：国際交流基金運営費交付金（日本語普及）』1–14　https://www.mofa.go.jp/mofaj/files/000087505.pdf（2024年8月1日閲覧）

柿原武史（2021）「少数言語は21世紀を生き残れるのか——スペインの地域言語をめぐる問題から考える」柿原武史・仲潔・布尾勝一郎・山下仁（編）『対抗する言語——日常生活に潜む言語の危うさを暴く』三元社　9–32

勝田美穂（2023）『教育政策の形成過程——官邸主導体制の帰結2000〜2022年』法律文化社

加藤好崇（2010）『異文化接触場面のインターアクション——日本語母語話者と日本語非母語話者のインターアクション規範』東海大学出版会

加藤好崇（2018）「観光接触場面における「やさしい日本語」の可能性と課題——柳川市やさしい日本語ツーリズム事業の実例からの考察」『東海大学大学院日本語教育学論集』5　30–44

加藤好崇（2020）「インバウンドと「観光のためのやさしい日本語」」『日本語学』39（3）　108–117

加藤好崇（2022）「未発現の言語問題と言語計画——B市の「観光振興のためのやさしい日本語」導入事例から」『東海大学大学院日本語教育学論集』9　17–29．

参考文献

金子信子（2019）「外国人住民の書き言葉使用問題を考えるために —— 実践的リテラシー研究と言語管理理論の視点から」『社会言語科学』22（1），61–76.

上村圭介（2005）「カナダから見る情報社会の多言語・多文化主義」原田泉・土屋大洋・上村圭介『インターネットにおける言語と文化受容』NTT出版 67–88

上村圭介（2014）「英語以外の外国語教育をめぐる政策過程 中央教育審議会外国語専門部会の審議の分析から」『言語政策』10 73–94

上村圭介（2020）「日本言語政策学会における言語政策研究 ——『言語政策』掲載論文の傾向」『言語政策』16 53–67

神谷善弘（2020）「学習指導要領における「英語以外の外国語」に関する考察 ——「外国語活動」「外国語」の「目標」におけるキーワードの変遷も絡めて」『日本私学教育研究所 調査資料』256 149–159

神吉宇一（2020）「国内における地域日本語教育の制度設計 —— 日本語教育の推進に関する法律の成立を踏まえた課題」『異文化間教育』52 1–17.

カミンズ，ジム、ダネシ，マルセル（2005）『カナダの継承語教育』（中島和子・高垣俊之訳）明石書店

亀井孝・河野六郎・千野栄一（編著）（1996）『言語学大辞典第6巻術語編』三省堂

カルヴェ，ルイ＝ジャン（2000）『言語政策とは何か』（西山教行訳）白水社

カルヴェ，ルイ＝ジャン（2002）『社会言語学』（萩尾生訳）白水社

カルヴェ，ルイ＝ジャン（2010）『言語戦争と言語政策』（砂野幸稔・今井勉・西山教行・佐野直子・中力えり訳）三元社

河原俊昭（編著）（2004）『自治体の言語サービス —— 多言語社会への扉をひらく』春風社

川又正之（2014）「日本の異言語教育政策を考える（2） 中等教育における英語以外の異言語教育について」『敬和学園大学研究紀要』23 55–72

キム，ジヘ（2021）『差別はたいてい悪意のない人がする』大月書店

木村護郎クリストフ（2012）「第21章『言語権』からみた日本の言語問題」砂野幸稔（編）『多言語主義再考 多言語状況の比較研究』三元社 687–709

木村護郎クリストフ（2015）「言語政策」斎藤純男・田口善久・西村義樹（編）『明解言語学辞典』三省堂 66–67

木村護郎クリストフ（2016）『節英のすすめ —— 脱英語依存こそ国際化・グローバル化対応のカギ！』萬書房

木村護郎クリストフ（2021）『異言語間コミュニケーションの方法 —— 媒介言語をめぐる議論と実際』大修館書店

木村涼子（1999）『学校文化とジェンダー』勁草書房

キムリッカ，ウィル（1998）『多文化時代の市民権』（角田猛之・石山文彦・山崎康監訳）晃洋書房

清沢紫織（2017）「言語の地位計画にみるベラルーシの国家語政策 —— ベラルーシ語とロシア語の法的地位をめぐって」『言語政策』13 日本言語政策学会 45–71.

草野厚（2012）『政策過程分析入門［第2版］』東京大学出版会

沓掛沙弥香（2018）「タンザニアの教育言語政策 ——「グローバル化」と多言語主義の狭間で」『スワヒリ＆アフリカ研究』29 大阪大学大学院人文学研究科 スワヒリ語研究室 101–120.

参考文献

杏掛沙弥香（2021）「マグフリ政権下のタンザニアのスワヒリ語振興政策――「虐げられた人々」の言語としてスワヒリ語を構築するディスコース」『アフリカレポート』59　独立行政法人日本貿易振興機構アジア経済研究所　133–146.

黒橋禎夫（2023）『自然言語処理』放送大学教育振興会

月刊イオ編集部（2006）『日本の中の外国人学校』明石書店

言語権研究会（編）（1999）『ことばへの権利　言語権とは何か』三元社

小池生夫（1995）「わが国の戦後半世紀の外国語教育政策の形成過程」『慶應義塾大学言語文化研究所紀要』27　31–49

小池生夫他（編）（2003）『応用言語学事典』研究社

高賛侑（1996）『国際化時代の民族教育』東方出版

国立国語研究所（2006）『「外来語」の言い換え提案』

国立社会保障 人口問題研究所（2023）『日本の将来推計人口（令和5年推計）』

駒井洋・是川夕（編著）（2019）『人口問題と移民――日本の人口・階層構造はどう変わるか』明石書店

今千春・高民定（2018）「海外帰国者の日本語使用と言語管理――日本から帰国した在日済州人の事例を中心に」*Journal of Linguistic Studies* 23(3)　Korean Association of Language Studies　241–267

近藤美佳（2022）「公立学校における母語教室活動を学校に「開く」取り組み」『母語・継承語・バイリンガル教育（MHB）研究』18　82–93

斎藤幸平（2020）『人新世の「資本論」』集英社新書

佐久間鼎（1941）「構文と文脈」『言語研究』9　1–16

佐々木倫子・森壮也（編）（2016）『手話を言語というのなら』ひつじ書房

笹原恵（2003）「男の子はいつも優先されている？――学校のかくれたカリキュラム」天野正子・木村涼子編『ジェンダーで学教育』世界思想社　84–101

貞包和寛（2020）『言語を仕分けるのは誰か――ポーランドの言語政策とマイノリティ』明石書店

佐藤博樹・石田浩・池田謙一（編）（2000）『社会調査の公開データ――2次分析への招待』東京大学出版会

真田信治（2018）『標準語史と方言』ひつじ書房

真田信治・陣内正敬・渋谷克己・杉戸清樹（1992）『社会言語学』桜楓社

佐野直子（2012）「すべての言語は平等である。しかしある言語は、ほかの言語よりさらに平等である。ヨーロッパの「多言語状況／多言語主義（Multilingualism）」と少数言語」砂野幸稔（編）『多言語主義再考　多言語状況の比較研究』三元社　50–83

猿橋順子（2013）「エスニックビジネスにおける言語管理とエンパワーメント――高田馬場界隈のビルマレストランを事例として」『青山国際政経論集』89　99–125

猿橋順子（2021）『国フェスの社会言語学――多言語公共空間の談話と相互作用』三元社

猿橋順子（2022）「越境する先住民族文化――東京開催の台湾文化祭における台湾原住民族文化紹介の事例から」『青山国際政経論集』109　171–195

猿橋順子（2023）「国フェスにおける真正性と関係形成――タイフェスティバル東京2023を事例として」『青山国際政経論集』111　21–48

渋谷勝己（1999）「国語審議会における国語の管理」『社会言語科学』2(1)　5–14
渋谷謙次郎（編）（2005）『欧州諸国の言語法――欧州統合と多言語主義』三元社
渋谷謙次郎・小嶋勇（編著）（2007）『言語権の理論と実践』三元社
下絵津子（2021）「日本の外国語教育史における「一外国語主義」の採用と結果」辻伸幸・上野舞斗・青田庄真・川口勇作・磯部ゆかり（編）『英語教育の歴史に学び・現在を問い・未来を拓く――江利川春雄教授退職記念論集』渓水社　3–26
下絵津子（2022）『多言語教育に揺れる近代日本　「一外国語主義」浸透の歴史』東信堂
下地ローレンス吉孝（2018）『「混血」と「日本人」――ハーフ・ダブル・ミックスの社会史』青土社
下地ローレンス吉孝（2022）『「ハーフ」ってなんだろう』平凡社
社会福祉辞典編集委員会（編）（2002）『社会福祉辞典』大月書店
出入国在留管理庁監修（2019）『生活・就労ガイドブック』
出入国在留管理庁・文化庁（2020）『在留支援のためのやさしい日本語ガイドライン』
庄司博史（2010）「資産としての母語教育の展開の可能性」『ことばと社会』12　三元社　7–47
城山英明・鈴木寛（1999）「本書の目的と方法」城山英明・鈴木寛・細野助博（編）『中央省庁の政策形成過程――日本官僚制の解剖』中央大学出版部　1–11
陣内正敬（2008）「日本語学習者のカタカナ語意識とカタカナ語教育」『言語と文化』11　関西学院大学言語教育研究センター　47–60
新矢麻紀子・棚田洋平（2016）「日本語教室不在地域における国際結婚移住女性のリテラシー補償と社会参加生活史と学習環境に着目して」『大阪産業大学論集人文・社会科学編』26　37–52
角知行（2020）『移民大国アメリカの言語サービス――多言語と〈やさしい英語〉をめぐる運動と政策』明石書店
スイス連邦統計局 Sprachen, https://www.bfs.admin.ch/bfs/de/home/statistiken/bevoelkerung/sprachen-religionen/sprachen.html（2023年9月15日閲覧）
菅野幸恵（2007）「固定化された関係を超えて」今尾真弓・宮内洋編著『あなたは当事者ではない』北大路書房　18–27
杉澤経子・関聡介・阿部裕（監）（2015）『これだけは知っておきたい！外国人相談の基礎知識』松柏社
杉谷和哉（2022）『政策にエビデンスは必要なのか――EBPMと政治のあいだ』ミネルヴァ書房
杉本篤史（2019）「日本の国内法制と言語権――国際法上の言語権概念を国内法へ受容するための条件と課題」『社会言語科学』22（1）　47–60
杉本篤史（2022）「言語権の視点からことばの教育を再考する」稲垣緑・細川英雄・金泰明・杉本篤史（編著）『共生社会のためにことばの教育――自由・幸福・対話・市民性』明石書店　109–140
鈴木寛（2023）「教育政策形成過程の問題点――大学一般入試への英語四技能試験導入の頓挫を例に」新保史生・和田龍磨『公共政策と変わる法制度（シリーズ総合政策学をひらく）』慶應義塾大学総合政策学部　91–111
鈴木敏和（2000）『言語権の構造　英米法圏を中心として』成文堂

参考文献

ステイク，ロバート E.（2006）「事例研究」デンジン，ノーマン K.、リンカン，イヴォンナ S.（編）『質的研究ハンドブック』2 巻（平山満義監訳　藤原顕編訳）　北大路書房　101–120

砂野幸稔（2007）『ポストコロニアル国家と言語――フランス語公用語国セネガルの言語と社会』三元社

砂野幸稔（2009）「アフリカの言語問題――植民地支配からひきついだもの」梶茂樹・砂野幸稔（編）『アフリカのことばと社会――多言語状況を生きるということ』三元社　31–63

砂野幸稔（編）（2012）『多言語主義再考――多言語状況の比較研究』三元社

砂原庸介・手塚洋輔（2022）『公共政策』放送大学教育振興会

セン，アマルティア（1999）『不平等の再検討――潜在能力と自由』（池本幸生他訳）岩波書店

銭坪玲子（2023）「ジェンダーを学ぶ授業実践報告」『日本語とジェンダー』21　1–9

宋実成（2010）「在日朝鮮人による朝鮮語の継承・使用について」『ことばと社会』12　三元社　101–128

台湾原住民族との交流会（n.d.）「台湾原住民族とは」https://www.ftip-japan.org/people（2024 年 8 月 1 日閲覧）

高嶋由布子（2020）「危機言語としての日本手話」国立国語研究所論集 18　国立国語研究所　121–148

高嶋由布子・杉本篤史（2020）「人工内耳時代の言語権――ろう・難聴児の言語剥奪を防ぐには」『言語政策』16　1–28

田中慎也（2007）『国家戦略としての「大学英語」教育』三修社

寺沢拓敬（2015）『「日本人と英語」の社会学――なぜ英語教育論は誤解だらけなのか』研究社

寺沢拓敬（2021）「小学校英語の政策過程(2)――1980 年代・90 年代における臨教審・中教審の議論の分析」『関西学院大学社会学部紀要』136　71–85

デジタル・クライシス総合研究所（編）（2022）『デジタル・クライシス白書 2022』https://www.siemple.co.jp/document/hakusyo2022/　（2023 年 8 月 31 日閲覧）

デュフロ，エステル、グレナスター，レイチェル、クレーマー，マイケル（2019）『政策評価のための因果関係の見つけ方――ランダム化比較試験入門』（石川貴之ほか訳）日本評論社

東京都つながり創成財団（2022）『やさしい日本語を活用した在住外国人への情報伝達に関する調査』

鳥飼玖美子・大津由紀雄・江利川春雄・斎藤兆史（2017）『英語だけの外国語教育は失敗する――複言語主義のすすめ』ひつじ書房

内閣官房（2022）「東京オリンピック競技大会・東京パラリンピック競技大会と政府機関等の協力」https://www.kantei.go.jp/jp/singi/tokyo2020_suishin_honbu/pdf/gaiyou.pdf（2023 年 9 月 1 日閲覧）

内閣府『男女共同参画社会基本法制定のあゆみ』https://www.gender.go.jp/about_danjo/law/kihon/index.html　（2023 年 8 月 31 日閲覧）

内閣府 男女共同参画局（2000）『男女共同参画の変更について』（https://www.gender.

go.jp/about_danjo/basic_plans/1st/index.html）（平成 12 年 12 月 12 日）（https://www.gender.go.jp/about_danjo/basic_plans/1st/2–9h.html）（2023 年 9 月 5 日閲覧）
内閣府（2019）『外国人材の受入れ・共生のための総合的対応策』
内閣府（2023）「第 5 次男女共同参画基本計画における成果目標の動向」https://www.gender.go.jp/about_danjo/seika_shihyo_pdf/numerical_targets_r050519.pdf（2023 年 9 月 5 日閲覧）
中川康弘（2018）「継承語教育において「共通語」と「変種」はどう位置付けられるか —— 同一言語内の異なりを相補関係とする理論の形成に向けて」『中央大学論集』39　29–39
中島和子（2017）「継承語ベースのマルティリテラシー教育 —— 米国・カナダ・EU これまでの日本の歩みと現状」『母語・継承語・バイリンガル教育（MHB）研究』13　1–32
中島智子（2013）「朝鮮学校の二つの仕組みと日本社会 ——〈自己完結統一システム〉と〈朝鮮学校コミュニティ〉に注目して」『〈教育と社会〉研究』23　一橋大学大学院社会学研究所教育学部門　77–86
中西正司・上野千鶴子（2003）『当事者主権』岩波書店
中村敏子（2021）『女性差別はどう作られてきたか』集英社新書
中室牧子・津川友介（2017）『「原因と結果」の経済学 —— データから真実を見抜く思考法』ダイヤモンド社
西山教行・大木充（編）（2021a）『CEFR の理念と現実 —— 理念編　言語政策からの考察』くろしお出版
西山教行・大木充（編）（2021b）『CEFR の理念と現実 —— 現実編　教育現場へのインパクト』くろしお出版
日本学術会議（2020）『外国人の子どもの教育を受ける権利と修学の保障』https://www.scj.go.jp/ja/info/kohyo/pdf/kohyo-24-t289-4.pdf（2023 年 5 月 24 日閲覧）
日本経済新聞（2019）「世界の 100 人に大坂なおみ選手　米誌タイム」日本経済新聞 2019.04.18　https://www.nikkei.com/article/DGXMZO43876320Y9A410C1000000/（2024 年 8 月 23 日閲覧）
日本道路協会（2020）『道路標識設置基準・同解説』丸善
布尾勝一郎（2016）『迷走する外国人看護・介護人材の受け入れ』ひつじ書房
ネクヴァピル，イジー（2014）「言語計画から言語管理へ —— J.V. ネウストプニーの継承」（「海外主要都市における日本語人の言語行動」（「海外主要都市における日本語人の言語行動共同研究プロジェクト訳，木村護郎クリストフ監訳）『言語政策』10　日本言語政策学会　129–148
根本敬（2023）『つながるビルマ，つなげるビルマ —— 光と影と幻と』彩流社
野津隆志（2010）「母語教育の研究動向と兵庫県における母語教育の現状」関西母語支援研究会ホームページ　http://education-motherlanguage.weebly.com/uploads/1/0/6/9/10693844/research.pdf（2023 年 5 月 24 日閲覧）
野村康（2018）『社会科学の考え方 —— 認識論、リサーチ・デザイン、手法』名古屋大学出版会
林四郎（1995）「国語問題と国語政策」金田一春彦・林大・柴田武（編著）『日本語百

参考文献

科大事典 縮刷版』大修館書店
春原憲一郎（編）（2009）『移動労働者とその家族のための言語政策——生活者のための日本語教育』ひつじ書房
ハールマン，ハラルト（1985）『言語生態学』（早稲田みか編訳）大修館書店
パール，ジューディア、マッケンジー，ダナ（2022）『因果推論の科学——「なぜ？」の問いにどう答えるか』（夏目大訳）文藝春秋
比嘉康則・舘奈保子（2014）「外国人施策の歴史的展開」志水宏吉・中島智子・鍛治到（編）『日本の外国人学校——トランスナショナリティをめぐる教育政策の課題』明石書店
平高史也（2003）「言語政策の枠組み——現代日本の場合を例として」梅垣理郎（編）『総合政策学の最先端Ⅲ 多様化・紛争・統合』慶應義塾大学出版会 128–151
平高史也・木村護郎クリストフ（編著）（2017）『多言語主義社会に向けて』くろしお出版
廣瀬雅代・稲垣佑典・深谷肇一（2018）『サンプリングって何だろう——統計を使って全体を知る方法』岩波書店
ファン，サウクエン（2003）「日本語の外来性（Foreigness）——第三者言語接触場面における参加者の日本語規範及び規範の管理から」ヘレン，マリオット・宮崎里司（編）『接触場面と日本語教育ネウストプニーのインパクト』明治書院 3–21
ファン，サウクエン（2014）「琉球諸語教育の教材を作るために——時代に求められる組織言語管理の観点から開発の方向性を探る」下地理則・パトリック ハインリッヒ（編）『琉球諸語の保持を目指して——消滅危機言語めぐる議論と取り組み』ココ出版 296–330
藤田結子・北村文（2013）『現代エスノグラフィー——新しいフィールドワークの理論と実践』新曜社
ブライソン，ビル（1993）『英語のすべて』（小川繁司訳）研究社出版
文化審議会国語分科会（2019）『日本語教育人材の養成・研修の在り方（報告）』
文化審議会国語分科会（2021）『日本語教育の参照枠（報告）』
文化審議会国語分科会（2023）『地域日本語教育の在り方について（報告）』
文化庁（2001）『日本語に対する在住外国人の意識に関する実態調査』https://www.bunka.go.jp/tokei_hakusho_shuppan/tokeichosa/nihongokyoiku_jittai/zaiju_gaikokujin.html（2023 年 7 月 30 日閲覧）
文化庁（2021）『「日本語教育の参照枠」報告について』（令和 3 年 10 月、文化審議会国語分科会）
堀切友紀子（2013）「外来語に関する研究動向——使用意識と言語政策の視点から」『お茶の水大学人文科学研究』9　お茶の水女子大学　113–124
本田弘之・岩田一成・倉林秀男（2017）『街の公共サインを点検する』大修館書店
本名信行（編著）（2002）『事典 アジアの最新英語事情』大修館書店
母語教育支援センター校等連絡会（2009）『平成 20 年度新渡日の外国人児童生徒に関わる母語教育支援事業実践報告書』https://www.hyogo-c.ed.jp/~mc-center/hyogotorikumi/jissenjirei/h20bogokyouikushien.pdf（2023 年 5 月 24 日閲覧）
前川喜平（2002）「文部省の政策形成過程」城山英明・細野助博（編）『続・中央省庁の政策形成過程——その持続と変容』中央大学出版部　167–208

参考文献

真嶋潤子・沖汐守彦・安野勝美（2010）「大阪府および兵庫県の外国人児童・生徒の母語教育」『母語・継承語・バイリンガル教育（MHB）研究』6　112–120

松岡洋子・足立祐子（編著）（2018）『アジア・欧州の移民をめぐる言語政策──ことばができればすべて解決するか』ココ出版

三浦信孝（編）（1997）『多言語主義とは何か』藤原書店

箕浦康子（1999）『フィールドワークの技法と実際──マイクロ・エスノグラフィー入門』ミネルヴァ書房

三輪聖（2022）「自分の言葉を作っていく意味」松田真希子（編）『「日系」をめぐることばと文化』くろしお出版　104–118

村岡英裕（2006）「接触場面における問題の類型」『千葉大学社会文化科学研究科研究プロジェクト報告書』129　103–116

村田和代（2022）「職場談話研究から人材育成への貢献──ニュージーランドにおける実践紹介」村田和代（編）『越境者との共存にむけて』ひつじ書房　103–129

森住衛・古石篤子・杉谷眞佐子・長谷川由紀子（編著）（2016）『外国語教育は英語だけでいいのか』くろしお出版

森廣正（2002）「日本における外国人労働者問題の動向──文献を中心にして」『大原社会問題研究所雑誌』528　大原社会問題研究所　1–25

文部科学省（2019）『外国人児童生徒受け入れの手引き』（https://www.mext.go.jp/a_menu/shotou/clarinet/002/1304668.htm）（2023年5月24日閲覧）

文部科学省（2020）『外国人児童生徒等の教育の充実について（報告）』（https://www.mext.go.jp/content/20200528-mxt_kyousei01-000006118-01.pdf）（2023年5月24日閲覧）

文部科学省（2022）『教育分野における女性の登用の加速等に向けた取組状況について』

文部科学省（2023）『教育分野における男女共同参画の取組について』

文部省（1972）『学制百年史（記述編）』帝国地方行政学会

安田敏朗（1997）『帝国日本の言語編制』世織書房

矢頭典枝（2014）「シンガポールの言語状況と言語教育について──現地調査から」『アジア諸語を主たる対象にした言語教育法と通言語的学習達成度評価法の総合的研究──成果報告書（2014）』（研究代表者：富盛伸夫　科学研究費補助金基盤研究B　課題番号：24320104）

山下誠（2016）「教員の人事・採用および養成──複数教科担当教員制を中心に」森住衛・古石篤子・杉谷眞佐子・長谷川由起子（編）『外国語教育は英語だけでいいのか──グローバル社会は多言語だ！』くろしお出版　220–234

山本冴里（2013）「サイバースペースにおける排外的言説の構成──留学生30万人計画に関する国会質疑の録画を起点として」『言語政策』9　21–42

山本冴里（2014）『戦後の国家と日本語教育』くろしお出版

山本博之（2012）「地域研究方法論──想定外に対応する「地域の知」」『地域研究』12(2)　18–37

湯本浩之（2021）「SDGs後の世界は持続可能なのか？『SDGsを学ぶこと』の死角と課題を考える」『DEAR news』200　開発教育協会

横田和子・岩坂泰子・岡本能里子（2021）「ことばの教育をデザインする──SDGsの

参考文献

ジェンダーの視点から」異文化間教育学会 42 回大会　日本国際理解教育学会第 30 回研究大会　合同大会抄録

リチャーズ，ジャック、シュミット，C. リチャーズ（編）（2013）『ロングマン　言語教育・応用言語学　用語辞典』増補改訂版（高橋貞雄・山崎真稔・小田眞幸・松本博文訳）南雲堂

亘理陽一・草薙邦広・寺沢拓敬・浦野研・工藤洋路・酒井英樹（2021）『英語教育のエビデンス――これからの英語教育研究のために』研究社

Asia Exchange-Study Live Learn. https://asiaexchange.org/studying-in-asia/fields-of-study/（2023 年 7 月 20 日閲覧）

Australian Bureau of Statistics, Western Australian Office (1988). 1986 Census of population and housing: Overseas born and other ethnic population. Commonwealth of Australia.

Australian Bureau of Statistics (2016). Australian standard classification of languages. https://www.abs.gov.au/statistics/classifications/australian-standard-classification-languages-ascl/latest-release（2023 年 7 月 20 日閲覧）

Backhaus, Peter (2007). *Linguistic landscapes: A comparative study of urban multilingualism in Tokyo.* Multilingual Matters.

Bolton, Kingsley, and Bacon-Shone, John (2020). The statistics of English across Asia. In Kingsley Bolton, Werner Botha and Andy Kirkpatrick (Eds.), *The handbook of Asian Englishes* (pp. 49–80). Wiley.

Braunmüller, Kurt (2002). Semicommunication and accommodation: Observations from the linguistic situation in Scandinavia. *International Journal of Applied Linguistics,* 12 (1), 1–23.

CareerCross. https://www.careercross.com/job-search/specialty-20（2023 年 7 月 20 日閲覧）

CareerLink Asia. https://kyujin.careerlink.asia/（2023 年 7 月 20 日閲覧）

Chiswick, Barry R., and Miller, Paul W. (2007). *The economics of language: International analyses.* Routledge.

Coste, D., Moore, D. et Zarate, G. (1997). *Compénce plurilingue et pluriculturelle.* Conseil de l' Europe.

Cooper, Robert. L. (1989). *Language planning and social change.* Cambridge University Press.

Cummins, Jim (1984). *Bilingualism and special education, issues in assessment and Pedagogy.* Multilingual Matters.

Cummins, Jim (2001). *Negotiating identities: Education for empowerment in a diverse society* (2nd ed.). Care.

Daoust, Denise (1997). Language Planning and Language Reform. In Florian Coulmas (Ed.), *The handbook of sociolinguistics* (pp. 436–452). Blackwell.

Ethnologue (2023). Welcome to the 26th edition. https://www.ethnologue.com/ethnoblog/welcome-26th-edition/ （2023 年 7 月 20 日閲覧）

Fan, Sau Kuen (2020). Research perspectives from east asia: Language management in contact situations. In Goro C. Kimura and Lisa Fairbrother (Eds.), *A language management approach to language problems: Integrating macro and micro dimensions* (pp. 49–67). John Benjamins.

Fishman, Joshua A. (1972). *The sociology of language: An interdisciplinary social science approach to language in society.* Newbury House.

Fishman, Joshua A. (1994). Critiques of language planning: A minority languages perspective. *Journal of Multilingual and Multicultural Development, 15,* 91–99.

Friedmann, John (1992). *Empowerment: The politics of alternative development.* Blackwell.（フリードマン，ジョン（1995）『市民・政府・NGO——「力の剥奪」からエンパワーメントへ』（斉藤千宏・雨森孝悦監訳）新評論）

Gazzola, Michele (2023). language policy as public policy. In Michele Gazzola, Federico Gobbo, David Cassels Johnson and Jorge Antonio Leoni de León, *Epistemological and theoretical foundations in language policy and planning* (pp. 41–71). Palgrave Macmillan.

Gazzola, Michele, Grin, François, Cardinal, Linda, and Heugh, Kathleen (Eds.) (2024). *The Routledge handbook of language policy and planning.* Routledge.

Haarmann, Harald (1988). Sprachen-und Sprachpolitik. In Ulrich Ammon, Norbert Dittmar, Klaus J. Mattheier und Peter Trudgill (Hrsgg.), *Soziolinguistik: Ein internationales Handbuch zur Wissenschaft von Sprache und Gesellschaft* (Sociolinguistics: An international handbook of the science of language and society.). Halbbd. 2. Berlin: de Gruyter: 1660–1678.

Haugen, Einar (1959=1993). Planning for a standard language in Norway. *Anthropological Linguistics, 35,* 1/4, 109–123.

Haugen, Einar (1972). Semicommunication: The language gap in Scandinavia. *The ecology of language: Essays by Einar Haugen* (pp. 215–236). Stanford University Press.

Holmes, Janet, Meredith Marra, and Bernadette Vine (2011). *Leadership, Discourse, and Ethnicity.* Oxford University Press.

Hornberger, Nancy. H., and Johnson, David. C. (2007). Slicing the onion ethnographically: layers and spaces in multilingual language education policy and practice. *TESOL Quarterly, 41,* 509–532.

Hult, Francis, M. and Johnson, David. C. (Eds.) (2015). *Research methods in language policy and planning: A practical guide.* Wiley-Blackwell.

International Olympic Committee (2020, July 17). Olympic Charter. https://stillmed.olympic.org/media/Document%20Library/OlympicOrg/General/EN-Olympic-Charter.pdf（2023年9月1日閲覧）

Jernudd, Björn H. and Neustupný, Jiří V. (1987). Language planning: For whom? In Lorne Laforge (Ed.), *Actes du colloque international sur l'aménagement linguistique/Proceedings of the international colloquium on language planning* (pp. 70–84). Québec: Les Presses de l'Université Laval, .

Johnson, David C. (2009). Ethnography of language policy. *Language Policy, 8,* 139–159.

参考文献

University of Minnesota.
Johnson, David Cassels (2013). *Language policy*. Palgrave Macmillan.
Kachru, Braj B. (1992). *The other tongue: English across cultures*. University of Illinois Press.
Kaplan, Robert B. and Baldauf, Richard. B. (1997). *Language planning: From practice to theory*. Multilingual Matters.
Kimura, Goro Christoph and Fairbrother, Lisa (2020). Reconsidering the language management approach in light of the micro-macro continuum. In Goro Christoph Kimura and Lisa Fairbrother (Eds.), *A language management approach to language problems: Integrating macro and micro dimensions*. John Benjamins.
Kingdon, John W. (2011). *Agendas, Alternatives, and Public Policies, Update Edition, with an Epilogue on Health Care*, Pearson Education（キングダン，ジョン著、笠京子訳（2017）『アジェンダ・選択肢・公共政策　政策はどのように決まるのか』勁草書房）
Kloss, Heinz (1969). *Research Possibilities on Group Bilingualism: A Report*. International Center for Research on Bilingualism. Quebec: Laval Univ.
Kutsukake, Sayaka (2021). Flexibility and the potential of 'African multilingualism': A case of language practice in Tanzania. In Keiko Takemura and Francis Nyamnjoh (eds.), *Dynamism in African languages and literature: Towards conceptualisation of African potentials* (pp. 121–147). Langaa RPCIG.
Lakoff, Robin (1973). Language and woman's place. *Language in Society*, *2*, 45–80.
Luke, Allan and Baldauf, Robert B. (1990). On the limits of language planning: Class, state and power. In Robert B., Baldauf and Allan Luke, *Language Planning and Education in Australasia and the South Pacific*. Multilingual Matters.
Nakagawa, Yoko. (2013). The Promotion of "English as 'the' International Language" (ETIL) in English textbooks for high schools in Japan. *Language Policy*, *9*, 89–107.
Nekvapil, Jiří (2009). The interactive potential of language management theory. In Jiří Nekvapil and Tamah Sherman (Eds.), *Language management in contact situations: Perspectives from three continents* (pp. 1–14). Peter Lang.
Neustupný, Jiří V. (1985). Problems in Australian-Japanese contact situations. In John B. Pride (Ed.), *Cross-cultural encounters: Communication and mis-communication*. 161–170. River Seine.
Neustupný, Jiří V. (1994). Problems of English contact discourse and language planning. In Thiru Kandiah and John Kwan-Terry (Eds.), *English and language planning: A southeast asian contribution* (pp. 50–69). Times Academic Press.
Neustupný, Jiří V. (2006). Sociolinguistic aspects of social modernization. In Ulrich Ammon, Norbert Dittmar, Klaus J. Mattheier and Peter Trudgill (Eds.), *Sociolinguistics: An international handbook of the science of language and society*. Vol. 3. 2209–2223. Mouton de Gruyter.
Nordic Co-operation. Nordic language co-operation. https://www.norden.org/en/information/nordic-language-co-operation（2023年7月20日閲覧）

参考文献

Palviainen, Åsa, and Huhta, Ari (2015). Investigating relationships between language attitudes and policy issues. In Francis Hult and David C. Johnson (Eds.). *Research methods in language policy and planning* (pp. 193–204). John Wiley & Sons.

Pennycook, Alastair and, Otsuji, Emi (2015). *Metrolingualism: Language in the city.* Routledge.

Pietikäinen, Sari, Jaffe, Alexandra, Kelly-Holmes, Helen and Coupland, Nikolas (2016). *Sociolinguistics from the periphery: Small languages in new circumstances.* Cambridge University Press.

Romaine, Susan (1994/2001). *Language in Society: An Introduction to Sociolinguistics.* Oxford University Press.

Rubin, Joan et al. (Ed.) (1977). *Language planning processes.* De Gruyter Mouton.

Rubin, Joan and Jernudd, Björn H. (Eds.) (1971). *Can Language be Planned?—Sociolinguistic theory and practice for developing nations.* Honolulu: University of Hawaii.

Rumbaut, Rubén G. (1994). The crucible within: Ethnic identity, self-esteem, and segmented assimilation among children of immigrants. *International Migration Review, 28*, 748–794.

Saruhashi, Junko (2018). Personal empowerment through language management. In Lisa Fairbrother, Jiří Nekvapil and Marián Sloboda (Eds.), *Language management approach: Special focus on research methodology* (pp. 231–258). Peter Lang.

Shohamy, Elana (2006). *Language policy: Hidden agendas and new approaches.* Routledge.

Singapore Department of Statistics. Singapore Census of Population 2020, https://www.singstat.gov.sg/publications/reference/cop2020/cop2020-sr1（2024 年 8 月 6 日閲覧）

Skutnabb-Kangas, Tove and McCarty, Teresa, L. (2008). Key concept in bilingual education: Ideological, historical, epistemological, and empirical foundations. Vol. 5, bilingal education. Jim Cummins and Nancy Hormberger (Eds.), *Encyclopedia of language and education* (pp. 3–17). Springer.

Spolsky, Bernard (2004). *Language policy.* Cambridge University press.

Spolsky, Bernard (2009). *Language management.* Cambridge University press.

Terasawa, Takunori (2019). Evidence-based language policy: Theoretical and methodological examination based on existing studies. *Current Issues in Language Planning, 20*(3), 245–265.

Terasawa, Takunori (2023). East asia and English language speakers: A population estimation through existing random sampling surveys. *Asian Englishes, 26*(2), 1–22.

Tollefson, James W. (1991). *Planning language, planning inequality: Language policy in the community.* London: Longman.

UN Human Rights Council (2020). Education, language and the human rights of minorities, Report of the Special Rapporteur on minority issues. (https://undocs.org/A/HRC/43/47)

UNESCO (2021). Global Action Plan of the International Decade of Indigenous

Languages (IDIL 2022-2032), https://unesdoc.unesco.org/ark:/48223/pf0000379851（2023 年 9 月 1 日閲覧）

Zhang, Jie (2021). *Language policy and planning for the modern olympic games.* De Gruyter Mouton.

Zhou, Minglang (2015). Using census data and demography in policy analysis. In Francis Hult and David C. Johnson (Eds.), *Research methods in language policy and planning* (pp. 205–216). John Wiley & Sons.

索　引

あ
ISO 152, 153, 155, 157
アイヌ語 10, 135, 136, 138, 168, 180–183
アイヌ施策推進法 182, 183
アクター 159
アジェンダ設定 83, 84, 88
奄美語 183
ある地域で広く使用されている言語 181
アンケート調査 45, 76, 146
アンコンシャス・バイアス 242

い
異言語 8, 12, 17, 56, 58–61, 63–66, 164, 187
威信 26, 35, 126, 136
位相差 241
一外国語主義 160, 164
1.5世移民 206
異文化間教育 175
移民受入れ政策 196
移民 199
移民法 199, 203
インセンティブ型 200
インターアクション 70, 71
インタビュー 117
インタレスト 30, 70, 114
in の知識 83

え
英語化 159, 162, 163, 164

英語偏重 158
永住権 200
SDG4教育キャンペーン 242
エスノグラフィー 29, 32, 114, 127, 128, 131
ethnography 127
LGBT理解増進法 237
エンパワーメント 227
エンパワーメント・アプローチ 115

お
欧州連合 134, 171
沖縄語 181, 183
of の知識 83
音声言語 181

か
外国語教育 1
外国語教育の多様化 163
外国人移住者 34, 196, 197, 199–201, 224
外国人技能実習制度 196
外国人材 188, 195–198
外国人材受入れ 195–197
外国人材受入れ・共生のための総合的対応策 196
外国人集住地域 196
外国人登録令 183
解釈的アプローチ 115
外来語使用 72, 73, 76
外来語問題 73
隠れたカリキュラム 241

索引

過去の経緯や決定が制度や慣習の形成を制約すること 165
過去の事例 87
加算的バイリンガル 207
過程 14
家庭言語 206
カナダ連邦 170, 171
観光接触場面 217, 218, 220, 222
簡素化 50, 51
官庁統計 145
官邸主導型 162
管理のレベル 70
還流労働力 200

き

帰化 200
技能実習生 196
基盤構築 199
基本的人権 177, 178, 182, 184, 236, 237
義務型 199
教育言語 159, 182
共生社会 197
共生施策 78, 196
共通語 4, 6, 10, 15, 17, 36, 63, 104, 128, 162, 167, 171, 172, 206, 214, 215
緊急性 86
金銭 94, 95
近代化 6, 15, 24, 28, 47, 49, 51, 53, 55, 61, 93, 183, 185

く

国頭語 183
CLIL 175

け

経済産業省 157
経済的インセンティブ 92, 93, 94
継承語 6, 16, 82, 97, 132, 136, 180, 205–212, 214, 215
継承日本語教育 212
啓発 92, 94, 181, 231
計量的内容分析 146, 147
経路依存性 165
結婚移住女性 196, 200
ケベック州 5, 93, 170
言語改革 50, 52
言語改良 46, 47, 50
言語管理 11–15, 18, 22, 23, 27–32, 59–61, 68, 69, 71, 78, 224, 230, 232
言語管理理論 11–13, 27–32, 59, 60, 78
言語教育 8, 18, 26, 34, 57, 75, 76, 101, 102, 112, 167, 172, 174, 175, 182, 197, 199, 200, 240, 243
言語教育権保障 197
言語計画 2, 7, 11, 13, 18, 22–32, 34, 45–47, 55, 60, 69–71, 76, 92, 112–114, 145
言語権 16, 62, 64, 65, 69, 97, 133, 135, 136, 177, 179, 180–185
言語純化 46, 48, 50, 52
言語政策 22, 25, 184
言語政策・計画 26
言語政策的な営み 8, 114, 115, 227, 228, 230, 233
言語的少数派 120, 179, 182, 227
言語的多数派 181
言語に対する行動 iii, 60, 68

索 引

言語への目覚め教育 175
言語法制 177, 182
言語問題 3, 5–7, 14, 24, 25, 37, 53, 55, 59–62, 68–76, 78, 81–83, 88, 113, 114, 123, 125, 126, 135, 216–218, 220–223, 232
言語問題の当事者 74
現状の把握 84, 88, 158
現場 11, 12, 18, 70, 76, 88, 117, 120–123, 125, 127, 133
現場調査 120
権利 16, 38, 39, 80, 113, 121, 135, 136, 139, 178, 180, 181, 183, 200, 241, 243

こ
語彙化 47, 48
公共サイン 186, 188, 191, 193
公共政策 13–15, 18, 92
構造的な差別 184
公用語 4, 13, 18, 24, 35–37, 42, 49, 52, 81, 90–93, 97, 103, 128, 134, 136–138, 170–172, 230
コーパス分析 146, 147
国語施策 1
国際人権法 9, 177, 179, 180, 183
国際標準化 151, 152, 156
国際標準化機構 152
国際文化交流事業 106, 107
国際法上の言語権概念 179
国際連合憲章 180
国勢調査 38, 58, 59, 145, 146
国家語 24, 34–38, 42, 137
コミュニティ言語 206

さ
財政基盤 199, 201
在日コリアン 183, 208, 224
在留資格 196, 199, 200, 208, 228
差別 5, 9, 69, 75, 178, 180, 183, 184, 191, 207, 208, 236, 237, 240–243, 246

し
ジェンダーバイアス 241
視覚言語 181, 183
試験管のなか 26
JIS 規格 152, 153, 189
JIS Z8210 188
自然言語処理 82, 154, 155, 157
自治体 8, 13, 14, 73, 80, 81, 85, 93–95, 98, 101, 105, 139, 164, 165, 178, 180–182, 184, 189, 191, 193, 196–198, 200, 201, 205, 207, 208, 211, 216, 217, 220, 226
実行 102, 103, 105, 226, 227
実行可能性 165
実証的アプローチ 115
実体計画 24, 26, 34, 46, 47, 53–55, 62, 145, 217
質的調査法 233
質問紙調査 121, 142, 146, 147, 164
市民ボランティア 195, 197
社会基盤 197
社会言語学 10, 11, 15, 78, 79, 112, 125, 130, 137, 145, 146, 179, 238
社会調査の 2 次分析 146
社会的アイデンティティ 199
社会統合課題 200
社内公用語英語化 103–105

265

索 引

習得計画 26, 34, 46, 55, 218, 220, 221
就労 98, 199, 201
主観性 31, 81, 82
手話 180
手話通訳者制度 178
障害者基本法 181, 182
障害者権利条約 181
少数言語話者 115, 177, 185
象徴性 35
情報 95
消滅危機言語 44, 45, 182, 183
事例研究の3類型 119
事例の選択基準 118
人権教育 178, 212
人権保障 177–180, 182, 184
人権問題 177, 201
人口問題 196, 201, 211
人材 95, 96, 103, 104, 212
人材獲得競争 197
心的外傷後ストレス障害 241

す

推進体制整備 201

せ

成果還元 122
生活 199
生活日本語 198
政策アジェンダ 84, 85
政策案策定 14, 15, 83, 84
政策過程 14, 15, 83, 84, 86–88, 96, 98, 159, 163
政策の窓モデル 87
生体のなか 25, 26
成文化 47, 49
世界の消滅危機言語アトラス "Atlas of the World's Languages in Danger" 182
席次計画 24, 26, 46, 47, 49, 55, 127, 136–139
セクシズム 241
接触場面 69, 71, 72, 214, 216–218, 220, 222, 224
接触場面研究 72
CEFR 133, 134, 136, 172, 173
先住民族語 183, 184
全体性 81
専門通訳者 181

そ

相互理解度 57–59
創発・共鳴モデル 87, 88
相反性 81

た

第1言語 180, 210
大学設置基準の大綱化 162
代替手段の有無 86
第2言語 181
台湾原住民 231, 232
多言語公共空間 230, 232
多言語国家 3, 128, 228
多言語社会 4, 37
多言語主義 17, 113, 114, 133, 134, 136, 167, 169–172, 175, 176, 266
多言語主義社会 17
多言語状況 4, 6, 17, 18, 26, 128, 134, 135
多言語情報発信 98, 187, 188
多言語対応 7, 16, 227, 231
立場性 122
多文化共生推進プラン 196

多民族国家 4, 36, 228
単一研究 132
単一言語国家 6
単一言語主義 16, 17, 172
男女共同参画基本計画 240, 242, 243
断片的 35, 42, 43

ち
地域語 39, 41–43, 49
地域国際化協会 196
地域コミュニティ 195
地域における日本語教育の在り方について 198
地域日本語教育 178, 197, 203
地域日本語教室 93, 197
中国語人材 1000 人育成プロジェクト 105
長音符号 192, 193
直接規制 92, 93, 99
直接供給 92, 93, 99

て
TC37 153, 155, 157
定住 195–197
定住者 196, 208

と
同化政策 37, 184
統合 199
統合型言語教育 175
当事者 74–77, 79
当事者になる 75
同心円モデル 62
動態性 81, 82
同定 73–76
同等化 38

登録 199
特定技能1号・2号 196

に
2言語相互依存仮説 209
日本語 181
日本語教育 1
日本語教育人材の養成・研修の在り方 198
日本語教育の推進に関する法律 197
日本語教育の適正かつ確実な実施を図るための日本語教育機関の認定等に関する法律 198
日本語の普及 105
日本産業標準調査会 152, 153, 157
日本人の配偶者等 196
日本語学習支援活動 195, 197
日本語教育推進法 182
日本語教育の参照枠 134, 198
日本国憲法 5, 178, 183, 237
日本語単言語主義 182
日本手話 180, 183
ニュースピーカー 45, 184
ニューブランズウィック州 170
人間の安全保障 241

ぬ
ヌナブト準州 170

の
ノースウェスト準州 170

は
媒介語 231
八丈語 183
阪神教育闘争 207

索引

ひ
PTSD 241
比較研究 112, 113, 132–137, 139
ピクトグラム 41, 185, 187–189, 193
必要性 40, 47, 78, 83, 86, 163–165, 184, 197, 201, 205, 206, 225
批判的アプローチ 115
批判的ディスコース研究 113
標準化 7, 46, 47, 49, 50, 53, 55, 62, 71, 150–157, 188
標準語 6, 24, 29, 49, 53, 61, 62
ビルマ 228

ふ
フィールド 127
フィールドワーク 117, 120, 122, 232
複言語主義 133, 134, 158, 163, 169, 172–176
複文化主義 134, 158, 163, 173, 175
plain language 155, 156
プロセス 14
文化資本 231–233
文化審議会国語分科会日本語教育小委員会 197
文化庁 197
分析単位 117, 118
文法化 47, 48

ほ
方言 2, 3, 6, 39, 40, 49, 52, 53, 93, 134, 138, 180, 183, 206, 214, 225
防災 193, 217
法的権限 94, 96
法的拘束力 160
法的根拠 199–201, 203, 204, 226
ポーランド 137–139
北欧言語政策に関する宣言 65
母語 5, 16, 36–38, 41, 42, 45, 54, 72, 75, 78, 81, 168, 174, 175, 186, 188, 205–208, 211, 214
ポジショナリティ 122
ポリティカル・コレクトネス 241
翻訳サービス 156

ま
マクロ 11
マクロレベル 114, 216

み
ミクロ 11
ミクロレベル 114, 216
宮古語 183
ミャンマー 63, 228
民族継承語 180, 183

め
メソ・レベル 114
メディアリテラシー 243
メトロリンガリズム 228

も
文字化 47
文字コード 151, 154
問題解決 76
問題処理 72, 73
問題の同定 73–76
文部省主導型 161

や
八重山語 39, 183
やさしい日本語 54, 55, 155, 187–190, 217–223

索 引

ゆ
ユネスコ　5, 39, 44, 182

よ
ヨーロッパ言語共通参照枠　133, 172, 198
与那国語　39, 183
よみかき　71

ら
ラポールの形成　122
languaging　130
language policy and planning　22
ランゲージング　130

り
リテラシー問題　71
リテラシー　71, 77, 78, 142

理念　227
理念法　182, 240
留学　199
琉球諸語　44, 45, 61, 138, 183
流動的　35, 36, 41, 42
隣接言語の理解教育　175

れ
レパートリー　173, 228, 229

ろ
ローマ字表記　36, 51, 52, 191–193
LOTE　158

わ
わが国の大学を中心とした外国語教育に関わる要請　164

269

執筆者一覧

[章執筆]

木村護郎クリストフ（きむら ごろうくりすとふ）............. 上智大学 外国語学部 教授
西島　佑　　（にしじま ゆう）... 東京理科大学 非常勤講師
山川和彦　　（やまかわ かずひこ）....................................... 麗澤大学 外国語学部 教授
原　隆幸　　（はら たかゆき）............................... 鹿児島大学 総合教育機構 准教授
サウクエン・ファン（Sau Kuen Fan）....................... 神田外語大学 外国語学部 教授
高　民定　　（こう みんじょん）....................... 千葉大学 大学院国際学術研究院 教授
上村圭介　　（かみむら けいすけ）............................... 大東文化大学 外国語学部 教授
嶋津　拓　　（しまづ たく）................ 元 埼玉大学 大学院人文社会科学研究科 教授
村岡英裕　　（むらおか ひでひろ）........... 千葉大学 大学院国際学術研究院 名誉教授
福永由佳　　（ふくなが ゆか）................. 人間文化研究機構 国立国語研究所 准教授
沓掛沙弥香　（くつかけ さやか）.............. 東北学院大学 国際学部 国際教養学科 講師
貞包和寛　　（さだかね かずひろ）....................... 大妻女子大学 家政学部 専任講師
寺沢拓敬　　（てらさわ たくのり）....................... 関西学院大学 社会学部 准教授
井佐原均　　（いさはら ひとし）................................. 追手門学院大学 心理学部 教授
神崎享子　　（かんざき きょうこ）....................... 群馬県立女子大学 文学部 教授
下絵津子　　（しも えつこ）... 近畿大学 総合社会学部 教授
西山教行　　（にしやま のりゆき）........... 京都大学 大学院人間・環境学研究科 教授
杉本篤史　　（すぎもと あつぶみ）....................... 東京国際大学 国際関係学部 教授
岩田一成　　（いわた かずなり）............................. 聖心女子大学 現代教養学部 教授
松岡洋子　　（まつおか ようこ）............................. 岩手大学 国際教育センター 教授
落合知子　　（おちあい ともこ）............................. 摂南大学 現代社会学部 准教授
加藤好崇　　（かとう よしたか）....................... 東海大学 語学教育センター 教授
猿橋順子　　（さるはし じゅんこ）............... 青山学院大学 国際政治経済学部 教授
岡本能里子　（おかもと のりこ）........................... 東京国際大学 国際関係学部 教授

[コラム執筆]

石原昌英	（いしはら まさひで）	元 琉球大学 国際地域創造学部 教授
金子信子	（かねこ のぶこ）	筑波大学 非常勤講師
中川洋子	（なかがわ ようこ）	武蔵野大学 教育学部 准教授
神吉宇一	（かみよし ういち）	武蔵野大学 グローバル学部 教授
今 千春	（こん ちはる）	明海大学 別科日本語研修課程 講師
中川康弘	（なかがわ やすひろ）	中央大学 経済学部 教授
村田和代	（むらた かずよ）	龍谷大学 政策学部 教授
山本冴里	（やまもと さえり）	山口大学 国際総合科学部 准教授

（執筆順、所属は初刷時のもの）

編者紹介

村岡 英裕（むらおか ひでひろ）
　千葉大学 大学院国際学術研究院 名誉教授
　著書に『日本語教師の方法論』（凡人社）
　編著に『接触場面の言語学』（ココ出版）

上村圭介（かみむら けいすけ）
　大東文化大学 外国語学部 教授
　編著に『今そこにある多言語なニッポン』（くろしお出版）

言語政策研究への案内

初版第1刷　　　　　2024年 10月 10日

編　者　　　　　　村岡英裕・上村圭介

発行人　　　　　　岡野秀夫
発行所　　　　　　株式会社くろしお出版
　　　　　　〒102-0084　東京都千代田区二番町4-3
　　　　　　［電話］03-6261-2867　［WEB］www.9640.jp

印刷・製本　シナノ書籍印刷　　装丁　仁井谷伴子

© Hidehiro MURAOKA, Keisuke KAMIMURA, 2024

Printed in Japan
ISBN 978-4-87424-979-6 C1080

乱丁・落丁はお取りかえいたします。本書の無断転載・複製を禁じます。